读书之外

近代学生课余生活管理研究

王红雨 著

DUSHU ZHIWAI

JINDAIXUESHENG KEYU SHENGHUO GUANLI YANJIU

中国社会科学出版社

图书在版编目（CIP）数据

读书之外：近代学生课余生活管理研究／王红雨著．—北京：中国社会科学出版社，2018．3

ISBN 978－7－5203－2554－7

Ⅰ．①读…　Ⅱ．①王…　Ⅲ．①课外活动—学生生活—学校管理—教育史—研究—世界—近代　Ⅳ．①G455

中国版本图书馆 CIP 数据核字(2018)第 101312 号

出 版 人　赵剑英
责任编辑　范晨星
责任校对　郝阳洋
责任印制　王　超

出　　版　中国社会科学出版社
社　　址　北京鼓楼西大街甲 158 号
邮　　编　100720
网　　址　http://www.csspw.cn
发 行 部　010－84083685
门 市 部　010－84029450
经　　销　新华书店及其他书店

印　　刷　北京君升印刷有限公司
装　　订　廊坊市广阳区广增装订厂
版　　次　2018 年 3 月第 1 版
印　　次　2018 年 3 月第 1 次印刷

开　　本　710×1000　1/16
印　　张　16.5
插　　页　2
字　　数　262 千字
定　　价　69.00 元

摘　要

在中国教育走向现代化的艰难历程中，学生是极其重要的参与者与实践者，学界对学生群体的诸多探讨已经显示了其在近代教育改革中的重要地位。然而，大多数的研究仍然围绕着教学、课程等主流教育话题展开，制度化教育活动之外的学生课余生活这一主题尚未引起学界应有的重视与关注。如果我们把研究的视线从上层精英、思想观念与制度层面向下移动到学生课余活动的微观范畴，就会发现，处于“私领域”中的学生课余生活同样能够折射出近代中国深刻的社会转型历程，从而为我们进一步挖掘“教育与人的现代化”这一命题提供另一种相对新颖的视角。

本书以西方中心观与中国中心观的互动与融合作为研究视角，以日常生活批判理论作为发现问题的工具，以历史文献与社会分析相结合的方式作为研究问题的方法，从欧文·戈夫曼的拟剧理论出发，将学生的课余生活视为一场由国家、学校、社会与学生共同参与的精彩演出，分别探讨了在近代国家教育宗旨映射下的作为“演出布景”存在的学生时间管理、作为“形象塑造”存在的女学生服饰管理、作为“前台表演”存在的学生仪式管理以及作为“后台自我”存在的具体学生课外活动，从而展现出在西方启蒙与国家主义两大时代主题下，近代学校力图塑造“国民”与学生努力生成“自我”的艰难、多姿历程。

本书一共分为五章，外加导论和余论，共七部分组成，各部分的主要内容基本如下：

导论部分：界定研究对象，阐述选题的现实意义和理论意义，介绍分析与本书相关的研究成果与基本现状，指出本书研究的主要内容与基本方法。

第一章“臣民、国民与党民：近代教育宗旨中人之形象变迁”：本章首先指出教育宗旨之于学生课余生活管理的目标意义，随后以晚清时期、民国初年以及南京国民政府时期为时间线索，分别梳理了此三阶段中教育宗旨的流变，并以此为基础，指出近代官方教育宗旨中“人”的形象大致经历了一个由“臣民”到“国民”，再由“国民”到“党民”的变迁历程。

第二章“‘布景’的观察：‘精确化’的学校时间管理变迁”：本章致力于勾勒近代学校的基本时间模式，以“学期制度”及“星期与钟点”的引进来探讨学校时间的分割、细化过程，并以请假制度的梳理（包括请假理由、请假流程、请假奖惩方式等）来展现学校对于学生时间的边界性控制，从而表征出西方资本主义生活方式对于学校时间管理的影响，以及这种影响在乡村学校所遭受到的强烈抵制与排斥，以此从时间层面来展现近代中国现代化转型的艰难历程。

第三章“‘形象’的管理：社会性别建构中的女学生服饰管理”：本章将视角投射到近代受压迫较深的女学生群体中，针对其服饰变迁的爬梳来展现整个社会秩序的急速变动。本章首先指出，近代女性角色是在男性精英、国家权力与女性自身的三重力量中塑造完成的。随着女性独立意识的不断觉醒，符合传统男性的审美方式开始破裂，清末女学生开始走向明快、朴素、简约的着装风格，并在此基础上不断承担起国家义务，走向崇尚国货的“国女”形象与投身革命的“英雌”形象。

第四章“‘前台’的表演：层次分离中的学校仪式转变”：本章从学校中宏观层面的国家仪式与微观层面的师生礼仪入手，来探讨社会与文化的变迁历程。在近代学校的仪式管理中，学生是被割裂的，一方面学生要积极地投身于宏观的上层国家仪式（如清末万寿圣节、民国总理纪念周）的操演之中，从而在获得神圣感的同时完成对统治者的政治认同与统治服从；另一方面，国家仪式外的学生又在不断解放着自我，在更为微观的下层师生礼仪变迁中，他们废除跪拜礼，实现鞠躬礼并进一步以童子军的“三指礼”来实现幼者对长者的反哺与改造。正是在这样上下割裂的学校礼仪管理中，“国民”的塑造与“自我”的反抗得到真实的展现。

第五章“‘后台’的自我：丰富自由的学生课外活动”：本章聚焦于碎片式的学生课余生活片段与生活感悟之中，以学生角色为划分依据，分别探讨了作为“读书人”的学生课余学习活动、作为“社会人”的学生课余服务活动、作为“国家人”的学生课余政治活动，以及作为“自由人”的学生课余休闲活动，由此展现近代学生在课余生活中的欢乐、痛苦、热情、迷茫，进而展现出学生“本我角色”与近代社会“规训角色”之间的相互适应与相互矛盾。

余论：此部分对全书进行了进一步的思考，指出在“国家主义”与“西方启蒙”的二重时代背景中，“国民”与“自我”本身就是一对相互对立又相互联系的概念。站在“国家主义”的角度上，作为国家稳定社会秩序的工具，学校通过公共化、政治化、义务化的途径将本属于“私领域”的学生课余生活揽入到国家事务的宏大网络之中；而站在“西方启蒙”的角度上，作为时代引领者的学生又不断地以或激烈或柔和，或显性或隐性的方式不断抵抗国家权力的侵占，从而实现塑造“自我”的目的。也正是在国家、学校、社会、学生的矛盾中，近代学生课余生活管理始终以一种多歧、多元、多彩的方式存在着，这是我们重新思考教育任务的新起点。

关键词： 近代学生　课余生活　管理　国民　自我

Abstract

In the difficult process of Chinese education's modernization, the students are extremely important participants and practitioners, scholars' many explore has shown its important role in the modern education reform. However, most of the research is still around teaching, curriculum and other topics of mainstream education, student school life outside the institutionalized education's part has not yet attracted the attention it deserves and concern. If we move from the upper line of sight study, elite, ideas and system level down to the microscopic areas of student extracurricular activities, you will find, in the "private sphere" of the student school life in modern China also able to reflect the profound social restructuring process, so as to further tap our "Education and Human Modernization" this proposition provides another relatively new perspective.

In this paper, the central concept of interaction and fusion of Western and Chinese center concept as a research perspective to the everyday life of critical theory as a tool to identify problems in the history of literature and social analysis as a method of a combination of research questions, from Irving Goffman drama theory, the student's school life regarded as a wonderful performance by the state, school, community and students to participate in, respectively, the time to explore the students "performances scenery" presence in the country under the Modern educational purposes as mapping Management, as "image building" being female students dress administration, student ceremony as a "front performance" management as well as the existence of "backstage self" exists specific student extracurricular activities, thereby showing the Western Enlightenment and nationalism in the two major themes of the times next, trying to shape the modern school of "national" and students strive to generate "self" difficult, rich course.

This paper is divided into five chapters altogether, plus the introduction and the remainder on the total of its parts, the main part of the basic contents of each are as follows:

Introduction section defines the object of study, elaborated practical and theoretical significance of the topic, this study describes the analysis of the research results related to the basic situation, points out the main contents of this paper and the basic method.

Chapter 1 "Subjects, National and Party People: Educational Objectives of the Modern Human Image Change", first pointed out that the purpose of education is to the target significance student school life management, followed by the late Qing Dynasty, the early Republican period, and the National Government for the time clues were combing the three-phase flow of educational objectives, and on this basis, the official pointed out that the purpose of education in the modern "man" image has gone through a "by the subjects" to "citizens" from "nationals" to "Party people" changes course.

Chapter 2 "Observed Scenery: The Exact Time of the School Management Change" is committed to the basic outline of the time pattern in modern schools to introduce "semester system" and "week and the hour", the time to explore the school division, the refinement process, and leave to sort out the system (including leave the grounds, leave the process, leave incentive scheme) to show the boundaries of the school for the students time controls, which characterize the western capitalist way of life for the impact of school time management, as well as the impact on the countryside schools suffered strong resistance and rejection in order to show the difficult process of transition from the time the level of modernization.

Chapter 3 "Image Management: Gender Construction in Female Students Dress Management" will be projected onto the perspective of modern times most oppressed female student groups, and their clothing to show the rapid changes in the sort order changes in society as a whole. This chapter first pointed out that the role of women in modern times is to create a complete male elite, state power and strength of women's own triple. As women continue to awakening sense of independence, aesthetic manner consistent with the traditional men began to break, the late Qing Dynasty dress female students began to experience crisp, simple, simple style change, and on this basis, continue to assume the obligations of States towards national goods. "country girl" image and join the revolution's "Heroine" image.

Chapter 4 "Foreground Performances: Separation of Ritual Hierarchy Changes" to explore the social and cultural changes in the course of ritual and symbolism from the school to start. In the ceremony, the management of modern schools, students are being fragmented, one of the students to actively participate in the national macro-top ceremony, such as the late Qing Dynasty Longevity Holy Day, the Prime Minister of the Republic Memorial Week drill into, thereby obtaining the same time a sense of the sacred completion of the rulers of political identity; another person, student ceremony outside the country also continues to liberate the self, in a more microscopic changes in the underlying teachers and etiquette, they abolish the bow ceremony, to achieve a bow and further Scouts three finger salute form to achieve the young to the elderly who nurture and transformation. It is in such a fragmented school etiquette down management, the "national" shape and resistance "self" get real show.

Chapter 5 "Backstage Self: Rich Liberal Student Extracurricular Activities", focusing on the fragmented student school life and life experience among the fragments to be divided on the basis of students' roles were discussed as a "scholar" after-school learning activities for students, as a "social" activities for students after school services, as "national" and the student extracurricular political activities, as well as a "free man" of students after school recreational activities, thereby showing the modern student in school life in joy, pain, passion, confused, and then show the students and the role of adaptation in modern society and the role of contradictions.

I on the part of the full text of thinking further, pointing out that "nationalism" and "Enlightenment" of two important historical background, the "national" and "self" is itself a pair of mutually linked and mutually contradictory concepts. Standing "nationalism" point of view, as a national instrument of social order and stability, in the public schools through politicized and obligations of the way to this part of the "private sphere" of the student into school life football national affairs network the purpose while standing "Enlightenment" point of view, as the age of the student leader and constantly to or intense or soft, or explicit or implicit methods continue to resist the encroachment of state power in order to achieve to create "self"; it is also in the national school, community, student contradictions in the modern student school life has always been to manage a multi-manifold, diverse, colorful way to exist, it is our task to rethink the education of a new beginning.

Key words: modern students, after school life, management, citizen, self

目　录

Contents

导　论

学校是人类开展系统教育活动的集中场所，课堂是传授知识与培养人才的重要场域，但是，教育研究者们并不能就此认为学校与课堂是承载教育活动的全部领域。在现实的教育场景中，即使是在学校围墙内的时空布局里，也会存在一些“溢出”制度化教学却仍然归属于“教育”的部分。虽然在现有的研究中，关于制度化教学活动的探讨依然处于主流地位，但这并不能遮蔽“课余生活”这一非主流研究领域所具有的研究意义。在“培养完整人”与“完整培养人”的教育观念中，学生于课堂之外的时间安排、着装取向、交往行为、活动范畴等同样是教育活动的重要组成部分，它既映射出教育实践的特殊性，又不囿于教学活动中的各种限制；既可以灵活创新，又必须遵守一些固有的规约；既成为连接教育、社会及国家之间的纽带，又体现出处于“私领域”中学生个人的选择与个性的张扬……作为构成教育活动与学校文化的重要组成部分，笔者在此将“学生课余生活”作为本书的研究主题，以进行更为深入和系统的探讨、挖掘。

第一节　研究缘起、研究意义与研究取向

一　研究缘起

当代中国正处于改革的重要时期，教育改革更是其中的关键一环，经济、政治、文化、社会问题都曾经在或者正在在当前的教育领域中获得集中且真切的反映，而其他改革领域内出现的诸多问题也都寄希望于教育来获得解决的途径。因此，教育所扮演的角色是双重的，它既是问题本身之所在，也是解决问题的关键，这种教育的本体论意义将其放置于社会系统

中位置十分突出、作用十分重要的地位。但是，就教育的现实情况来看，我们很难说当前的教育改革是成功的，就“培养人”这一教育的根本目标而言，清华大学学生刘海洋硫酸泼熊事件、云南大学学生马加爵杀人藏尸事件、西安音乐学院学生药家鑫交通肇事杀人事件、复旦大学学生林森浩投毒舍友事件都在一定程度上体现出当前学生素质低下、道德缺失等严重问题。一方面，这些案例是社会转型中“人”之迷失的重要体现；另一方面，这也是当代教育改革陷入困局的直接表征。当今中国教育改革为何屡遇阻难，甚至陷入困局？人的培养及转型为何如此艰难？要彻底地回答这些问题就不能简单地停留在对诸如教育理念、教育制度、资源分布、课程评价等一般层面上的宏观教育问题中，我们更要回归到中国现代教育的开端——近代教育历史——中去寻求关于“人之培养”的最初答案。

自1840年“欧风美雨驰而东”，中国便踏上了于武力逼迫下的外源型现代化进程。关于中国百年现代化艰难历程的诸多研究已经表明，文化改革的受阻是造成中国现代化转型困难的最大症结。作为人类的生存方式，文化转型与“人的现代化”命题直接相关，如果将人类历史视为一种文化的发展史，那么“文化的现代化”与“人的现代化”便是相对应的，甚至在某种程度上我们可以称两者是对等的。然而，文化的潜在性、抽象性、保守性以及深层性又使得它的转变比其他任何社会层面的转变都更为艰难、更为充满困惑，这就要求思想先行者或社会改革者要在现代化的进程中对文化变迁给予优先的关注、加倍的重视和深入的施行。然而，在近代中国的现代化历程中，文化的迟滞或文化改革的迟行不但普遍存在，且日益加剧，从而在根本上造成现代化转型的整体性落后。洋务运动虽然开启了中国的现代化历程，但却始终只是消极抵抗西方侵略的“防御型现代化”，而并非那种自主内生的、完善原有生存环境、社会制度与文化状态的“自发型现代化”。被动对待现代化的态度使得社会改革中的主流心态不是对新生事物的积极渴望，而是对失去旧有事物的无限担忧，抱残守缺的态度使得以“中学为体、西学为用”为核心的文化守成主义极具生存空间，尽管这种移植性的拼接可能会在短期内获得一定的效益，但却在实践的运行中遮蔽了现代化改革的总体性。所以，当回顾中国现代化进程的历史时，我们会不止一次地发现，中国社会的现代化实践总是在“技术—经济—政治—文化”这四个层面间依次摸索、循环、徘徊，却又始终见不到总体性现代化的生成，在此背景中，“人的转型”这一历史任务也无力从根本上得以达成。

为何中国的文化转型与人的启蒙如此迟滞？思想启蒙的内在局限性是造成人的现代化进程受阻与遇挫的深层原因，以清政府和民国政府为代表的官方虽然自上而下推进持久的改革，却始终没有充分、切实考虑到中国传统文化形态所具备的超级惰性，这种惰性在保护人们原有生存方式的同时，也使得由精英主导的社会改革无力从根本上完成针对下层民众的文化改造，即使是将文化启蒙进行的最为轰轰烈烈的“五四”新文化运动，也并没有改变民众根植于原有文化的生活状态，因此，精英分子所倡导的关于新思想与新观念的启蒙只能被视为一种表层启蒙。那么，什么才是影响社会转型的深层启蒙呢？笔者认为，只有那些直接与普通民众安身立命的文化根基相关的、触及人们习以为常的生活习惯的、深入到市民抛身于背景之中的日常生活的改革才可以称得上是一种深层启蒙，正是这种植根于现实生活的启蒙才能真正地转变传统文化，从而完成人的现代化转型。

当“传统日常生活改造”这一主题落实到近代教育领域之中，人的现代化这一命题便得到更大的凸显。在近代教育的转型中，学校呈现出一种既先进又保守的特征：一方面，“西学”与“西制”的引进使得学校成为接触西方文明的前沿阵地，留学生的派遣更使得学生本身成为先进观念的直接承载者与间接传递者；另一方面，近代教育中的传统因素随处可见，无论是作为早期教育近代化推进者的官僚和士绅，还是中国传统文化观念的制约与掣肘，都使得近代学校始终是一个充满张力的矛盾体，这种矛盾使得近代学校的改革步履维艰。其中，逃离课堂管制又扎根民众生活之中的学生课余生活的变化更是一个曲折、艰难的历程，这其中既有中国传统文化与外来文化的抗衡，又有新式教育与传统教育的较量；既有政治因素与经济因素的制约，又有西方民主精神与统治阶层意识形态的争斗；既有作为体制内“学校”的影响，又有体制外“家庭”的干涉……这些不同的利益博弈者不但影响着学生课余生活的宏观变迁轨迹，更深刻影响着学生课余生活的微观变化过程，从而在整体上共同作用于“教育培养何种人”与“教育如何培养人”的两大教育学核心问题。“于细微处见全局”，这是笔者将视角关注于学生课余生活领域的重要原因。

二 研究意义

(一) 理论意义

1. 现象学与知识社会学的联合应用

实证主义一直是教育学研究，尤其是教育社会学研究的主流研究方法。在实证主义的语境下，研究者需要祛除价值判断，利用标准化与可量化的工具来完成一套符合科学逻辑的客观程序，其所得到的知识具有通则性与普适性特征。但是，这种研究方法阻碍了学者对于“完整生活世界”的回归，现象学对此进行了质疑：实证主义的研究方法是否将沉浸于生活常态中的“具体人”偷换成经济概念中的“理性人”？用科学理性来研究不具有科学理性特征的、由自由生活态度支配的社会实践是否可行与可信？在此基础上，相比于实证主义关注宏观话语而言，现象学的研究者相信，微小的细节虽然不易受到重视，但却更能体现出事物的本质属性，由此，“向下看”与“仔细看”成为现象学研究者关注生活的主要特征。除此之外，知识社会学更身体力行地将此问题落实到教育领域之中。知识社会学强调，知识是社会权力建构的结果，因此，作为获取知识的学生，也会被知识背后的权力关系所绑架。在此基础上，知识社会学尤为重视教育与权力之间的联系，将其敏感的触角深入到权力所及的任何地方，它不断走出课本与学校，走入大众街头的日常生活中去剖析真实的权力关系，去探寻权力背后的支配力量。

本书的研究正是对现象学与知识社会学相关理论联合应用的结果。在研究对象上，笔者带着“向下看”的态度，抛开教育史研究中的“宏大话语”，而将视角聚焦于“湮没无闻”却又“大有作为”的近代学生；在研究取向上，笔者带着“仔细看”的态度将近代学生的课余生活落实在时间管理、形象管理、礼仪管理及课余活动等烦琐、细微的方面，并以“区域间”“城乡间”“阶层间”“性别间”的不同对照来完成关于学生课余生活的比较研究。在此，笔者相信，在这些纷繁复杂、多种多样却又程序化、制度化了的教育实践与教育生活背后，始终隐藏着关于“人之培养”的最终答案，要探寻到这最终的答案，便要回归到教育生活的细微之处进行仔细的观察、细致的描述与带有“同情”的解释。在这个角度上，现象学与知识社会学的研究视角恰好为笔者提供了良好的切入点。

2. 拓展教育史研究领域的新尝试

从实践的角度上看，学校是人类开展教育活动的集中场所，是系统实施培养人才活动的最主要场域，站在这个角度上，我们可以在一定程度上讲，教育史即学校史。但是，学校并非教育实践的全部，“教育”也不能够和“学校”画上等号，因为学校的课堂并不能囊括所有的教育现象与教育影响，并非只有“学校”“教室”这些物理空间内所产生的活动才是教育活动，“学校”外的教育实践比比皆是，即使是在学校围墙内的时空场域中，也会存在一些“溢出”的制度化教学却仍然属于“教育”的部分，学生课余生活便是另一种延伸的“教育”。从研究的角度上看，学校常被视为一种制度化、工具性的教育运行机构，它在大多数研究者的眼中被视为遗世独立、与世隔绝教育环境的提供者、稳定教育秩序维护者，而校园活动与学生生活也由此显得简单、纯净。在这种将学校与外界相对隔离化的研究视角下，学校的形象走向两端：一端的学校是社会的乌托邦，在这里，人类的灵魂工程师们塑造着社会的未来与希望；另一端的学校是统治机关的运行工具，在这里，作为知识传达者的教书匠们努力传递着符合国家权力与国家利益的“有用知识”。由此，校园内的简单纯粹与社会中的混乱嘈杂构成强烈的对照，教育与生活相互脱离，这使得学界很少从社会生活复杂性的角度来对学校进行解读。

作为中国现代教育的开端，近代教育研究者们在学生生活史方面的研究更为薄弱，甚至鲜有涉及。由于学生课余生活史的研究对象是处于民间大众中的草根阶层，学生们既没有提出著名的教育论断，也没有引领教育变革的成功，更没有把握教育实践的主动权与领导权，因此，在前人的研究成果中，学生们或是作为固有教育观念的接受者（受教育者），或是作为已存教育政策的承担者（被管理者）存在，他们很难发出真正属于自己的声音。相比于近代教育人物研究中对于校长与教育家的青睐，学生依然属于沉默的大多数，尽管作为接受新式教育的先锋——留学群体——的教育感受得到了应有的记录，但多数普通学生的个人经历仍然大都被湮没在历史之中，他们在教育世界中的触动与思考也多被生硬的、抽象的统计数字一笔带过。即使是涉及学生的相关研究，教育史研究者们也大都将学生视为新型学校制度、课程教法、教育法令的被动接受对象，而对能够彰显学生本真状态的内在环境——学生生活——极为忽视，但这恰恰是近代社会转型与培养新型人才能否获得成功的重要方面。正如康德所言："对于人类进步的可预见性特征，我们不应只从那些伟大事件中去寻找，而应到那些更为不显赫、更难以察觉的事件中去搜索。"[①] 事实上，正是学校生活，尤其是作为教育主体的学生生活，一方面本身便是学校教育的重要组成部分，另一方面也是决定"培养完整人"和"完整培养人"成功与否的关键。因此，将"学生课余生活的存在与建构"作为探讨的主旨是揭示学校真实图景的重要侧面，也是我们准确定位、认识、评价近代教育改革的关键一环。

3. 寻求教育管理学发展的新探索

自近代新式教育展开以来，中国的教育就已经从一种零散的、通识的状态走向一种组织的、专业的形式。到至今百余年的历史中，作为一门学科的教育管理学经历了一个由无到有，从弱到强的发展历程，这体现在其理论水平的提升、研究范畴的拓展、研究方法的更新、研究成果的增长等诸多方面。但是，面对成绩，我们依然需要保持清醒的头脑。综观当前国内教育管理学方面的学术成果，一般多从两个方面展开，一是照抄、照搬西方教育管理学理论，将中国的问题生搬硬套进外国的理论中，以此完成生硬的移植；二是对中国教育管理过程中产生的问题进行个案研究或归纳总结，缺乏对现实管理矛盾的深入探寻。总体而言，教育管理学的理论发展与现实研究尚且处在一种"无尺度的进步、无自我的存在、无根基的发展的'三无'状态"。[②] 面对这样的困境，如何在完成本土化借鉴与发展的基础上更好地推进教育管理学的研究路径与研究水平，这是每一个从事教育管理研究的学者，也是每一个参与教育管理实践的教师和管理者都要着重思考的问题。

针对于此，笔者认为，"人与实践"的研究路径才是当前中国教育管理学理论获得发展的有效途径。所谓"人与实践"的研究路径是指，教育管理学的理论建设要在人文主义研究范式的映射下展开，它特别需要注重对教育活动与实践的切实回归，这种诉求是由教育管理学的研究目的与根本属性共同决定的。就研究目的而言，由于教育本身的特殊属性，教育

① 转引自李培林《微型权力专家：福柯——巴黎读书札记》，《读书》1989 年第 2 期。

② 周探：《教育理论思维与教育理论发展研究》，博士学位论文，东北师范大学，2011 年。

管理与其他任何类型管理的目的都不相同，它所指向的最终目标并不仅仅是教育效率与教育成果的提升，而更要指向受教育者作为“人”的生成、存在、延续与发展。站在这个角度上，教育管理研究不能仅仅局限于学校目标与学生利益相一致的简单框架中，更要把作为组织的学校目标与作为个人的学生发展统合起来。与这种诉求相一致，人文主义研究范式在本体论上注重整体观和联系论，在认识论上主张主、客体间的互动性与影响性，在方法论上重视让进入现场、深入情境的研究者充分发挥自己的“预见”功能，从而得以完成细致、深刻的解释。总之，关注个体人的具体生活、实现实在人的能力发挥与个性解放，这才是教育管理的最终实践价值。就教育管理的根本属性而言，实践性是其最根本的学科属性，教育管理实践中产生的活动与问题为教育管理学的理论验证与观点形成提供了良好的探讨场域与试验载体，教育管理学的学科建设也必须以教育管理实践活动作为探讨的对象，这样才能在探索性的实践中不断完成否定后的上升，从而形成成熟、完善的学科体系。站在这个角度上，教育管理学应该回归实践。要解决教育管理学远离实践性这一问题，就要在研究方法上进行持续的、累积的材料收集与问题整理，同时充分运用恰切的理论进行指导，在研究态度中充分尊重客观事实的现实价值，在对特定问题的分析中得出最终结论与意义判定。

近代学生课余生活的研究对象理所当然是具体、实在、实践中的“人”，是处在近代社会变迁背景下的学校中具体的受教育者；而学生课余生活的落实载体更是微观具体的实践活动，是体制之外的自由生活。从这个角度上看，近代学生课余生活的研究，便是深入到历史语境中的、对于“人与实践”的持续关注，这与教育管理学的研究路径是相一致的。

（二）实践意义

当然，理论的发展与现实的需求是相互映照的，急剧的社会变化无论在广度上还是深度上都是空前的，“以人为本”的时代主题延伸到教育场域中便衍化为“以生为本”的具体理念，“以生为本”的实现除了要注重宏观层面中教育目的、教育观念、教育内容、教育方法与教育组织等问题外，也要关照到微观层面的具体演变。要回答这一问题，需要进一步推进从学生的角度来理解学校教育及教育改革，直接引入对学生发展具体场景——学生生活——的研究。一般教育原理认为，人的发展是不可能脱离开现实生活而独立存在的，在学校接受教育的过程就是学生学会生存与学会生活的过程，因此，离开学生生活的研究便脱离了认识的主体，它势必是残缺的，也是缺少解释力与说服力的。另外，学生课余生活本身就是学校实践中稍显“另类”的存在，学校通过各种制度化的方式（如设置课程、宣讲教科书）来培养（控制）学生，课余生活就是学生在这种制度化“模铸”中的喘息空隙。也正是在这种空隙中，学生个人的自我认同才可能不再是凝固的、设定的、约束的结果，而是一个不断发展的、自我探寻的、独立自由的过程。那么，作为空隙的学生课余生活是如何发生的？它受哪些因素的影响？它具有何种特征？它与制度化教学的运行方式是否一致？它是如何影响学生的？又在多大程度上影响学生？它最终导致了何种人的培养？这些都是尚未寻得答案的问题。因此，学生课余生活的研究转向更是一种亟待探索的新领域。

三 研究取向

笔者无意沉陷在无边的史料中，而更感兴趣于理论的阐释与建构。然而，对于纯粹的理论思辨与建构，既深知自身能力不足难以驾驭，又明白这是一项会让人深感倦怠的工作。或许是对于理论的偏爱，相对于外在现象的观察与描述来说，笔者更希望把握现象背后的本质世界。在史料的搜集、整理过程中，笔者会为历史实践者的智慧深感叹服，几乎想要抛弃那些烦琐的理论，但当重新进入一些理论大家的言说中时，又时常会被那一刹那的智慧之光所深深吸引，于是，笔者努力将理论的话语直接建基于历史资料的基础上，或者借用理论的视角来增强对于历史的感受力，实现理论与历史的双向互动，并在此基础上获得一些现实的关怀。

笔者相信，在那些形态各异的却又日常化、例行化了的教育历史背后始终隐藏着一种教育的本真，这种本真力量既是人类社会的教育得以存在的根基，又为教育的继续存在及其发展方向确立了指向性的依据。但是，历史始终是复杂的，它还会受到诸多现实力量的制约，在这些不以人的意志为转移的结构性力量的制约下，教育会发生扭曲、偏离、变形，使得教育的本真状态隐匿起来。而与此同时，处于历史中的人虽有时难免会感到悲观的宿命感，但其内心深处始终存在着抗争与勃发的力量，这些力量通过人们的主观意识与主动参与在教育史中发挥作用，使个人生活与学校生活充满无尽的希望，这才使得教育成为一种充满塑造性与无限可能性的实践活动，才使得教育成为一种真正意义上的解放人类的事业。

因此，本书以学生课余生活这一微观视角切入，以“在历史中反思”的态度努力重返教育现场，怀抱着“一叶知秋、以斑窥豹”的目的重新检视中国教育，特别是对作为中国新式教育“开端”与“本源”的近代学校中学生课余生活进行专题式的总结、梳理、分析，试图从中发现教育发展的蛛丝马迹与人的培养的主题落实。

第二节　文献综述

20 世纪初期，现象学派创始人胡塞尔（E. Edmund Husserl，1859—1938）在批判科学世界的同时将“日常生活”一词引入社会学研究，“日常生活”开始在西方人文学科与社会学科中崭露头角。随后，在海德格尔（Martin Heidegger，1889—1976）、列斐伏尔（Henri Lefebvre，1901—1991）、卢卡奇（Ceorg Lukacs，1885—1971）、许茨（Alfred Schtiz，1899—1959）和赫勒（Agnes Heller，1929 年至今）等学者的引领下，日常生活批判学派发展成社会学诸多学派中颇为壮观的一支，并在 20 世纪 80 年代进入“崛起的阶段”。[①] 历史研究向来需要也善于从其他学科补给营养，乘着“新文化史”的转向之风，日常生活史研究开始出现，并赋予历史学“社会学的分析角度”与“文化学的描述角度”。同时，“教育日常生活形态是教育活动中的重要组成部分”的重新定位再次将“回到日常生活的教育”与“恢复丰富实践的教育”[②] 的观点拉入到教育学的研究中，作为学生日常生活史的重要分支，学生课余生活史的研究也从幕后走向前台。

一　相遇在历史与现实中：近代学生课余生活管理研究溯源

（一）历史中的萌芽：从社会生活史走向日常生活史

1986 年，第一届中国社会史研讨会在南开大学召开，这标志着学术

① 常建华：《从社会生活到日常生活——中国社会史研究的再出发》，《人民日报》（理论版）2011 年 3 月 31 日。

② 邬志辉：《论教育实践的品性》，《高等教育研究》2007 年第 6 期。

界开始有计划地组织与推动中国社会史研究的重建工程，“社会生活研究是中国社会史研究的主要内容之一”的观点也成为此次会议中所达成的基本共识。此后，社会生活史研究的相关论著逐步出现并不断增加，这一状态一直持续至90年代末。[①] 进入21世纪，社会生活史研究的论著转入了贯通性研究相对减少、具体化研究不断增多的新时期，更为琐碎、细化的日常生活史研究逐步替代相对宏观的社会生活史研究而成为史学界与社会学界的新热点。除了模仿、借鉴西方日常生活批判理论的因素外，我国的史学研究理论对“人”，尤其是“具体人”关注程度的不断提高也是促使生活史研究转向日常层面的另一重要因素。长久以来，社会生活史的研究虽然在马克思主义史学的影响下完成了视野的下移，但综观20世纪的中国社会生活史研究，学者们大多将研究的重点放置在固定王朝或某一区域的整体社会生活之中，将群体生活与历史背景相结合的抽象研究虽然获得了关于“骨架”的宏观把握，但却缺失掉微观历史中“血肉”的真实，难以寻到具体的“人”的身影，这使得新的生活史研究不断倡导要从“人与生活”的角度开展研究，日常生活成为一种新的视角。

新视野的探寻需要适当的理论来充当有效的分析工具，一批哲学研究者首先完成了西方日常生活批判理论的翻译工作，如吴宁[②]对列斐伏尔的日常生活批判理论、空间理论与异化理论进行了整体性的介绍；赵司空[③]也对卢卡奇的日常生活批判理论完成了体系性的引进。这些翻译工作的完成无疑为理论的引入起到了重要作用。

近代生活史的研究视野也开始投向具体人的日常生活，其关注的重点主要体现在四个方面：

其一，区域视野下的日常生活研究将都市史与大众文化史凸显出来：

① 此阶段颇具代表性的成果有：宋德金：《金代的社会生活》，人民出版社1988年版；冯尔康、常建华：《清人社会生活》，天津人民出版社1990年版；中国社科院历史所承担“中国古代社会生活史”国家重点规划项目出版的6卷著作：宋镇豪：《夏商社会生活史》，中国社会科学出版社1994年版；史卫民：《元代社会生活史》，中国社会科学出版社1996年版；朱大渭等：《魏晋南北朝社会生活史》，中国社会科学出版社1998年版；李斌城等：《隋唐五代社会生活史》，中国社会科学出版社1998年版；朱瑞熙等：《辽宋西夏金社会生活史》，中国社会科学出版社1998年版；陈宝良：《明代社会生活史》，中国社会科学出版社2004年版。

② 吴宁：《日常生活批判：列斐伏尔的思想研究》，人民出版社2007年版。

③ 赵司空：《中介与日常生活批判：卢卡奇文化哲学研究》，上海社会科学院出版社2010年版。

李欧梵与卢汉超[1]都将近代上海作为自己的研究对象，但前者将最早开埠的上海视为引领风气的先锋、追求时尚的“东方巴黎”，而后者则将贫富分化极为严重的上海视为下层蚁工的巢穴、劳苦大众的地狱；王笛[2]站在“历史者的同情”的角度上观察社会众生在改良、革命以及动乱中的遭遇，发出了“他们失去了一个旧世界，但并没有得到一个新世界”的沉重悲叹。胡俊修[3]在研究武汉底层民众生活时得出了与王笛相似的结论：尽管便利的运输条件与大宗的交易数量成就了近代武汉“东方芝加哥”的美誉，但在这名誉的身后，武汉普通市民的日常生活中则更多地流淌着实用主义的平实，甚至是现实主义的冷酷。尚克强、周俊旗[4]对于近代天津社会生活的研究同样也是此方面的代表。

其二，阶层视野下的日常生活将新旧群体间的生活状态展现得淋漓尽致，买办、律师、职员、媒体人都是其中的组成部分[5]，知识分子群体的生存状态是其中着墨较多的部分：林志宏[6]关注清代遗老式的知识分子群体，以“政治文化”的分析视角在日常生活层面考察了清代遗民的政治诉求与身份认同，认为此群体多通过服饰、发式、祭祀、婚嫁、读经等活动在行动中构建其身份认同感；叶中强[7]则聚焦于上海新式文人生活的“内环境”，由文人占据的空间场域以及相关的文学创作、职业空间、交往领域、经济背景、衣食住行等论及他们的心理空间和生活生产，同时指出正是这些“内环境”构成真正的上海社会；胡悦晗[8]的出发点在于“民

---

① 李欧梵：《上海摩登：一种新都市文化在中国》（修订版），上海三联书店 2008 年版；卢汉超：《霓虹灯外：二十世纪初日常生活中的上海》，上海古籍出版社 2005 年版。

② 王笛：《街头文化：成都公共空间下层民众与地方政治》，中国人民大学出版社 2006 年版。

③ 胡俊修：《“东方芝加哥”背后的庸常：民国中后期武汉下层民众日常生活研究》，博士学位论文，华中师范大学，2007 年。

④ 尚克强、刘海岩主编：《天津租界社会研究》，天津人民出版社 1996 年版；周俊旗主编：《民国天津社会生活史》，天津社会科学院出版社 2004 年版。

⑤ 马学强、张秀莉：《出入于中西之间：近代上海买办社会生活》，上海辞书出版社 2009 年版；陈同：《近代社会变迁中的上海律师》，上海辞书出版社 2008 年版；江文君：《近代上海职员生活史》，上海辞书出版社 2011 年版；王敏：《上海报人社会生活》，上海辞书出版社 2008 年版。

⑥ 林志宏：《民国乃敌国也：政治文化转型下的清遗民》，联经出版事业公司 2009 年版。

⑦ 叶中强：《上海社会与文人生活》，上海辞书出版社 2010 年版。

⑧ 胡悦晗：《日常生活与阶层的形成：以民国时期上海知识分子为例》，博士学位论文，华东师范大学，2012 年。

国时期的上海知识分子是否能够称为一个群体？他们能否达成一致的身份认同”？通过对此时期上海知识分子的职业、居所、饮食、出行、交往、爱好等方面进行的社会统计分析，得出此群体的外部整体性与内部差异性同时存在，且伴随着时局的恶劣而在两极的方向上既不断整合又不断分离。

其三，个人生活史将处在社会变迁中的具体人的复杂生活状态与情感状态展露无遗：行龙[①]将目光锁定在晋中旧式乡绅刘大鹏身上，通过历史叙事的方式，勾勒出刘氏多次科考失败、半生辛苦舌耕、无奈亦农亦商的人生经历，描绘出清代末年内地乡绅的内心挣扎与生活逆境；黄克武[②]则偏爱转型时代中具有西化特色的知识分子严复，通过讨论严复的家庭生活、情感世界、仕途发展与倡导新学等方面的作为来展现此时期公、私领域间的“不明边缘”与相互影响，体现“现代性”与“传统性”的碰撞与交织。

其四，以时间或空间为单位的发生史赋予日常生活更多的活泼与灵动：沈松侨[③]利用1936年上海左翼知识分子通过全国征文的方式所编写的《中国的一日》[④]来探析该书所出现的历史背景、所描写的生活状态、所运用的叙事策略以及所构建出的国家想象；陈蕴茜[⑤]则以空间为视角，用当事人或缓或急的诉说与感受描绘了近代公园所承载的日常娱乐功能与政治教化功能，从而论证了此时期民众生活与民族精神的交融状态。

（二）现实中的诉求：教育哲学的转向与教育社会学的探讨

除史学方面的探索外，“回归生活世界”的呼声同样深刻地影响着教育领域的研究风向，这一方面体现在教育哲学的实践论转向中，另一方面也展现于教育社会学的理论审视下。

20世纪90年代末期，“教育回归生活”成为教育基本原理与德育研

---

① 行龙：《怀才不遇：内地乡绅刘大鹏的生活轨迹》，《清史研究》2005年第2期。

② 黄克武：《惟适之安：严复与近代中国的文化转型》，社会科学文献出版社2012年版。

③ 沈松侨：《中国的一日，一日的中国——1930年代的日常生活叙事与国族想象》，《新史学》2009年第1期。

④ 该书由上海左翼知识分子通过全国征文的方式编辑而成，收录了数百篇无名大众对自身在当年5月21日一天内的生活经验与所思所感的叙述。

⑤ 陈蕴茜：《日常生活中殖民主义与民族主义的冲突——以中国近代公园为中心的考察》，《南京大学学报》（人文社科版）2005年第5期。

究中的标志性主题，“何谓教育回归生活”成为这一主题中的重要分支问题。首先，“教育回归生活”意味着要重新明确教育所涉及的“两个世界”，即科学世界与生活世界的相互关系：项贤明认为，生活世界与科学世界并不是同步存在的，生活世界衍生出科学世界，科学世界脱胎于生活世界，两者都在共同承担生存教育与道德教育的职能，因此，生活世界是教育的根本，科学世界是教育的旁支。① 鲁洁在探讨学生日常生活时同样提出了相似的观点：教育实践并不仅仅包含学生的学习生活，学生日常生活也是教育实践体系中不可或缺的重要成分，因为“所有知识都来源于生活，为生活服务，并最终归于生活之中”，因此，学校所培养出的知识人也应该是存在于“生活世界”之内的人。② 不但如此，教育回归生活还要完整理解并充分发挥学校日常与非日常生活中的德育作用，高德胜对此问题的分析最为系统，他认为：学校教育中的生活世界可以被再次划分为“日常世界”与“非日常世界”，但这种划分仅仅是相对的，“日常交往（无论是日常世界中的抑或非日常世界中的），都隶属于日常生活的范畴，这些制度之外的交往行为不是以学校规章或纪律来调节，而是受到社会伦理的控制与制约”③，大量存在着的学校日常生活因此也可以视为学校德育的重要切入点与生长点；最后，所谓“教育回归生活”，其最终目的是要回到一种“基于日常生活的非日常的生活”，冯建军指出：道德教育存在的意义在于重新创造了高于日常生活的新的日常生活，而这种新被创造出来的日常生活在其被创造出来的那一刻，又转而成为道德教育发生的新场所。④ 所以，所谓“道德教育回归生活世界”，就是要使得教育回归到从属于日常生活，却又不仅仅是日常生活的日常生活之中。21 世纪，“教育回归生活”进入本体论探讨中，叶澜所提出的“生命·实践”教育理论在此方向上做出了长期的关注与突出的贡献。叶澜认为，作为教育学的探讨起点与最终目的，教育学关于人性的假设应当指向微观的“具体人”而非宏观的“抽象人”。这种关注表示，人的生命是在鲜活的、变化的环

① 项贤明：《回归生活世界的道德教育》，《高等师范教育研究》2001 年第 1 期。

② 鲁洁：《一个值得反思的教育信条：塑造知识人》，《教育研究》2004 年第 6 期。

③ 高德胜：《知性德育及其超越——现代德育困境研究》，教育科学出版社 2003 年版。

④ 冯建军：《主体道德教育与生活》，《教育研究》2002 年第 5 期。

境中生存、生长、适应、实践的，所以每一个具体个人都是多面的存在，而这种多面又共同构成一个相互影响的有机组合体，这个有机组合体也在环境中不断发展，并在与环境持续不断的相互影响和相互建构中完成自我生成。[①] 这种本体论的探索趋向仍然是要求把“人”从抽象还原到现实与实践中。

同时，教育社会学也不断走向日常生活之中，刘云杉明确指出：“深入日常生活”的教育社会学是中国新教育社会学的发展标志，它的出现，在一定程度上构成了可以与实证主义分庭抗礼的另一阵营。[②] 此后，一系列社会学分析视角下的学校社会学分析开始产生，以教育人种志作为研究手段的个案研究是本书研究肇始阶段时的主要呈现方式：李书磊[③]深入河北省丰宁县希望小学，深描这所乡村学校中的教师、学生及其生活状态，从而完成当代国内第一部乡村小学教育的调研著作；庄西真[④]同样将视角关注于乡村学校的学生生活状态，将山东省莒南县的莲花中学作为研究对象，与李书磊“外来观察者”的角色不同，由于庄西真在此有着长期任教的经历，这使得他能够站在“自己人”的视角上将与学校相关的各种社会资源与关系网络娓娓道来，其分析也更为深刻；刘云杉[⑤]进入西安市的一所重点中学进行观察，她细腻的女性视角更多地关注于学生制度化学习之外的私人空间，并成为明确使用“日常生活”一词分析学生生活的第一人。此后，教育社会学范畴中的学校日常生活研究不断突破个案法的局限：李政涛[⑥]将学校生活视为一种人类表演的延续，他以戈夫曼的拟剧理论为基础，将学校、师生、活动分别视为表演的剧场、演员、演出，并认为学校生活中的制度性表演最终在一定范围与一定程度上导致了学生自我认知的混淆；胡春光[⑦]将学校生活视为“规训与抗拒”的共存状态，在

① 叶澜：《教育创新呼唤“具体个人”意识》，《中国社会科学》2003 年第 1 期。

② 刘云杉：《走入日常生活的教育社会学》，《南京师大学报》（社会科学版）1999 年第 2 期。

③ 李书磊：《村落中的“国家”——文化变迁中的乡村学校》，浙江人民出版社 1999 年版。

④ 庄西真：《学校行为的社会逻辑——关系网络中的学校》，博士学位论文，南京师范大学，2005 年。

⑤ 刘云杉：《学校生活社会学》，南京师范大学出版社 2001 年版。

⑥ 李政涛：《教育生活中的表演——人类行为表演性的教育学考察》，博士学位论文，华东师范大学，2003 年。

⑦ 胡春光：《学校生活中的规训与抗拒》，博士学位论文，华中师范大学，2007 年。

审视各种细腻的规训技术是如何作用于那些被监视、训练与矫正对象的同时，也对学生主体能动性下激发出的抗拒形态进行了分析；张敏[①]基于公民教育的视角剖析了学校的制度性生活与非制度性生活间的矛盾与抵抗，指出在制度化生活的边界外，学校生活同样具有普遍的日常性，这种借助道德、传统、风俗、常识等因素进行控制的生活更是培养现代合格公民的关键环节。

不管是历史学中对于“具体人”的关注，还是教育学中对于“实践人”的探索，都一致指向了“教育·生活·人”三位一体的讨论主题，而近代学生课余生活的探讨正是这一主题的历史先导与追本溯源。

二　怎样的课余生活？近代学生课余生活研究的对象与元素

近代学生课余生活的研究主体理所当然应该是实实在在的“人”的生活，其所最终聚焦的主体也是处在近代历史新陈代谢中的学校受教育者。如费弗尔所言：“历史的主体和客体乃是人，乃是如此丰富多彩的人，他的复杂性，无法用一条简单的公式来表达。”[②] 因此，要了解我们正在经历的真实生活，就必须将“人”视为研究的出发点与目的地，就近代学生课余生活研究中的研究对象——学生——而言，大致可以从以下几个方面进行总结：

（一）学生群体的区分

就学生群体而言，研究的热点集中于女性学生群体与教会学校学生群体中。

刘慧英以一种反思的心态思索此时的女性启蒙问题，将女性学生个人生活的一些方面，如穿着服饰、学校选择、恋爱观念等融入女子教育中，揭示了她们在传统制约下寻求生命出路的希望与绝望；[③] 张素玲在分析女性学生的童年境遇、家族出身与教育经历之后称，“女性并没有完全服膺精英知识分子关于理想中的女性形象的倡导”，她们并不只是被定义和想

① 张敏：《学校制度生活研究》，博士学位论文，华中师范大学，2013 年。

② 转引自［瑞士］雅各布·坦纳《历史人类学导论》，白锡堃译，北京大学出版社 2008 年版。

③ 刘慧英：《遭遇解放：1890—1930 年代的中国女性》，中央编译出版社 2005 年版。

象的性别群体，而是在面临现实压力的同时不断追求独立与平等，但这始终与男性精英的女性性别期待存有一定的距离;[①] 王克霞将处在经济较为落后的沂蒙山区的女性红色教育作为自己的研究对象，指出与相对简单的物质生活相比，沂蒙女学生的精神生活更为丰富，她们从各类教育和丰富的文化生活中汲取知识、锻炼能力、开阔视野、提高素质。但是，这种启蒙不是“个人意识”与“女性意识”的自觉展现，而是深嵌于阶级、民族、政治中的“国家的启蒙”。[②]

教会学校的学生生活研究是另外一个热点：孙崇文重构了基督教学校学生的各种生活侧面，包括学生出身与愿望、学生宗教生活、学生学习生活、学生政治生活、学生业余生活等多个方面，认为近代基督教学校出于中国社会世俗化与技术发展的要求，并没有成为上帝治国的狩猎工具，而最终成为“无信仰的中心”。[③] 杨禾丰则将视野聚焦于圣约翰大学，极为详细地论述了圣约翰大学学生作息、消费、交际、信仰等问题，指出政治风潮与权力鼎革等重大事件并未对圣约翰大学的发展造成明显的影响，这与其在学生生活方面表现出的坚强韧性密切相关，从另一侧面体现出真正大学所具备的独立精神与坚守境界。[④]

（二）区域研究的划分

就区域划分而言，与都市史的研究趋向相似，研究的热点集中于上海、北京学生生活中，但延安的“红色”学生生活也是这方面的一个重点。

施扣柱采用“以事记人”和“以人记事”相结合的叙事方式，以1843年上海开埠至20世纪50年代百余年间上海城市社会中的学生群体生活为研究对象，叙述了以高等、中等学校为主体的近代新式学堂学生的常态生活，包括以学为主的学业生活、从强迫到自觉的体育生活、富于情

---

① 张素玲：《文化、性别与教育：1900—1930年代的中国女大学生》，教育科学出版社2007年版。

② 王克霞：《革命与变迁——沂蒙红色区域妇女生活状况研究》，山东大学出版社2011年版。

③ 孙崇文：《抗战以前中国基督教大学及其学生生活研究》，博士学位论文，华东师范大学，2005年。

④ 杨禾丰：《圣约翰大学的校园生活：1920—1937》，博士学位论文，复旦大学，2008年。

趣的课余生活等各个侧面，试图在人、事交织的历史经纬中，确立起近代上海学生生活的坐标定位；[①] 叶文心以一种国际化的观点对比京、沪两地学生的受教育历程，以北京的清华大学、北京大学，上海的圣约翰大学、交通大学、复旦大学和中国公学六所性质各不相同的高校所秉承的办学理念与校园文化为主要内容，论述了作为民国南北两大重要城市中学院精英的生活状态，指出大学毕业生虽然在政治、学术的交互拉力中取得了国际化水平的知识补给，但其在国内环境中的生活状态却仍然陷入一种无奈的无所适从，甚至渐入颓唐的艰难境地；[②] 杜维泽从延安学生群体的饮食、住宿、服饰、消费、学习、实践、娱乐等方面切入，以相关报纸、当事人回忆录为主要参考资料，较全面地展现了其时学生群体日常生活的真实风貌，展现了“物质贫壤”中拓展出来的丰富多彩的“精神沃土”。[③]

（三）落实载体的不同方面

就学生课余生活的落实载体而言，研究虽然零散，但学生生活中的方方面面几乎均有囊括：何芳以学生服饰为载体，从“政治象征”的角度分析了晚清学生操衣的形式变化，指出晚清学生服饰在对学生身份进行体认和确立的同时，也表现出对民族经济利益的维护和对社会崇洋风气的抵制；[④] 张奕等以课堂之外的场域——学生宿舍——为中心，整理了近代学校学生住宿形态“从斋舍到宿舍”的变迁轨迹，认为此种变迁体现了近代教育理念由注重生活熏陶的博雅教育不断走向注重专业培养的职业教育的转变历程；[⑤] 陈蕴茜以“仪式”为突破点，在描述国民政府通过时空布局、仪式流程等手段将“总理纪念周”制度在学校场域内铺展开来的过程后，将这种仪式经历视为国民政府实现其社会控制与意识形态传播的重要手段。[⑥]

体育研究也是学生课余生活落实载体的一个重要方面，此方面的研究

---

① 施扣柱：《青春飞扬：近代上海学生生活》，上海辞书出版社 2009 年版。

② ［美］叶文心：《民国时期大学校园文化：1919—1937》，冯夏根、胡少诚、田嵩燕等译，中国人民大学出版社 2012 年版。

③ 杜维泽：《延安时期学生群体日常生活研究》，硕士学位论文，延安大学，2010 年。

④ 何芳：《清末学堂中的身体规训》，博士学位论文，华东师范大学，2009 年。

⑤ 张奕、刘献君：《从斋舍到宿舍——中国近代大学生住宿形态考察》，《现代大学教育》2007 年第 4 期。

⑥ 陈蕴茜：《时间、仪式维度中的“总理纪念周”》，《开放时代》2005 年第 4 期。

最为丰富，性别体育、区域体育、政治体育都得到了充分的书写：罗宁将体育置于近代中国政治背景的话语中，认为在“强国保种”的理念下，体育成为一种完成政治愿望的手段与工具，从而获得了曲线且缓慢的发展。[①] 王云则聚焦于女子体育的研究，认为女学生与西式体育的相遇，既包括以强者的文化殖民为代表的教会女学的体育活动，也包括以弱者的自救与自卫为代表的中国女学的体操课程，它们与民间女子体育共同构成此时女子体育的三种形式，相互交织，又各具特点，此时的女子体育，受到国家、社会、经济、政治、性别的合力操控，成为各种叙事尽情阐释自身的场域；[②] 匡淑萍将上海近代体育放到中西文化交流和上海社会变迁的双重背景下进行立体化与多层面的研究，全方位地表征其历史现实，以现代化进程和文化交流的视角来描述上海近代学校体育的发生背景，进而阐述其形成、发展、演变的历史过程和社会影响，并归纳总结出其发展的时代特征，促使人们全面认识现代化浪潮中的上海近代体育。[③]

除以上专题类研究之外，对于学生课余生活较为整全的研究也已出现：刘训华对于近代学生的课堂生活给予了较为全景式的观照，此文以新式教育中课堂环境、教学形式、师生交往、学生娱乐等为审视对象，针对不同阶层、不同地域学生生活进行有差别的书写，体现出此时期学生生活所具备的极大的“自由性”。[④] 刘媛的研究也是较为全面的，她在分析上海儿童的日常生活时已经涉及学生生活的衣食住行、日常消费、娱乐活动与人际交往等具体方面，指出在全面抗战爆发前十年中，上海学生的日常生活是传统社会与现代文明相互交合、渗透的结果，且两者间的和谐并存使得学生的生活方式在自然的转换中实现超越，集中的矛盾与冲突并未发生。[⑤]

历史向来是丰富的，近代学生课余生活史的研究同样如此，正是出于

---

① 罗宁：《近代中国社会政治背景下体育的曲线发展研究（1880—1937）》，硕士学位论文，华东师范大学，2012年。

② 王云：《社会性别视域中的近代中国女子体育（1842—1937）》，博士学位论文，南京大学，2011年。

③ 匡淑萍：《上海近代体育研究》，博士学位论文，上海体育学院，2011年。

④ 刘训华：《近代学生课堂生活的多维呈现》，《教育研究》2013年第9期。

⑤ 刘媛：《上海儿童日常生活中的历史（1927—1937）》，博士学位论文，华东师范大学，2010年。

阶层、区域或不同落实载体的带有差异性的分析才使得这种丰富更为精彩，而这些研究，从根本上而言，则是“以人为本”的研究基点最终决定的，因为只有将近代学生视为一个真实的、具体的“人”，他们的形象与他们的生活才得以获得更加立体与饱满的展示。

三　如何书写课余生活？近代学生课余生活研究的呈现

在研究成果的呈现上，近年来，教育叙事开始越来越多地成为学生课余生活研究中的热门研究方法。作为将教育叙事研究方法引入中国教育史研究领域的集成者，丁钢教授指出了教育叙事研究方法与教育学、教育史研究的恰切性：“我们尝试教育叙事研究和之所以提出‘教育叙事’……是为了接近中国教育空间里正在发生和已经发生的各种‘真相’……它们会聚在一起，构成了等待我们去考察的教育事件，而这些事件的流动性及其复杂意义常常只有通过叙事方式才能表达出来，尤其是对事件中的个人‘生命颤动’的揭示。”①

同样，许美德、张素玲、孙崇文②等研究人员也目标一致地将教育叙事研究方法应用到写作的实践中，他们赋予了中国知名教育家、近代女大学生与基督教学生更为饱满的人物形象，并将不同教育群体的人生历程融入社会的大幕与时代的洪流中，以个人的故事诉说着历史的变迁。实际上，学生课余生活的多元与复杂已经决定了任何一种由学者预设的分析框架都会陷入紧张、急促的叙述语境中。以诉说的方式去重新遇见教育现场中那些具体的人物与事件，感受当事人在不同关系中的心理与处境，从而揭示教育的存在方式与影响方式，成为学生课余生活意义诉说的有效途径。要完成这项工作，主要从两方面入手：收集资料与诠释意义。就收集资料而言，它不仅与史料的发掘与应用密切相关，还要求在此过程中描述出“人”的在场，就学生而言，既要见到作为“个体元素”的教育活动者，又要见到作为“社会背景”的整个学生阶层，只有这样，才能体现

① 丁钢：《教育叙事：接近日常教育“真相”》，《中国教育报》2004年2月19日第8版。

② ［加］许美德：《思想肖像：中国知名教育家的故事》，教育科学出版社2008年版；张素玲：《文化、性别与教育：1900—1930年代的中国女大学生》，教育科学出版社2007年版；孙崇文：《学生生活图景：世俗内外的教育冲突》，教育科学出版社2008年版。

出“以小见大”的研究意义。收集资料的目的在于描述，而描述的目的在于诠释人与活动的意义。叙事研究不单单是简单、机械的记录，它更指向一种不断发掘、反思自身参与教育行为、观察教育行为的职业精神，不断探寻教师与学生在日常的教育情境和变动的教学校园中的互动与抉择。因此，叙事研究是一种反思性的追问，是对过去历史进行的重新认识、观察与诠释，这种回顾，既能再现鲜活、丰满的教育历史，也为学科发展注入了新鲜的血液。

四　本书对前人研究的借鉴与突破

任何成功的研究都是在充分汲取前人成果的基础上完成的，学生课余生活史研究发展至今，其所产生的影响是十分值得学习借鉴的，这主要体现在以下几个方面：第一，在研究对象上，学生生活史的研究已经完成由“帝王将相”向“下层民众”的转变，在极力展现社会群众于历史转型大背景中生活境遇的同时，也努力将研究对象再次细化，由“中观”转向“微观”，由“阶层”推向“个人”；第二，在研究要素上，几乎学生生活的全部领域均有所涉及，个人的衣食住行、团体的行为活动、阶层的互动交往等内容都获得了一定程度的呈现，并显示出一种在“复杂化”视角下展现学生生活的持续努力；第三，在研究方法上，不同个人、不同区域、不同群体间的比较法使得学生生活获得突出的、特质上的体现，而叙事研究的应用在使得学生生活史获得丰满呈现的同时，也获得自我反思的极大空间。

但是，作为一个较为年轻的新领域，学生生活史的研究仍然存在极大的探索空间，就笔者看来，近代学生课余生活史研究仍应致力于以下两方面的工作，这也是本书研究所努力的方向。

首先，在资料的获取方面。史料的获取不仅仅是近代学生课余生活史研究所面临的一个棘手难题，也是任何关于社会下层研究所涉及的一个重要难关。特别是当笔者将目光投向较为久远的过去时，能否获得足够的材料是决定笔者能否从抽象的宏观历史叙述模式中解脱、投身到微观历史现场的关键。由于年代较远，获得一手的口述史资料几乎是不可能完成的任务，那么，在依赖当时社会精英所书写的“胜利者的历史”时，社会底层的生活史资料究竟能有多少？仅存的“硕果”中又有几分可以信服？

这需要笔者在深入挖掘史料的基础上不断对比、判断、甄别，同时始终在头脑中不停地追问自己，“这样的史料究竟是在什么样的社会情境、什么样的学校氛围、什么样的家庭状况、什么样的个人心境中诞生的？它的存在是否符合历史的逻辑”？凭此以求获得最大可信程度上的“历史的同情心”。这一点似乎是前人在研究中较少涉及的。

其次，深入的解读。虽然对近代学生课余生活进行耐心、细微的深描是必备的前提工作，但是如果研究止步于此，便不会获得更为深入的发展，其最终也只是获得一种记录材料罢了，“不厌其烦地详细叙述生活中的各种琐碎事物，却不能从中说明其历史意义，历史学家的工作只剩下在旧报纸杂志堆里寻找人们茶语饭后的闲谈，再将之拼凑成‘小市民的日常生活史’”①。尽管前人的研究也都或多或少地涉及学生课余生活的一些方面，但并未就此问题的分析形成一个系统的体系与框架。学生课余生活不仅仅是书写的主体，更是笔者佐证观点的材料，是笔者提出问题、分析问题、解决问题的工具。“学生的课余生活方式是先进的还是落后的？学生群体在现代都市日常生活方式被近代中国人或接纳、或排斥的过程中起到什么作用？”“生活层面的物质文化与学生的行为方式有何关系？这种行为方式如何影响近代教育、社会变迁中所亟须的身份认同？”“课余生活中包含着诸多的社会互动，学生的个人互动中能否看到家庭、地方、国家间的博弈关系？这种博弈是在维护社会秩序的稳定还是在表现对现存秩序的不满？”等等。这些将个人生活放置于传统与现代、民众与精英、中国与西方、国家与地方等多维关系中的考察才符合笔者研究学生课余生活史的最终目的，即着眼于具体人的实践活动，深入到边缘人的群体生活，立足在历史人的时代问题，构建起人与社会间的互动桥梁。

第三节　概念界定

一　近代

探索学生的课余活动究竟是怎样的，就必须要深入到这些实践所栖居

① 连玲玲：《新典范或新危机？“日常生活”在中国近代史研究的应用及其问题》，《新史学》2006 年第 4 期。

的教育历史空间中。笔者以1895年作为本书研究探讨的起点，以1937年抗日战争的全面爆发为终点。这四十二年既是中国近代史乃至中国全部历史中最为动荡的四十二年，也是教育史中最具魅力的四十二年，甲午战争的失败、辛亥革命的爆发、袁世凯复辟的开始、五四爱国运动的风潮、南昌起义的开始、九一八事变与全面抗战局势的形成，这些历史的大事件都成为教育领域内一切变革（如科举制的废除、义务教育的施行、壬寅学制、癸卯学制、民初新学制的颁布等一系列教育巨变）的先声。民国初年不但是中国历史破旧立新的新纪元，也是教育改革大刀阔斧的新契机，自1912年下半年始，教育部陆续设定、颁布多项有关教育宗旨、学校制度、管理政令、教师聘任、课程设置、教科书编审条例等，以1911年或1912年为近代教育史研究的起点成为诸多学者的共识。但是，历史既不是一刀切断的，也不是一蹴而就的，教育领域中的诸多变革因涉及"人"的因素而成为一种长久酝酿的结果。以民国元年作为研究的开端，虽然可以使我们对某些重要的教育思想和教育政策获得更为清晰的历史脉络，但也在很大程度上将关于此问题的观察禁锢在政治史的视角中，教育史中的观察反而被忽略了。因此，在本书中，笔者以1895年作为研究的开端。清政府于甲午战争中的战败使得国人开始超越"体用"的探讨而逐步意识到中国近代化历程的总体性问题，"人"的问题开始凸显，中国近代化由此进入一个由"模仿—实践"到"辨别—反思"的更为深刻的发展阶段。与此密切相关的一系列改革方案在教育领域内渐次展开，学校内学生课余生活的变化于此时或显或隐地初步展现，并日益产生广泛的影响，"新人"在此过程中得以塑造。

二　学生

本书研究对于学生的选取并不局限于特定区域或特定的学校类型中，而试图从一个更为广阔的视角上在整体与细节两个层面呈现此时期学生课余生活的变化过程。尽管近年来学界的研究趋势是更为注重从个案角度出发（或以某地区为个案，或以某学校为个案，或以某学生为个案）来观察中国社会的发展，但笔者认为，单纯的个案研究并不适于学生课余生活这一广阔的研究主题，原因有二：其一，为获得学生生活较为整全的变革轨迹，本书研究选取的时段并不短暂，要获得此时段完整的代表案例存在难度，史料的获取难以完成。其二，固守个别地域的视角也会影响史料来源的丰富性问题，且此时期，不同区域间的社会状态存在较大不同，学生的生存状态更是多处于动荡之中，以单一地区的学校为代表来研究学生课余生活的演变很难获得有效的解释性，存有以偏概全、偷梁换柱之嫌。故此，笔者所选取涉及不同年代、不同地区、不同学校、不同层次的各类学生，以期通过这种大样本的采集来对近代学生的课余生活给予较为全面且复杂的展示。

三　课余生活

课余生活是相对于课堂生活而言的。对于学生来说，课堂虽然是教学知识的来源，但课堂中制度性的活动很难代替能够充分发挥学生个性与自我的课余生活，从这个意义上来讲，课余生活是使学生突破约束与限制，感受自主与自由的时空，因此，它带有明显的多维性、无序性与不确定性。但是，生活本身又是一个不可分割的整体概念，尽管学生会在课堂内外扮演不同的角色，受到不同因素的影响，但这并不能代表课堂内外的生活之间会有一条泾渭分明的界限，两者始终难以分离，学校环境本身就是课余生活与课堂生活的发生载体，它会受到学校管理层面的影响，且学生也会习惯性地将课堂学习中所获得的知识与认知方式带到课余生活的行动中，因此，作为课堂生活延伸的课余生活在一定程度上也是被设计、被制约、被实践的。可见，课余生活是一个学生自由与学校控制相互交涉的地带，它虽然在一定程度上摆脱了课堂内的制约和限制，在很大程度上享有自主的选择权，但也并非一种完全独立的生活方式，它同时受到课堂生活中若干因素或隐或显的影响。近代中国社会的巨变环境既为学生课余生活提供了自由的社会环境，又将其作为严密社会控制的一部分给予了设计与规划，在此基础上的学生课余生活既是丰富的，也是矛盾的。其丰富性决定了笔者不能进行一种全景式的鸟瞰，因为这种鸟瞰既是庞大的又是难以深入的；其矛盾性决定了笔者要在这纷繁的学生课余生活中选取极具代表性的某些方面来进行书写，时间、服饰、仪式、活动等成为笔者的具体研究对象，这一方面是限于史料的获取，更重要的是，这些因素明显体现了处于当时社会背景中的学校与社会、学生与家庭、权利与义务、控制与反抗的纠缠与抗争。

四 管理

在不同的学科领域，研究人员对于“管理”的界定存在诸多观点，但对于其本质的认识并不存在太大的分歧。按照马克思的观点，管理产生的根本原因在于人类战胜险恶环境的生存目的，在人类几乎所有大规模或较大规模的社会劳动之中，都或多或少地需要有效的指挥，从而达到协调组织活动的目的，而这种协调的过程就是管理的本质。所以，所谓管理，就是解决组织中人与人（或群与群）之间的冲突，从而保障整体秩序、提高活动效率。① 但是，在教育管理的过程中，“学生”因素需要得到特别的凸显，因而不能似其他组织管理一样仅仅强调管理中“由上而下”的一面，它更强调管理过程的互动性。因此，笔者在本书中所使用的管理概念是一个相对宽泛、广义的管理概念，它既包括作为管理者的国家、教育行政机构、校长、教师“由上而下”的管理过程，也包括学生、家长、家族、社会于学校管理“由下而上”的“被管理”过程，当然，这种“被管理”的过程并不全然是被动接受的结果，它也包括学生作为独立主体的反应与反思。

第四节 研究视角：西方中心观与中国中心观的互动与融合

以费正清（John King Fairbank，1907—1991）为代表的中国近代史学者持有这样一种观点：以孔子思想为代表的儒家文化的封闭性，是导致中国传统社会缺乏冲破封建阻滞的最终源头，只有在经过源于帝国主义的武力入侵与经济渗透之后，近代中国才开始走上向现代社会的演变之路，所以，西方的冲击与中国的反应就是中国近代史的全部内容。与此同时，列文森所提出的“传统—近代模式”同样认为，中国固有的所有文化形态是传统的，它与西方的现代化是根本对立的，如果想要迈进现代文明，中国就必须接受西方文明的改造。以上两种理论框架都是西方中心论的变种，在此研究取向影响下的近代教育史体现出以下两种特征：第一，西方的是现代的，中国的是传统的，现代与传统间的矛盾不可相互融合，只能彼此抗争，

---

① 齐善鸿：《道本管理论：中西方管理哲学融合的视角》，《管理学报》2009 年第 10 期。

而这种抗争则是教育现代化的原始动力。第二，既然西方的教育体制是现代的，那么凡是与西方教育体制相背离的则全部应该视为对现代化的反抗，如地方乡村的毁学、对教会学校的抵制、恢复传统教育的努力等。这种将“现代”与“传统”对立起来的思维使得历史研究忽略了中国社会自身存在的内在动力以及不同主体之间的相互作用，中国式的教育探索被排除在外。

柯文（Paul A. Cohen，1934 年至今）所提出的“中国中心观”正是针对“西方中心观”忽视中国本土能动性的缺陷而产生的。这种观点强调以“内因”为基准来追寻中国历史的内在连续性，即从中国自身而不是西方或其他任何帝国主义国家来着手研究中国历史，采取中国的而非西方的标准来判断中国社会中哪些现象带有历史重要性，倡导以中国为出发点来深入、精确、细密地探索中国本土的变化动力与结构变迁。所以，中国中心观要求历史研究者置身于中国具体的社会环境中来探讨问题，从中国的“史境”出发，通过自身的观察和考证来加以认识，而不单单将其视为西方历史在后发现代化国家的翻版与延续。在具体分析近代中国相关问题的过程中，柯文将中国历史按照“横的研究”和“纵的研究”加以区分：所谓“横的研究”就是将中国广阔的地域进行分割，划分为地区、省、市、县甚至更小的单位来进行地方史的研究；所谓“纵的研究”则是在进行社会阶层分层的基础上，将研究的重点转移到基层民众身上，通过这样的社会分解来展现历史的多样性，从而引发一种更为细致的问题分析。此后，许多学者成为中国中心观的拥护与证明者，魏克曼、施坚雅、史景迁等都是此方面的代表。同样，一些学者也开始以中国中心观作为分析中国近代教育的理论基础，叶文心的《民国时期大学校园文化》，许美德的《中国大学 1895—1995：一个文化冲突的世纪》，季家珍的《重读中国女性生命故事》等都是此方面的代表。

实际上，西方中心观与中国中心观的矛盾焦点在于：中国现代化历程的原动力究竟从何而来？它是在西方影响下被动产生的结果，还是在自身调试中主动迎合的过程？笔者认为，关于以上问题的讨论，两种观点虽各有道理，却又有所偏颇，将两者联系起来完成取长补短的结合才是我们正确认识中国近代史复杂性的关键。就近代学生课余生活而言，笔者努力尝试以下三方面的结合：

第一，就学生课余生活的发展动力而言，它是“外涉”与“内生”的双向结合。近代学生的课余生活，一方面是在西方教育势力入侵的影响下所做出的即时的反应，新时间的接纳、新服装的适应、新仪式的模仿、新活动的引进都带有强烈的“西化”色彩；但在另一方面，它也是传统势力坚持固守的最后阵地，“中国文化”依然扎根于学生课余生活的各个方面，传统计时方式的应用、传统着装元素的保留、传统仪式流程的遵守、传统课余活动的改造都是其中明显的体现。在“外涉”与“内生”的双向建构中，学生课余生活相遇在传统与现代里，展现于新旧的交替中。

第二，就学生课余生活的管理方式而言，它是“上层”与“下层”的双向结合。学生的课余管理并不是一个被切割开来的过程，它是一个涉及“国家教育宗旨—地方学校政策—学校管理规章—教师实施策略—学生落实呼应”的完整过程。但这又不仅仅是一个自上而下的单向管理，更是一个充满学生自下而上或顺应或反抗的双向过程，无论如何，在课余生活这个相对私人的领域中，相对于上层政策而言，下层学生的反应与落实都更具有自由性、自发性与自主性，“上层”与“下层”的矛盾既是一种客观现实，也是一种推进力量。

第三，就学生课余生活的体现元素而言，它是“微观”与“宏观”的双向结合。研究近代学生课余生活的变迁，不是单纯地描述某种教育行为出现、发展、变化的具体现象，更需要进一步探析这些琐碎教育行为背后的言说。学生课余生活是简单的、零散的，但其所折射出的问题却是复杂的、集中的。新式时间的引入何时发生？为何发生？受何种因素影响？新式着装的出现体现了怎样的审美理念与社会期盼？学校仪式的选择是如何取舍、筛选的？又有何目的？这些微观的观察元素正是本书研究的切入视角，笔者以“在历史中反思”的态度努力重返教育现场，怀抱着“一叶知秋、以斑窥豹”的目的重新检视中国教育，并试图从中发现教育发展的蛛丝马迹与人的培养的主题落实。

第五节　理论基础与研究方法

一　理论基础

（一）发现问题的工具：日常生活批判理论

作为课余生活的上层概念，对日常生活进行学理上的梳理是一项必不可少的工作，日常生活批判理论为我们认识日常生活提供了一个便利的平台。但是，日常生活批判理论又不单单是一个可以被直接利用的指导性理论，在一定程度上，与其说日常生活批判理论给予了我们分析问题的工具，不如说它更多地为我们提供了发现问题的能力。日常生活批判学派主要可以分为两类：其一是以胡塞尔、海德格尔、列斐伏尔、卢卡奇、许茨、赫勒为代表的西方学者；其二则是以部分中国本土学者为代表者，他们共同研究“日常生活”这一主题，并主要完成了两方面的工作：“如何认识日常生活”和“如何改造日常生活”。

1. 关于日常生活的认识

关于日常生活的认识活动是层层深入的，大致可以分为提出、描述、界定与分类四个阶段。

提出阶段：胡塞尔在分析欧洲科学危机时初步将“日常生活”这一问题展现出来，他指出，人们对于实证科学的偏执热爱使得人类世界开始被数据主导，这使得人类自身的主体性与能动性被忽略，而“回归日常生活”则是解决这种危机的良方。① 在此，尽管胡塞尔只是模糊地指出日常生活的存在状态，但却使得“日常生活”开始在社会科学中成为一个相对独立的“真问题”。

描述阶段：海德格尔利用描述的方法对日常生活进行了认识，他认为，日常生活是“烦”的，“烦”即为与本体心灵需求并不统一的状态，由事物引起的“烦”为“烦忙”，由与他人交往引起的“烦”为“烦神”，所以，“这个现实世界的本质便是烦”。② 同时，海德格尔进一步指出存在于“烦”之中的“人”是以一种“常人”的状态存在的，他是“日常的、共同的、沉沦的”，他与其他“常人”形成社会群体，“常人怎样享乐，我们就怎样享乐；常人怎样判断，我们就怎样判断；常人怎样愤怒，我们就怎样愤怒。常人便是日常生活的存在方式”。③ 在对“烦”与“常人”的描述中，海德格尔在哲学层面初步指出了人在日常生活中的异

---

① ［德］埃德蒙德·胡塞尔：《欧洲科学危机和超验现象学》，张庆熊译，上海译文出版社2005年版。

② ［德］马丁·海德格尔：《存在与时间》，陈嘉映、王庆节译，生活·读书·新知三联书店2006年版，第232页。

③ 同上书，第157页。

化状态。

界定阶段：相比于胡塞尔的模糊提出与海德格尔的描述性界定，列斐伏尔与许茨对于日常生活的界定则相对更为明确。受马克思分析资本主义经济框架的影响，列斐伏尔认为，“日常生活是介于经济基础与上层建筑之间的存在领域，是社会关系生产与再生产的基础”。[①] 虽然从学理的角度上看，日常生活在人的发展过程中占有如此重要的影响地位，但在现实的日常生活领域中，“人的异化”现象则不可忽视地存在着，正是这些“非人的东西”使得“占有本质的、自觉自由的、总体的人不能形成”，这是日常生活受到批判的最大理由。许茨将日常生活描述为“主体间性的”“充满文化意义的”现实世界。所谓“主体间性”，即“我自己以及我的伙伴”“当代人以及前代人”之间交流与行动，这种交流与行动不是临时性的而是经验性的，正是不同主体间的交流，才使得具有“文化意义”的世界得以形成，所以，人类的行动才是日常生活的最初起点。同时，这种经验性集体行为的重复出现也决定了日常生活世界的属性惰性十足，这使得日常生活中的人不是时刻反思的行动者，而是在大多数情况下遵守预设路线的保守者。

分类阶段：赫勒对于日常生活的探讨是从分类开始的，她将不同的社会领域和存在领域划分为“自在的类本质对象化”（物质活动）、“自为的类本质对象化”（精神活动）和“自在和自为的类本质对象化”（制度活动），其中日常生活是一种“自在的类本质对象化”，[②] 因此，衣、食、住、行等物质活动是赫勒关注的重点。

2. 关于日常生活的改造

相比于“如何认识日常生活”，“如何改造日常生活”是一个略显单薄、尚待深入的话题，列斐伏尔和赫勒是对此问题有所提及的代表。列斐伏尔指出，人正是在日常生活领域中“被指认”与“被制造”的，但“总体的人”并未出现，“人尚处在生产阵痛的阶段，还未诞生，几乎还没有被认为是一种统一体和结果，还只存在于自己的对立物之中并通过自

① 复旦大学哲学系现代西方哲学研究室：《西方学者论〈1844 年经济学—哲学手稿〉》，复旦大学出版社 1983 年版，第 191 页。

② ［匈］阿格妮丝·赫勒：《日常生活》，衣俊卿译，重庆出版社 2010 年版，第 5 页。

己的对立物而存在，这个对立物就是：人中的非人的东西”。[①] 如此，“非人的东西”是造成人类异化的根本原因。何为“非人的东西”？与马克思的观点一致，列斐伏尔同样认为资本主义的生产方式就是这种“非人的东西”，资本主义通过群众消费与大众媒体对人完成物质与精神上的双向控制，因此，列斐伏尔对于日常生活的批判就是对于资本主义生产方式的直接控诉。与这种强烈的控诉相对，赫勒更具理想主义色彩，她主张实施人道化的方式来重塑日常生活的自在特性，从而完成向“全面人”与“自由人”的转变，而完成这种转变的关键在于多方因素的共同努力，这包括道德、宗教、政治与法、科学、艺术、哲学等诸多方面的同步构建。

（二）分析问题的工具：拟剧理论

美国当代社会学大师欧文·戈夫曼（Erving Goffman，1922—1982）一方面以微观分析的角度来探讨个人交往之间的本质和内涵，另一方面也关心宏观社会秩序的建立与维护，其于1959年发表的《日常生活中的自我表演》中所阐述的“拟剧理论”就是一种将微观分析与宏观建构共同完成的努力。戈夫曼认为，作为社会行为者的人与人之间的所有交往、行为、活动和经历都可以视为社会生活中有预谋的表演，世间的男女老少都是演员，在特殊的表演环境下，演员利用舞台的布景、预设的对话、剧本的情节来塑造角色，并在整个表演的过程中尽可能地使自己的演出更接近观众的预期，以保证表演的成功。但是，舞台上的角色并不是演员本身，只有当表演结束后，演员才能将其真实的面貌展现出来。本书所完成的框架设计便借用了戈夫曼构建“社会拟剧”时所分析的一些关键词，包括表演、前台、后台、布景与形象。

表演：表演是一种生存方式，对于戈夫曼来说，人们在日常生活中总是扮演这样或那样的角色，表演就是人们在社会生活中，尤其是在人际互动中的基本生存状态和存在方式。无论个体是否意识到，他们都不得不进行有意或无意的表演，而在表演中，人们会利用各种方式，如语言的/非语言的、有意识的/潜意识的/无意识的来主动或被动地引导、操纵影响别

---

① 复旦大学哲学系现代西方哲学研究室：《西方学者论〈1844年经济学—哲学手稿〉》，复旦大学出版社1983年版，第191页。

人对自己形成的第一印象，而为了加强或改变此前的印象，人们还会强迫进行下一场成功的表演，从而使得表演一直延续下去。

前台：前台指的是个人扮演舞台正式角色时所处的社会情境，它也可以被视为一种表演的物理区域或场所，戈夫曼将其定义为“个体表演中以一般化和固定的方式有规律地为观察者定义情境的那一部分，是个体在表演期间有意无意使用的、标准的表达性装备”。[①] 前台中的活动主体是演员，虽然会有演员的流动性交替，但每一位演员所扮演的角色却包含着预定的期望，因此，从这个角度上来讲，前台（相对于后台而言）具有一种制度化的稳定性，这种稳定性也会再次对演员所扮演的角色进行制约。

后台：后台是一个与前台相互对应的情境，它常常紧靠前台，但却始终与之隔离。因此，后台中的人们逃离了观众的目光，其所承载的活动也类似于电影“镜头之外”的部分，演员可以在此补妆、休息、聊天、预演或交流彼此的演出心得，他们脱离开表演中所遵循的规则，甚至可以对演出所促成的角色进行肆无忌惮的歪曲与攻击，并以此自由地、尽情地发挥与个体生命相适应的情感与创造力。

布景与形象：为了保证表演的顺利完成与自我的成功呈现，人们需要一些能够引起表演者与观众“产生共鸣”的策略来达到这样的目的，布景的管理与形象的管理便是前台表演中两种重要的策略。除表演者之外，构成前台的主要因素可以分为“外部装置”与“个人门面”两部分。外部装置通常包含了舞台布景、设备以及零散的各种道具，它们在一般情况下是固定的，并不会随着演出者的上场和下场而移动。但布景也是可以发生变化的，一旦布景出现大的变化，便表征着表演情境的整体性转移，表演者的演出策略与故事情节都会发生根本的转变；个人门面指的是表演设施中使人们能够直接与表演者产生认同的成分，包括性别、年龄、种族、身材、相貌、举止言论等，而在其中表征形象的表演服饰是较为重要的，它在表明表演者社会身份的同时，也预示了演员的行为举止与话语言谈，从而潜在地强化观众应有的人物期待。

---

① ［美］欧文·戈夫曼：《日常生活中的自我呈现》，冯钢译，北京大学出版社2010年版，第19页。

本书所建立起来的分析框架就是借鉴以上的关键词串联而成的。近代学生的课余生活也可以视为一种“拟剧”的展现：作为近代社会布景的一种重要展示要素，时间的变化是社会新陈代谢的直观体现，它是近代学生课余生活管理的一大背景；学生形象，尤其是女学生形象的转变则为近代学生的身份预设与角色期待奠定了基础；仪式，确切地来讲就是一种表演，在这里充满了各不同利益代表者的“观看”，是学生进行国家表演与个人表演的最集中展示；而课余时间中具体、丰富、自由的各类活动，则是后台学生展现自我的重要平台，在这个平台中，“人”的形象是最真实的。

二　研究方法

（一）历史文献与社会分析的结合

社会学研究与历史学研究自产生的那一天起便似一对孪生兄弟始终难以分开，但这并不代表两者是同一的：社会学利用历史学的研究方法，重点在于回答现实的问题，只是在现实需要的基础上进行历史追溯；历史学利用社会学的研究方法，重点在于厘清事物从过去到现在的演变进程，以求得其发展的前后关联。所以，教育史中关注的问题会与现实相关，但大都是间接的。本书研究在更大程度上属于第二种，即利用社会学的相关分析手段来描述、解释、厘清一个历史问题，通过对过去的研究，探寻社会的运作方式与变迁动力，从而看到事物于古今间的关联性，获得一些警醒、启示，借以分析、改进当今教育实践中存在的问题。

对任何历史研究而言，文献法都是一种基础性的研究方法，这种基础性决定了其存在的必要性。这其中不但包括对现存资料所进行的搜集、归类与诠释，更包括了新近资料的发掘、筛选与组织。学生课余生活史的史料是丰富多样的，但是它们在很大程度上并没有获得充分的利用，其原因主要有二：其一，相比于传统史学的研究对象而言，学生课余生活史的研究本身就是薄弱的，鲜有研究者涉足的领域显然很难获得丰富的史料挖掘；其二，学生课余生活的外延是庞大的且零散的，这样的属性使得学者们很难对其做出全面且准确的分类，因此，史料也多呈现出一种“碎片化”的存在状态。鉴于此，为了接近更为真实的历史情境，除国家与地方的教育法律、法规、政策、统计数字等资料外，学校的刊物，媒体的报道，学生的个人档案、口述资料、私人日记、往来书信、回忆录等都应该设法搜集与利用起来。但是，笔者在调查中发现，相当一部分学生并没有留下属于他们的历史，很多学校也没有重视校友的参与与回忆，能找到的资料不但琐碎，同时也存在重复、矛盾的内容，因此，寻找、整理、甄别史料是笔者获取历史文献的一大工作。

正如上文所指出的一样，笔者无意于沉陷在无边的史料中难以自拔，而更愿意进行一些理论上的阐释与建构，希望以此触碰到现象背后的本质世界。在史料的搜集、整理过程中，笔者会为历史实践者的智慧深感叹服，几乎想要抛弃那些深奥的理论，但当重新进入一些理论大家的言说中时，又时常会被那一刹那的智慧之光所深深吸引，于是，笔者努力将社会学理论的话语建立于历史文献的基础上，或者借用理论的视角来增强对于历史的感受力，实现社会学理论与历史实践的双向互动，"通过探寻过去与现在、事件与发展、行动与结构之间的相互渗透交融过程，从而把澄清概念、比较归纳以及探索经验密切地结合起来"①，以达到"古为今用"的目的。

（二）纵向比较与横向比较的结合

纵向比较即历时性比较，指的是对某一事物或事实在不同发展阶段的对比和分析，是一种发生学意义上的考察。就本书而言，这种纵向比较既体现在官方教育宗旨在不同时代（晚清时期、北洋时期、国民政府时期）的整体比较，也有学生具体课余生活不同方面（如新式时间进入教育领域的先后顺序、新式服饰在不同阶段的发展变迁等）的整体比较。

横向比较即共时性比较，指的是对在时空范畴内同时存在的两个或若干事物进行不同方面的比较分析。例如，本书在分析学校时间管理时所进行的城乡区域间的对比，在分析形象管理时所进行的男女性别间的对比，在分析仪式转变时所进行的国家与个人间的对比，在分析学生课余活动时不同阶层与不同类型学校间的对比，都是横向对比的表现。

---

① 马和民：《社会化危机及其出路——关于中国人社会化模式的一项教育社会学研究》，博士学位论文，华东师范大学，2003年，第11页。

第六节　创新点与不足

一　创新点

基于前人对近代学生课余生活的研究成果中尚且存在的空白与不足，本书拟在以下几个方面进行探索，并试图取得突破与创新。

首先，就研究内容而言，前人的教育史研究多集中于制度性的教育问题研究，如教育政策、教学方法、课程教材等，即使一些学者对"近代学生课余生活管理"这一问题有所涉及，但也多为单一、零散的研究，尚未出现系统化的学术成果。鉴于此，本书研究试图以欧文·戈夫曼的拟剧理论为基础，以此将近代学生课余生活串联为整体性的研究体系，从而揭示学生课余生活不同方面之间的影响与联系，指出学生课余生活对于"如何培养人"这一教育学的根本问题所具有的重要意义。

其次，就研究方法而言，笔者试图突破学科的范畴，努力将社会学、管理学、教育学、教育史等不同学科的研究方法进行综合应用，并在此基础上完成历史文献与社会分析相结合、纵向比较与横向比较相结合的研究方法，从而做到全局与局部的双向关照、理论与实践的共同构建。

最后，就研究资料而言，笔者努力做到文献资料的翔实，辨其源流，务求精准。除了国家与地方的教育法律、法规、政策、统计数据等官方资料外，学校的刊物，媒体的报道，学生的个人档案、口述资料、私人日记、往来书信、回忆录等相关内容也都是笔者不断搜集、挖掘、分析的相关内容，凭借对相对完整史料的整体性把握，以期最大限度地反映历史真实，立体再现近代学生课余生活管理的本真状态。

二　不足

首先，学生课余生活的外延过大，由于笔者经历有限，某些方面史料的获取相对较少，如图像资料与影像资料，这是笔者需要继续补充的部分。

其次，在理论与问题相结合的方面，如何将西方的日常生活批判理论与近代中国学生课余生活管理的历史事实结合起来是一个重要的问题，笔者在此虽有探讨，但由于理论水平有限，并未完成深入的思考，余论部分提升不够，这也是笔者需要继续努力的部分。

第一章

臣民、国民与党民：近代教育宗旨中人之形象变迁

教育宗旨既是教育制度的重要构成部分，也是全部教育政策的精神统领内涵。在应然的层面上，教育宗旨指向一种在理想和现实中联合生成的教育理念，在承载传统文化价值与高尚教育梦想的同时，也与国家政治意志、社会经济需求、个人切身利益等世俗因素密切相关。但是，就现实的情况来看，教育宗旨，尤其是教育宗旨的制定过程更为注重后者，在此基础上，教育宗旨大都成为特定历史背景下国家意志与政府诉求的集中体现。正所谓“一国之兴衰系人才，人才之优劣于教育，教育之成败在宗旨”。在这里，人才规格成为教育宗旨最为根本的衡量指标与体现要素。所谓人才规格，是指“社会对于作为其成员的人所必须具备的知识、技能、身心品质的基本要求与规定，是每一个合格的社会成员都必须具备的身心特征”。[①] 在此，“人”成为厘定教育宗旨的核心指标与中心内容。在近代中国社会动荡纷乱、政权交替变更的历史现实中，教育对人的培养不但表征着社会与时代对于受教育者的基本要求，更肩负着执政者巩固统治地位、保证自身权力的政治诉求。从晚清新政开始至抗日战争全面爆发，在近百年的历史时间中，处于内忧外患境遇中的中国政府究竟有何需要？它最终设计出什么样的“人”？这样的“人”是如何被塑造、被言说、被改变的？“人”的形象是一种轮回的呈现还是一种顺序的变迁？笔者以为，为了清楚地剖析学生课余生活管理的官方指导方针，梳理教育宗旨是

① 陶本一：《学科教育学》，人民教育出版社2002年版，第27页。

一项十分必要的工作。

第一节　晚清教育宗旨："臣民"的挽歌

一　晚清时期教育宗旨流变

伴随着中国近代艰难的社会转型，传统的教育方针已经不能满足国家对于新型人才的迫切需要，教育的变革呼之欲出。尽管社会中已经初步出现了以传授"西文""西艺""西政"为主要学习内容的洋务学堂，但处于风雨飘摇中的清政府始终存在一种深深的担忧，即西学背后自由、民主的精神最终是否会触动稳固社会结构的纲常伦理？抱着这种心态，在对新事物渴求与惧怕的矛盾中，"中体西用"成为清政府进行社会改革的折中选择。作为控制民众意识形态建设的重要手段，晚清教育宗旨在"中体西用"的社会变革方针中更为突出其"中学为体"的一面，这一点随着时间的推移而日渐明确。

1901年，光绪皇帝颁布上谕兴办新式学校，明令各省、府、州、县广设学堂，"教法当以'四书'、'五经'纲常大义为主，以历代史鉴及中外政治、艺学为辅，务使心术纯正，文行交修，博通时务，讲求实学，庶几植基立本，成德达材，用副朕图治作人之至意"。[①] 第二年，这种从根本上"为我所用、为大清王朝所用"的教育宗旨开始在近代第一个官方确立的学制——《奏定学堂章程》——中有所体现，在此，清政府明确将作为国家最高学府与全国教育管理机构的京师大学堂的设学宗旨表述为"激发忠爱，开通智慧，振兴实业，谨遵此次谕旨，端正趋向，造就通才，为全学之纲领"。[②] 由此可见，清王朝的最高统治者已经明确表明了自己的教育立场，即政府推行新式教育之愿望，就是要培养出既效力清廷、恪守纲常的忠臣，又掌握西学、适应时代的人才，从而实现其有效驱策人才的目的，这是清王朝试图完成"救亡图存"历史任务所确立起的

---

① 《光绪二十七年八月二日谕于各省、府、直隶州及各州、县分别将书院改设中、校学堂》，载璩鑫圭、唐良炎编《中国近代教育史资料汇编·学制演变》，上海教育出版社1991年版，第6页。

② 张百熙：《钦定京师大学堂章程》，载舒新城编《中国近代教育史资料》中册，人民教育出版社1981年版，第544页。

根本性教育宗旨。

1903年，主掌湖北教育改革的张之洞（字孝达）会同《钦定学堂章程》的制定者张百熙（字冶秋）、荣庆，以日本明治学制为蓝本，以自身改革湖北教育的实践经历为依托，完成《奏定学堂章程》的编订。在此，张之洞于章程的开篇首先表明了各级各类学校所应共同遵守的教育宗旨，称“无论何等学堂，均以忠孝为本，以中国经史之学为基。俾学生心术壹归于纯正，而后以西学瀹其智识，练其艺能，务期他日成材，各适实用，以仰副国家造就通才、慎防流弊之意”。[①] 在此，国家已经明确将教育宗旨凝练为“忠孝”二字，“忠孝”于谁？很显然，国家所培养出的人才当然要忠孝于风雨飘摇中的清政府与大清皇帝，正所谓学堂须“立其明伦理、爱国家之根基”。[②] 在此背景下，无论是新式学堂还是乡间私塾，无论是接触西学还是传承中学，教育改革虽然在表面上倡导培养具备实践能力的各种新式人才，但其最终目标还是要培养效忠、服务于清政府与清皇室的顺从子民。

培养顺民的教育思想依然延续。1905年年底，学部成立之初便立即着手进行新教育宗旨的厘定，由学部右侍郎严修（字范孙）执笔拟订的《奏请宣示教育宗旨折》将“立学宗旨”改称为“教育宗旨”，以此显示教育改革之重要地位，更精简、规整、明了地将教育宗旨总结为“忠君、尊孔、尚公、尚武、尚实”寥寥十字。

按照此文字表述的顺序来看，排列在第一位的“忠君”是最为重要的，这一贯秉承了清末以来教育改革的根本目的。正如费正清所言，晚清的教育改革“并非培养宪政时代的一代新人或者能使国家臻于富强的人民，而是培养一种热爱王朝和忠于清帝的人”。[③] 故此，学校教育将有清一代开国以来之创世艰难与近代以来之多事之秋全部纳入到教授范围内，学生应“仰先烈而思天地高厚之恩，睹时局而深风雨飘摇之惧”，

---

① 张百熙、荣庆、张之洞:《重订学堂章程折》，载舒新城编《中国近代教育史资料》上册，人民教育出版社1981年版，第195页。

② 张百熙、荣庆、张之洞:《奏定初等小学堂章程》，载舒新城编《中国近代教育史资料》中册，人民教育出版社1981年版，第411页。

③ ［日］市古宙三:《1901—1911年的政治和制度的改革》，载［美］费正清、刘广京编《剑桥中国晚清史（1800—1911）》下册，中国社会科学出版社2007年版，第375页。

从而体会“圣主旨忧劳”之苦心，以达到“每饭不忘忠义”的目的；[①] 排列于第二位的“尊孔”是十字教育宗旨中唯一能与“忠君”并列相提的一项，此两者是维护封建统治与政治秩序的一体两面，皇帝是国家权力中的最高统治者，而孔子则是中国文化中的最高膜拜者，在一定程度上，以孔子为代表的儒家学说甚至以一种宗教信仰的形式存在于民众的日常生活中，正所谓“孔子之道大二能博，不但为中国万世不祧之宗，亦五洲生民共仰之圣”。[②] 处于西潮冲击之下的清政府唯恐年轻学生耳濡目染自由、民主之观念，从而萌生反帝反压迫之意向，因此更要以传统儒家的道统观念来充当学堂弟子的人生约束与价值标准。基于以上原因，大小学堂均以尊孔作为重要的传授内容，儒家的思想不但被编写进教科书，更在各种仪式的进行中渗透于学生的思想，学校“宜以经学为必修之科目，作颂扬孔子之歌，以化末俗浇漓之习。春秋释菜及孔诞日，必在学校致祭作乐，以表欢欣鼓舞之忱”，从而“务使学生于成童以前，即已熏陶于正学，涉世以后，不致渐渍于奇邪；国教愈崇，斯民心愈固”。[③]

相比于“忠君”与“尊孔”，“尚公”“尚武”“尚实”三者则更趋务实。“尚公”针对修正传统民众之“私病”提出，所谓“公”，既包括封建伦理三纲五常中的相关内容，“其学堂所诱迪皆尚信义、重亲睦，如修身、伦理、历史、地理等科，无不启合校生徒之感情，以养其协同一致之性质”；也包括世风日变之下所初步形成的公德团体与合作精神，“公德之旨，团体之效，条分缕晰，辑为成书”；“尚武”为修正传统民众之“弱病”提出，要求学校须模仿“东西各国全国皆兵”之制，锐意练兵以为要务，以养成刚健耐苦之气质，更在教科书中宣扬军国民主义，在体操课程中整顿严肃之纪律，以去掉学生“性命之虑重”的积习，养成军人般“威重”的身体，塑造其勇敢、好战、无畏牺牲的精神；“尚实”为修正传统民众之“虚病”提出，既要造就“可农、可工、可商”的新型人

① 严修：《学部奏请宣示教育宗旨折》，载舒新城编《中国近代教育史资料》上册，人民教育出版社1981年版，第218页。

② 同上书，第217页。

③ 同上书，第219页。

才以利社会民生，也要培养“躬行实践、发为事功”和“必有实据以为证信”的行事风格以发展社会道德。①

很快，这份奏折获得皇帝的准奏，并着各部通饬遵守，学部奉谕向全国公布。这是清王朝第一次以中央政府的名义、以国家级文告的形式所出台的教育宗旨。从这样的文字表述中我们可以清晰地看到，颁布者关注最深、着墨最重、需求最切的，并非是通过西学的引进与普及来达到提高民众素质的目的，其最终目的在于培养出既认同清室、尊重伦理又富有能力、追求富强的晚清顺民。“忠君、尊孔、尚公、尚武、尚实”中的每一条都是对学生思想控制与意识塑造的关注，即使在指向实践的“尚公、尚武、尚实”中也包含了学生需要对清政府进行精神崇拜与无限顺从的内容。通过这样的教育宗旨，教育由少数人的专属权利发展为与王朝命运相互维系、与家国兴衰相互关联、与民族存亡相互掣肘的普遍义务。从认识观念上讲，这是一种进步；但在策略的推行中，这又使得教育沦为一种由实现个人价值到灌输国家意识形态的政治工具。此后，无论是大教育家蔡元培所指定的相对自由的民初教育宗旨，还是袁世凯在倒行逆施中所复辟的封建教育策略，抑或是国民党在政权的强力控制中所完成的极具控制色彩的党化教育方针，都使得教育宗旨与国家意识、政治权力这两大因素密切相关。

二 “臣民”的延续：晚清教育宗旨中的“人”

中国传统教育以伦理为本位，从“洒洒、应进退之节”等做人的细微之处入手的家庭熏陶，到日后实现“修齐治平”理想的人生理想，各阶段的教育都始终贯穿着以修身为本的儒家伦理教育思想。近代以来，尽管“西学东渐”的思想强力冲击着中国的政治界与思想界，但是，由于传统教育的顽固性，以四书五经为核心的教育内容虽然已经发生动摇，但庞大的、厚重的儒家教育思想的解体仍然是一个惰性十足、进展缓慢的过程。从上文的梳理中我们可以清晰地看到，清末教育宗旨的确立仍然以培养“臣民”为根本任务，但在西方民主、民权思想入侵的社会进程之中，即使在袁世凯复辟期间“臣民”的教育宗旨出现了一定程度的回流，但

① 严修:《学部奏请宣示教育宗旨折》，载舒新城编《中国近代教育史资料》上册，人民教育出版社 1981 年版，第 220—221 页。

也不过是奏响了“臣民”形象的最后挽歌罢了。无论是两大章程中“以忠孝为本，以经史为基”的人，还是十字宗旨中“忠君、尊孔”的人，都是“臣民”形象的真实写照。

何为臣民？从政治角色的角度上来看，与君主专制制度及绝对权力主义国家相符合的国家成员角色被视为臣民，[①] 其特征主要表现为：人格上的依附、地位上的卑贱、具有绝对义务和对国家事务的弱责任性，“主奴”联系的社会关系是其生存的主要土壤，“每一种权威总是由一个未经民主程序认定的个体来实现，并尊之为绝对主宰；为了维护这类权威，总是力图剥夺服从者的人格独立乃至一切权利和自由”。[②] 臣民，便是晚清教育宗旨中“人”之形象。

臣民的最大特征体现在“君臣”或“官民”依附关系中的严重不平等性。“臣”即臣服，不仅意味着被动地服从，更包含着“主动地接受奴役”。臣民没有人格，更不具备独立的社会地位，他只有纳税、服役、供养统治政府的义务，只有尊崇、忠孝、奉献于皇帝的功能。封建专制制度之所以是非人的，就因为它不能使人成为人，要求全国学生“每饭不忘忠义”的清末教育宗旨，显然并不能冲破这种带有封建色彩的传统教育的牢笼，即使其教育结构与教育内容已经发生了西化的转变，但国家需要纯粹被统治者的意愿是永恒的，处于各种社会等级隶属关系中的人没有平等的身份，甚至没有独立的身份，在这种等级体制的约束下，个体只能畸形地、无条件地服从，只能屈服于君主的意愿，寄生于皇帝的权威。

惯于臣服权威之人固然是没有主动性与自我意识的人，权利意识薄弱是臣民的第二个特征。对臣民来讲，国家权力是一种与其没有直接关联的外部权力，臣民无权主动参与任何国家事务。社会礼教的规定使得个体只能本分地充当其所应该充当的社会角色，超越自身社会地位来思考、参与政治问题是被绝对禁止的，“不在其位，不谋其政”的宣扬正是扼杀民众权利意识的消极方式；“修身”是个人生活秩序化与组织化的起点，道德修身所要求的是个人能够达到由内及外、由己及人、由己及世的思维模式和行

---

① 田雪梅：《比较视野下的“国民”概念》，《中共四川省委省级机关党校学报》2012 年第 4 期。

② 刘泽华：《中国的王权主义》，上海人民出版社 2000 年版，第 372 页。

为规范，人的任务是塑造完美的修养，归隐山林的隐士总是受到推崇的对象。但是，没有参与国家事务的权利并不意味着臣民没有承担国家事务的责任，个体虽不是政治权力的主体却是道德义务的主体，当国家利益受到损害的时候，臣民无法也不能置身事外，所谓“国家兴亡，匹夫有责”，这时的臣民成为牺牲者、剥夺者与被压榨者，晚清教育宗旨中为何要提倡学生“以西学沦其智识，练其艺能”？为何要针对国民之私病、弱病、虚病提倡尚公、尚武、尚实的教育？其目的就在于培养出合格的国家义务的背负者与社会责任的承担者，即“以仰副国家造就通才、慎防流弊之意”。①

毫无权利意识的臣民自然没有国家意识，“天高皇帝远”正是臣民对国家疏远、冷漠心态的真实写照。相比于自家的几亩薄田，帝国的兴亡、王朝的沉浮与臣民的生活状态并不存在直接的关联，臣民大多关注自己的衣食住行，无暇顾及国家的大事小情，正如田雪梅所言，“在‘上智下愚’、‘民可使由之，不可使知之’的专制时代，这种臣民地位也被普遍内化为臣民意识，即将专制统治者对臣民的蔑视和侮辱内化为民众自己的观念，使他们认同不平等的权利对待，安于被压迫的屈辱地位，惯于单方面的服从和效忠”②。但是，晚清以来日益严重的民族危机使得中国民众面临着“恐成乱离人”的局面，“亡国灭种”似一记警钟唤醒了中国的思想界，也似一把钢刀高悬在执政者的头颅上，在西方现代国家的入侵下，在被迫的现代化国家构建中，“民”与“国”的关系不断拉近，“国民”开始成为教育宗旨中的明确诉求。

第二节　民国初年教育宗旨③：“个人”的隐现与“国民”的形成

一　民国初年教育宗旨流变

1912年，孙中山就任民国临时政府大总统，任命蔡元培为教育总长。

① 严修：《学部奏请宣示教育宗旨折》，载舒新城编《中国近代教育史资料》上册，人民教育出版社1981年版，第220—221页。

② 田雪梅：《近代日本国民的铸造：从明治到大正》，博士学位论文，复旦大学，2011年。

③ 因推行时间较短，此部分的分析并未将袁世凯复辟时期所施行的“爱国、尚武、崇实、法孔孟、重自治、戒贪争、戒躁进”七项教育宗旨囊括进内。

蔡氏似乎对新时代教育宗旨情有独钟，他将具体的教育改革，如教育行政、学校管理、学制设定方面的工作交给蒋维乔、陆费逵、范源廉等人，自己则集中力量专攻此项，在彻底废除清末十字教育宗旨的基础上，初步提出“军国民教育、实利主义教育、公民道德教育、世界观教育与美育教育”五育并举的教育方针，由此展现出与晚清教育宗旨完全不同的特性与风格。

在五育思想中，虽然蔡元培将世界观教育与美育教育列于最后，但显然对此两者更为偏爱，其原因大致有二：其一，军国民教育、实利主义教育、公民道德教育的思想与清末十字教育宗旨中“尚武”“尚实”“尚公”的思想颇为相似，故其创新不足，多有“老生常谈”之嫌；其二，也是更重要的一点，除了教育家的身份，蔡元培更不失为一位思想家，其着眼点不仅仅在于教育现实的解读，更在于教育理想的构建。蔡氏曾明确表示，教育大致上可以分为两类：一类是归属于政治范畴或与政治相关的教育，如军国民教育、实利主义教育、公民道德教育；另一类是超越于政治范畴或与政治无关的教育，如世界观教育、美感教育。隶属于政治者虽为近代教育当务之急，却大多“仅仅以现世幸福为鹄的”；世界观教育与美感教育虽为缥缈的彼岸幸福，但却多是个人精神的真正展现。因此，蔡氏本身对于此二者更为青睐。

在《对于教育方针之意见》一文中，蔡元培详述了其所推崇的教育宗旨，其中近一半内容均是关于世界观教育的论述，由此也可见蔡元培对此问题关切颇深。蔡元培认为，现世的幸福是工具的、实用的、理性的，中国传统教育中所倡导的“学而优则仕”虽为谋求现世幸福的途径，但又使人苦恼，这是因为存在于现象世界中的现世幸福在根本上与存在于实体世界中的彼岸幸福间存在阻隔，这种阻隔产生于两种不可避免的因素：“一为人我之差别，一为幸福之营求。”“人我之差别”产生于强弱贫富之别，人们或因血缘出身，或因能力不同而有贫有富，因此产生人我差别，导致本体交流的阻隔；而“营求”是一种实现幸福的愿望，营求未成则出痛苦，营求遂成则出欲望，在这样失落与膨胀的往复中，营求也失去其原有的意义，使本体产生阻隔。所以，现世幸福的背后始终存有无奈的价值孤单，现世的幸福并非真正的幸福。那么，真正的幸福在哪里？真正的幸福存在于彼岸实体世界的本我之中，而要达到实体世界的幸福则要通过教育来达成。世界观教育的目的是要使人们意识到这一点：除了相对的、因果的、时空的、经验的现实世界外，还存在一个绝对的、超轶时空的、直觉的实体世界。实体世界虽是一个哲学概念，却能达到本我的真正幸福，这种幸福才是教育的终极目的，即建立起人类奋斗的勇气与信仰、执着的前进与追求，“使对于实体世界，非常渴慕而渐进于领悟。循思想自由言论自由之公例，不以一流派之哲学一宗门之教义梏其心，而惟时时悬一无方体、无始终之世界观以为鹄的”,[①] 这样的教育便是世界观的教育。世界观教育的提出是具有引领性与超越性的，正如一些学者的评价一样，“对于中国这样一个重修养论而乏宇宙观，尊奉实用理性而忽略本体价值的国度，世界观教育无疑具有特别重要的意义”。[②]

世界观教育告诉我们彼岸世界与此岸世界的存在，那么，如何才能由此岸的世界通向彼岸的世界呢？这需要美感教育的渲染与教化。中国自古就有言传身教的美育传统，鸦片战争后，西方美育思想不断涌入，一批教育家将中国古代文化中的德育思想与西方美学观念不断整合，从而形成新的美育体系，王国维在1903年发表的《论教育之宗旨》一文就是这方面的代表，但却并未引起广泛的重视。其后，蔡元培明确将“美育”视为民初教育宗旨的重要组成部分，并给予了系统的探讨。“美育”即“美感的教育”，何谓美感？即为连接现象世界与实体世界的通道与桥梁，“美感者，合美丽与尊严而言之，介乎现象世界与本体世界之间，而为津梁”。[③] 在《以美育代宗教说》中，蔡氏更对美感教育给予了专门性的说明：“纯粹之美育，所以陶养吾人之感情，使有高尚纯洁之习惯，而使人我之见，利己损人之思念，以渐消沮者也”，“美育者，应用美学之理论于教育，以陶养感情为目的者也”。[④] 正是因为美育具有陶冶性情、使人为善的功能，蔡元培因此再三强调：“故教育家欲由现象世界而引以到达

① 蔡元培：《对于教育方针之意见》，载舒新城编《中国近代教育史资料》下册，人民教育出版社1981年版，第1020页。

② 李剑萍：《辛亥革命与现代教育宗旨的确立——兼论教育家与教育创新》，《教育研究》2012年第5期。

③ 蔡元培：《对于教育方针之意见》，载舒新城编《中国近代教育史资料》下册，人民教育出版社1981年版，第1020页。

④ 蔡元培：《以美育代宗教说》，载舒新城编《中国近代教育史资料》下册，人民教育出版社1981年版，第1029页。

于实体世界之观念，不可不用美感之教育。”[①] 甚至可以以美育而代宗教。

除此“超轶于政治”的世界观教育与美感教育外，“隶属于政治”的军国民教育、实利主义教育和公民道德教育虽在清末“尚武”“尚实”与“尚公”的教育宗旨中已有表征，但早已经与晚清教育服务于封建朝廷与封建统治的根本目的大不相同：

就军国民教育与“尚武”教育而言，在实施目的上，“尚武”教育是面对外侮时“全民皆兵”的战时模式，多是于外力侵犯因素下的被迫实施，因此强调寓兵于民，发展军事体育，以使学生成为军队的预备力量；而蔡元培之军国民教育则强调内外两方面的因素：既要面对“强邻交逼，亟图自卫”，又要扭转国内军人阶级成为中国特权阶级之局面，因此强调健全身体，发展学校体育，以使学生“先有健全的身体，然后有健全的思想和事业”。[②] 从根本上来看，此两者的态度分别出自于社会本位与个体本位的不同观念；就实业主义教育与“尚实”教育而言，晚清之“尚实”强调通过发展实业的途径达到“强国”之目的，而蔡元培之“实力主义教育”则倾向通过技术的传授达到“富民”之期望，因此，在“我国地宝不发，实业界之组织尚幼稚，人民失业者至多”的情况下彻底“以人民生计为普通教育之中坚”。[③]

就“公民道德教育”与“尚公”教育而言，晚清之“尚公”强调通过三纲五常的传统教育来实现对“完人”与“通才”的培养，而蔡元培之“道德教育”则是要以法国大革命所提倡“自由、平等、博爱”思想的传授来获得资产阶级所向往的新道德。但是，革命的思想显然不是追求稳固政权的新兴执政阶层所需要的，更难以被社会百姓所接受，蔡氏便在传统儒家经典中寻求公民道德教育的合理性，以儒家传统中所提倡的义、恕、仁的思想来比附法国大革命所标榜的自由、平等、博爱观念，这虽显牵强，但却也是一种“以人之长补我之短”的探索，其用意仍然是深

① 蔡元培：《对于教育方针之意见》，载舒新城编《中国近代教育史资料》下册，人民教育出版社1981年版，第1022页。

② 蔡元培：《怎样才配作一个现代学生》，载《蔡元培教育论集》，湖南教育出版社1987年版，第477—478页。

③ 蔡元培：《对于新教育之意见》，载《蔡元培教育名篇》，教育科学出版社2007年版，第2页。

刻的。

尽管蔡元培是民初教育宗旨的总设计者，但是，在教育部 1912 年 9 月所正式公布的官方教育宗旨中，蔡氏最为青睐和最为创新的世界观教育思想并未被采纳，美育的地位也有所下降，民初教育宗旨被最终表述为“注重道德教育，以实利教育、军国民教育辅之，更以美感教育完成其道德”,[①] 也就是说，世界观教育和美感教育，这些蔡元培教育理想中最具进取性、人文性与价值性的部分并没有获得官方的接纳与认可，这无疑是一种时代的遗憾与无奈。

即使蔡元培大声疾呼的“五育并举”教育方针并没有被官方颁布的教育宗旨全盘接纳，但它仍然是以蔡氏的教育理想为基础而建立起来的，它依然具有较高的指导价值与历史意义。其一，民初的教育宗旨第一次站在新的历史高度上划清了民国教育与封建教育的界限，明确取消了“忠君”与“尊孔”两项内容，此举使得最能体现封建教育本质的光环永远失去了曾经的光辉与存在的基础。尽管在辛亥革命胜利后不久，窃取革命果实的袁世凯再次拉扯起忠君与尊孔的封建大旗，但有识之士的抗议与疾呼、人民的反抗与斗争已经证明，即使强权出现，封建主义教育主旨的残余也再无生存之土壤、存续之环境，民主的观念由此深入人心，并成为人们自觉捍卫自身权利的武器，这无疑是我国教育近代化历程中的一大步。其二，民初教育宗旨使得中国教育获得了一次思想上的极大解放，这为日后整个民国时期教育思潮与教育实践的百花齐放提供了最初的源头。一切从属于封建教育的旧观念、旧内容、旧方法全部遭受到质疑、批判与重塑，这无疑为新理念、新内容、新工具等新型教育元素的引进、接纳与吸收创造了条件，使得日后中国的教育繁荣成为可能。

二　“个人”的隐现与“国民”的形成：民初教育宗旨中的“人”

1912 年 1 月 9 日，教育部成立，蔡元培出任民国时期的首任教育总长，首执教育部信印的蔡元培在抨击晚清教育宗旨不合时宜的同时，也对民初教育宗旨的厘定进行了展望：“君主时代之教育方针，不从受教育者

① 《教育部公布教育宗旨》，载舒新城编《中国近代教育史资料》上册，人民教育出版社 1981 年版，第 223 页。

本体上着想，用一个人主义或一部分人主义，利用一种方法，驱使受教育者迁就他之主义；民国教育方针，应从受教育者本体上着想，有如何能力，方能尽如何责任；受如何教育，始能具如何能力”，[①] 进而彻底废除“忠君、尊孔、尚公、尚实、尚武”的教育宗旨，建立起“注重道德教育，以实利教育、军国民教育辅之，更以美感教育完成其道德”的教育宗旨。在这里，民初的教育宗旨已经突破了“臣民”这种带有不平等性质的藩篱，转以建立新型“民”与“国”之关系为基础，道德教育不再是个人的“修齐治平”，而是要培养出具有集体意识与国家意识的民众，实利教育、军国民教育均是达成此目的的相应手段，新型的“国民”在此形成。

何为国民？晚清以来的“国民”一词，大概有两个层面的指称：[②] 在应然层面上，“国民”与英文中的 citizenship 颇为类似，它所展现的，是晚清以来中国知识分子在政治上的全新的意识觉醒。身处内忧外患之中的上层精英分子通过各种论述强调作为具体的个人在国家政治过程中的主体性与能动性，以及个人在国家事务中所应具备的各项权利与义务。从此层面来说，国民具有一定的“公民”色彩，它倾向于塑造享有政治权利的个体，但又注重公民中联合的一面，在国家法律的层面赋予它们整体的权利和自由；实然层面的情况与之不同，近代中国国民是在民族存亡、内忧外患的群体危机与社会危机中萌发出来的，这种萌发也可以视为一种努力希望保国保种甚至强国富民的求索与挣扎。在“国族认同”这一层面的局限下，在意识形态的诉求里，在彼时知识分子对于国家不断加以物化、神化、圣化的奏鸣中，国民成为“救亡图存”之国族主义的实施手段与工具，成为被国家支配、宰割的客体，因而无法生成为一个具有独立性、自主性的自我范畴。如字面意义所示，中国的“国民”并没有走上西方人权政治的发展道路，而始终只是“国家的子民”。民初教育宗旨中所塑造出的“国民”便是近代国民在实然层面上的体现，它努力寻求国家认

---

① 我一：《临时教育会议日记》，载舒新城编《中国近代教育史资料》上册，人民教育出版社 1981 年版，第 293 页。

② 沈松侨：《国权与民权：晚清的“国民”论述（1895—1911）》，《中央研究院历史语言研究所集刊》2002 年第 4 期。

同的权利—义务观念。“军国民”教育便是国民塑造的直接产物，更是“国民”概念的恰切表现，学生接受教育并不是个人行为的选择，而是承担国家义务的表现，学生在学校内的一切活动也是符合国家主义与民族主义的标准行为，即使权利、平等、自由、身份等观念存在，也是在一开始便与国家主义高度契合于一起的。在这里，“国民”并非独立、具体、实在的权力主体，而只是充当起“国家”这一集体话语建构中的棋子与工具。所以，着眼于近代主权国家确立与扩张的教育宗旨，“民”并非自我生成的结果，而是“国”之富强的手段，在追求民族独立的语境下，“国”与“民”在国家权力的掌控中达到极高的统一与融合。

但是，带有蔡元培教育理想的民初教育宗旨并没有全然抹杀掉个人的发展，独立的、全面的“个人”也在教育宗旨中时隐时现。民国初立，改革之潮风起云涌，爱国之精神“不在提倡革命，而在养成完全之人权。盖国民而无完全之人格，欲国之隆盛，非但不可得，且有衰亡之虑焉”。[①]所以，民初教育宗旨从总体上来看本身便蕴含着德育（道德教育）、智育（实利主义教育）、体育（军国民教育）、美育（美感教育）四位一体的全面的人才培养理念，不同方面的教育在承担着不同功能的同时也构成一个类似于人类身体的有机整体，“军国民主义者，筋骨也，用以自卫；实利主义者，胃肠也，用以营养；公民道德者，呼吸机循环机也，周贯全体；美育者，神经系也，所以传导……皆是今日之教育所不可偏废者也”。[②] 另外，个人之独立精神的培养也是实现国民教育的应有之义，因为它首先就是站在反对“奴化教育”的角度上而提出的，正所谓“教育国民者，不可不使有自尊自重之精神，不可不使担当责任之观念，不可不使有独立自营之能力，不可不使有判断是非之智识。……人而无独立之精神，是之谓奴隶。任教育者，而不能养成国民独立之精神，是之谓奴隶教育”。[③] 这种对独立个人的培养虽然在民初时期仅仅是一种“含蓄的存在”，但也是一支波涛汹涌的暗流，并最终影响了教育与社会的共同认

① 转引自董宝良、周洪宇主编《中国近现代教育思潮与流派》，人民教育出版社 1997 年版，第 107 页。

② 蔡元培：《对于教育方针之意见》，载舒新城编《中国近代教育史资料》下册，人民教育出版社 1981 年版，第 1022 页。

③ 丁守和：《中国近代启蒙思潮》上卷，社会科学文献出版社 1999 年版，第 337—338 页。

知。到 1922 年新学制的所主张的七项遵守原则（发挥平民教育精神；适应社会进步之需要；谋个性之发展；注意国民经济力；注意生活教育；使教育易于普及；多留各地方伸缩余地）① 中，“谋个性之发展”已经成为继平民教育与社会教育之后被单独提倡的一点，以个人独立、个性独立为教育旨趣的“全人”目标、“新人”目标的观点至此已经非常明确。对此，胡适曾颇感自豪地谈道：“新学制的特别长处在于他的弹性，它的总标准的第三条是‘发展青年个性，使得选择自由’，这就是弹性，这就是进步的地方。”②

第三节　南京国民政府教育宗旨：“党民”之初现与“臣民”之变形

一　南京国民政府教育宗旨流变

北伐战争的胜利使得国民党获得了重新崛起的机会并迅速掌握了革命的话语权。再次站立于政治舞台中央的国民党人普遍意识到，要想完成真正的政权统一，国民党自身的力量尚且微弱，而势力不断增强的共产党也使得国民党方面警惕重重。故此，在名为“联合”实为“约束”的旗帜下，1924 年初，国民党在广州高等师范学校礼堂召开第一次全国代表大会，会议决定共产党人可以以个人身份加入国民党，由此，第一次国共合作的大幕被缓缓拉开。也是在这次会议上，以总理身份担任会议主席的孙中山提出“联俄、联共、扶助农工”的新三民主义政策，并将其正式确定为党纲，写入党章，在原有“党治”的基础上，借鉴俄国十月革命的胜利经验，完整地提出“以党建国”“以党治国”的战略方针，“党化教育”由此开始从政治领域走向教育领域，并成为南京国民政府统治时期的根本性教育宗旨。

实际上，“党化教育”的口号早在北伐战争胜利之前便已经在国民政府的临时所在地广州出现。1924 年暑假中，广州市教育局接到国民党广

---

① 《大总统令·学校系统改革案》，《教育杂志》1922 年 11 月 1 日第 14 版。

② 胡适：《对于新学制的感想》，载璩鑫圭、唐良炎编《中国近代教育史资料汇编·学制演变》，上海教育出版社 1991 年版，第 915 页。

州特别市党部的命令，称教育局全体职员、各市立学校校长、各市立学校教师及管理人员，无论何种级别，必须在各级学校正式开学之前加入国民党；凡逾期不入者，则必须书面提交正当理由，若理由不够充分，则给予换岗、停职或开除的处理决定；除教育管理者与教师外，学生也全部被要求纳入国民党的范围，广州市特别党部召开青年党员大会，号召全市中小学生，不论所在学校与年级，全部都要加入国民党，以投身于救国革命中，并将已经完成编写的党义教科书推行到各级学校中，广泛开设党义课程。1926 年，党化教育突破义务教育的范畴，开始进入被称为“西方象牙塔”的高等教育领域，中山大学校长戴季陶在上任伊始便明确拥护“党化教育入高校”的做法，称：“中山大学为中央最高学府，亟应实施纯粹之党化教育，养成革命之先驱，以树建设之基础。”① 伴随着“党化教育”在各级各类学校中的推行，作为教育宗旨的党化教育于 1927 年举行的五四运动纪念大会上最终确立，蒋介石在此次会议中关于“党化教育”的演讲成为全面普及党化教育的助推器。随后，国民党教育行政委员会迅速颁布《学校实施党化教育办法草案》，对“党化教育”进行明确的界定，“所谓党化教育，就是在国民党的指导之下，把教育变成革命化和民众化。换句话说，我们的教育方针要建筑在国民党的根本政策之上”。② 至此，以“全员入党”为主要强制手段，以“党义课程”为主要教育内容的党化教育开始在国民党的统治范围内铺展开来。

至 1928 年，“党化教育”在发展到顶点的同时，也迎来了它名义上的终结，这其中的原因主要包括以下三点：其一，党化教育的称谓使得蒋介石独裁、专制的统治目的暴露无遗，这在其流行的同时也为“党的领袖”带来了诸多的舆论批判；其二，社会对于党化教育的内涵并未完成统一的认识，即使国民党内部也由于党派的不同而对党化教育形成了多种解说，工具理性与价值理性的悖论始终存在；其三，党化教育中之“党化”二字，虽切实指向国民党，但却没有在文字表达上获得明确的标识，因此易被其他党派加以利用。在以上三方面的影响下，国民党政府虽一时

---

① 黄药眠：《动荡：我所经历的半个世纪》，上海文艺出版社 1987 年版，第 59 页。

② 《教育界消息》，《教育杂志》1927 年 8 月 20 日第 8 期。

难以找寻到更为合适的表达方式，却也在教育的推行过程中逐步放弃“党化教育”的称谓。到 1928 年 5 月中旬，刚刚成立的国民政府大学院立即召开第一次全国教育会议，会议明确提出废止“党化教育”宗旨，推行以“三民主义”作为新的教育宗旨的议案，并在初步达成的《中华民国教育宗旨说明书》中第一次完成了关于三民主义教育宗旨的界定，“以后中华民国的教育宗旨，就是以实现三民主义为目的的教育，就是各级行政机关的设施，各种教育机关的设备和各种教学科目，就是以实现三民主义为目的的教育”。[①] 会议结束后，训练部认为大学院初步拟定的教育宗旨虽然避免了“党化教育”所造成的不便，但却在内涵的解释方面缺少了教育与党之间的密切联络，因此要求进行修正。经过几番讨论，主管教育工作的大学院所提出的议案并未获得批准，主管政治宣传工作的中央宣传部所提出的修正案反而后来居上，获得党部的首肯，在《确定教育方针及其实施原则案》中，宣传部提出的“中华民国之教育，以根据三民主义，发扬民族精神，实现民主政治，完成社会革命，而臻于世界大同为宗旨”[②]，最终被作为提案呈交国民党第三次全国代表大会进行审议。1929 年，国民党第三次全国代表大会在讨论教育宗旨时认为，此案虽然将教育与三民主义进行了关联，但稍显笼统，因此在此提案的基础上再次进行了充实与精要，最终敲定关于南京国民政府时期教育宗旨的终稿《中华民国教育宗旨及其实施方针》，“中华民国之教育，根据三民主义，以充实人民生活，扶植社会生存，发展国民生计，延续民族生命为目的；务期民族独立，民权普遍，民生发展，以促进世界大同”[③] 被明确表述出来，三民主义教育宗旨由此获得了官方的统一表述方式。

至此，三民主义教育宗旨得到全面的建立，直到国民党政府兵退台湾为止，三民主义的教育宗旨一直都是官方推行的统领性教育方针。一方面，三民主义教育宗旨带有明显的“一党专制”色彩，它的贯彻与实施，使得教育成为蒋介石贯彻其“一党、一主义、一领袖”统治思想的意识

---

① 《中华民国教育宗旨说明书》，载蒋致远主编《中华民国教育年鉴》Ⅰ，宗青图书公司 1991 年版，第 10 页。

② 同上书，第 7 页。

③ 同上书，第 8 页。

形态工具，党的主旨不断覆盖教育的主旨；另外，在此教育宗旨的表述中，并未见得明确的反帝、反封建内容的文字，这样确立起来的教育宗旨，既不能实现其“民族独立、民权普遍、民生发展”的最终目的，而“促进世界大同”则更似一种乌托邦的原始幻想。但在另一方面，“三民主义”教育宗旨的确立也在实然层面结束了北洋军阀时期无教育宗旨或教育宗旨逆行的混乱状态，并“最终完成了近代中国教育管理由最初的师承德日到后来的效颦英美，直至再后来的以俄为师模式的转化和集成”；[①] 它同时又蕴含着科学性与操作性的优势，其确立过程并不完全是统治者的一言堂，而是诸多教育专家、教育工作者参与的结果，尽管这在一定程度上可以视为统治者的遮羞与粉饰，但它毕竟抛弃了更为赤裸的“党化教育”表述方式，也可以被视为一种进步。同时，从结构体系上来看，这个宗旨是多层次的，既有统领性的原则表述，又有针对性的实践措施，因此具有较强的灵活性与可操作性，这也是其较先前教育宗旨而言更为科学的一面。

二　南京国民政府教育宗旨:“党民”之初现与“臣民”之变形

在施行“党化教育”教育宗旨阶段中，其最根本的推行手段便是“党义课程”的开设，即使是在追求学术自由与教育独立的高等学府中，党义课程也在国民党各级党部的保护下公开叫嚣，高等学校的党义课程主要围绕以下三点展开：“一、应以阐扬孙中山先生全部遗教及本党政纲、政策及重要宣言为主要任务；二、应以理论事实，证明三民主义为完成国民革命，促进世界大同之唯一的革命原理；三、应依据三民主义，比较判断其它社会主义学说”；[②] 在施行“三民主义”教育宗旨的过程中，不同层级和类型的学校教育目标虽然将“党”的字眼直接隐匿起来，但仍处处彰显其领袖与权威的地位，如“各级学校之三民主义之教育，应与全体课程及课外作业相贯连……务使知识道德，融会贯通于三民主义之下，以收笃信力行之效。……普通教育，须根据总理遗教，以陶融儿童及青年

① 杨天平:《民国中后期三民主义教育宗旨述评》,《理论界》2004 年第 1 期。

② 宋恩荣、章咸选编:《中华民国教育法规选编》，江苏教育出版社 1990 年版，第 53—54 页。

‘忠、孝、仁、爱、信、义、和、平’之国民道德，并养成国民之生活技能，增进国民之生产能力为主要目的。……大学及专门教育，必须注重实用科学，充实学科内容，养成专门知识技能，并切实陶融如总理般为国家社会服务之健全品格”。①

这样的表述无疑指向以下两种意图：其一，将国民党创建者孙中山的领袖形象符号化，并进行宣传与圣化；其二，将三民主义的理论地位抬高、升华，使之成为社会主义学说的唯一正统来源与评判标准。无论是孙中山个人还是三民主义思想，将其圣化、神化的过程都是现代集权制度的首要特征。在这里，国民党试图将处于亡国灭种危机中的中国民众从对“国”的崇拜转移到对“党”的崇拜，以“孙中山”“三民主义”等国民党施行统治的重要符号来充斥学生的课堂，就在这个过程中，教育成为国民党加强意识形态统治的有效工具，“一政党、一主义、一领袖”的主旨不断掩盖“教育使人成为人”的主旨，这种只有工具理性而毫无价值理性的教育宗旨强力推进到本来应该指向自由之人格的教育领域之中，虽然使其获得了所谓的“统一指导思想”，却也最终促使教育在“培养完整人格”的道路上越走越远。其最终的结果，是“国”被“党”所替代、消解、终结，在“国”变成“党”的同时，“国民”也变成“党民”。

实际上，“党化教育”的文字表述本身就是一种矛盾的存在。何为“党化教育”?“党”即政党，这里指代国民党，其核心元素为国民党之建党纲领与纪律章程；“化”即变化，指一种引起事物性质或形态发生转变的动态过程；“教育”即培养人的一切活动，其目的在于塑造具有独立人格与社会责任的合格公民。站在应然的角度上，学术自治与学术自由乃是教育的应有之意，保证教育获得独立发展的权利也是任何一个政党应该予以保障的合法、合理内容，“教育”与“党”本身就是性质不同且须各自保持距离的两种事物，一旦“党”与“教育”合流，则一定是政治上一党专权现象开始出现的预兆，教育也随之沦为执政党实施统治的政治工具。因此，简单地说，党化教育就是一种将中国的教育彻底国民党化的过

① 李国钧主编：《中国教育大系——历代教育制度考》下册，湖北教育出版社 1994 年版，第 216 页。

程，就是以国民党的意识形态强行干预正常教育、教学活动的过程，就是国民党借助政党权力的垄断力量将其建党纲领与行动指南通过教育强加给每个公民与整个社会的过程。当然，此过程也必然是一种异化的过程，即“党”与“教育”同步异化的过程，“以三民主义为体，以教育领域为用”的教育宗旨在传播三民主义理论体系、树立国民党信仰的同时，以党派需要或政治需要决定人才培养目标的南京国民党政府也将学校塑造成为灌输“党义”的便利工具、控制民众思想的便利工具，这不但麻痹了人的独立精神与自由思想，更使“个人”在此被完全掩盖，“国民”也遭到遮蔽，新型“臣民”再次获得了变形后的重生。由此可见，党化教育的本质在于抑制人的本性，束缚人的思想。近代著名学者、曾任四川大学校长的任鸿隽专门撰文分析了党化教育的本质，他的笔锋中一针见血的分析更加深了我们对于党化教育的清晰认识：“一个理想中有教育的人，在智慧方面，至少的限度，必须对事理有正确圆满的了解，对于行事有独立自信的精神。要养成这样的人格，第一的需要，是智识上的好奇心。有了智识上的好奇心，方能对于各种的问题或事务，加以独立的研究。研究所得的结果，才是我们信仰的根据。这种教育的方法，在（国民）党的立场看来，是最危险的。他们的信仰，是早经确定了的；他们的问题，是怎么的拥护这个信仰。因为要拥护信仰，所以不能有自由的讨论与研究；因为不能有自由的讨论与研究，所以不能有智识上的好奇心。这个情形，恰恰与十七世纪初年，欧洲宗教的专制思想相类似……教育的目的，在一个全人的发展，党的目的，则在信徒的造成。教育是以人为本位的，党是以组织为本位的。因此，有了‘党化’，必定是没了‘教育’；反过来说，要有‘教育’，必定要除去‘党化’。”①

最后，笔者需要指出的是，尽管近代官方教育宗旨中“人”的形象变迁在总体上大概经历了一个由“臣民”向“国民”的转变过程，但这个过程既不是一个交替出现的顺序发展，也不是一个彻底否定前者的断裂生成。在这个过程里，既有“臣民”形象的反复出现，也有“国民”形象的不断生成；既有“个人”与“公民”形象的或隐或现，也有不同“人”之形象的和谐共生。可以这样讲，与近代复杂的历史情形一致，教

① 任鸿隽：《党化教育是可能的吗?》，《独立评论》1932 年 6 月 5 日第 8 版。

育宗旨中“人”的形象本身便是复杂的，当这种复杂性散落在不同地域、不同学校、不同年级、不同学科的学生课余生活中时又会再次加强，这正是笔者在随后几章中所尽力展现的一面。

第 二 章

“布景”的观察:“精确化”的学校时间管理变迁

当我们开始研究一所学校时，先勾画这所学校的学生和教职员工所遵循的时空模式，无疑会是一种非常有用的解剖工具。①

——安东尼 · 吉登斯（Anthony Giddens）

第一节 作为布景的学校时间

一 什么是学校时间?

海德格尔在《存在与时间》的开篇中明确表达了一种对待时间的严肃态度，“任何一种存在之理解都必须以时间为其视野”。② 教育也是一种时间的存在。从宏观上讲，发展于长时段、大历史时间中的教育被赋予了多样的形态与分化的功能；从微观上讲，存在于短时期、小范围时间中的教育活动时刻与时间同步，学制、学年、学期、课程、考核等均须在预定的时间内完成，几乎所有的教育活动都是进度表与时间表的实践与落实。从这个角度上说，教育本身就是一种时间的顺延与叠加，是一种在时间的关照下被精心设计并按部就班完成的诸多教育活动的程式性组合。

那么，学校时间又是什么呢? 实际上，教育领域关于“时间”问题的探讨并不十分成熟，甚至可以说是“青涩”的，“时间一直使诗人、哲

---

① ［英］安东尼 · 吉登斯:《社会的构成——结构化理论大纲》，李康、李猛译，生活 · 读书 · 新知三联书店 1998 年版，第 224 页。

② ［德］马丁 · 海德格尔:《存在与时间》，陈嘉映、王庆节译，生活 · 读书 · 新知三联书店 2006 年版，第 1 页。

学家、浪漫主义作家和科幻作家们着迷，而教育学家们却刚刚发现时间作为教育过程中一种变量的全部意义和影响”,[①] 因此，以教育学的视角对学校时间进行的界定十分有限，孙孔懿的研究可以被视为此方面的代表。在《教育时间学》一书中，孙孔懿中对学校时间进行了这样的界定：“广义的教育时间，就个人而言，包括接受教育和自我教育的时间，几乎与个人生命共始终，对社会而言则是社会实践总量中用于教育活动的时间；狭义的教育时间专指学校内的教育时间，是学校各种教育活动（包括闲暇活动）展开和延续的基本条件和形式。”[②] 在本章中，笔者所探讨的学校时间与孙孔懿的狭义教育时间在空间范畴上相一致，即“学校内的时间”。但是，狭义并不意味着孤立，“学校时间”并不只在学校的空间范围内发挥作用，也不只是学校空间内教育活动的体现，关于这一点的认识主要体现在以下三个方面：其一，脱离具体教育教学实践活动的学校时间并不存在，教育实践是学校时间得以存在、延伸、展现的基础，每一个受教育者都沉浸在学校时间里，因此学校时间是“集体共有的”；其二，学校时间的直接承担者是教育中的人——学生，而学生的身心发展、个人处境并不完全一致，因此学校时间是“特殊个人的”；其三，制约学校时间形成与改变的因素是多元的，除教育因素外，经济因素、社会因素、文化因素也是形塑学校时间的关键，学校时间的转变也是这些因素相互影响、掣肘的结果，因此，学校时间也是“多方关联的”。

二 作为“布景”存在的学校时间

尽管学校时间是一种客观存在，但“长期固定的社会生活节奏会使人们将特定历史时期内的社会生活模式视为不容质疑的事实，即当成一种社会‘惯习’来看待”,[③] 作为活动背景存在的学校时间也成为教师与学生习以为常的既有模式。自晚清开始的教育现代化历程早已历经百年时光，但“学校时间”从未担当过任何一次教育改革洪流中的主题，它一

---

① 联合国教科文组织：《简明国家教育百科全书教学》（上），教育科学出版社 1990 年版，第 405 页。

② 孙孔懿：《〈教育时间学〉出版十年反思与前瞻》，《江苏教育学院学报》（社会科学版）2003 年第 5 期。

③ 高宣扬：《鲁曼社会系统理论与现代性》，中国人民大学出版社 2005 年版，第 242 页。

直以默默无闻的布景存在着。学校时间如何产生？其存在是否合理？其实施有何影响？这些值得反思的问题已经在教师的固定安排中、学生的顺应服从中、教育改革者的忽略轻视中销声匿迹了。可以说，时间一直以一种“布景”的形式隐藏地存在着。

何为“布景”？布景是欧文·戈夫曼在建构其拟剧理论时所使用的一个概念。戈夫曼认为，社会人的一切活动都可以被视为一种舞台上的演出，而构成舞台的重要因素之一便是舞台的布景。在一般情况下，布景要为全部的演出提供相应的演出环境，因此多是设定的与稳固的，一般不随表演者与表演内容的变化而变化，所以不易被人察觉。但布景仍然是十分重要的，它虽与表演不直接相关，但却能够在不知不觉中区分出表演的界限，烘托出表演的氛围，展示出表演的细节，使环境中的人受到或明或隐、或强或弱的布景约束与控制。而一旦布景出现较大的变化，便象征着表演舞台的整体性转移，表演者的表演策略及表演内容都会随之发生根本的转变。学校时间也是一种布景，它虽然紧挨着教育表演的前台，却始终没有获得前台聚光灯的照射。但是，在特定的教育场景中，学生的表演在尽量接近观众预期的同时，也会受到布景的影响，与布景一致的活动得到加强，与布景不一致的活动遭到排斥。在这里，布景以一种无形的存在规约着表演者的行为，安排着剧情中的角色与走向。因此，以一种隐而不彰的布景形式渗透到学生的课余生活中的学校时间，对教育研究者而言，是一个不能忽视的重要问题。

虽然作为布景的学校时间是非焦点的，但它并非不可认知的。就像一些学者所指出的那样，尽管“背景相对于前景而言，是隐于后面、退于暗处的”，但“它始终是一种弥散性的存在”。[①] 对于学校时间的认知方式也要与具体事件的相互关联才能达成。当研究者的目光投射于作为布景存在的学校时间时，时间因素开始在教育领域中真切地凸显出来，它开始成为前台中观众目光凝视的部分。在此，时间不再是单纯的计时工具，而是一种能够被认识、被分析的主题。就此而言，一方面，学校时间的构建与维持是通过与一系列教育行为、教育事件、教育制度相联系而存在的；另一方面，这些行为、事件和制度等也凸显、制约着学校时间的存在与发

① 高水红：《共用知识空间》，南京师范大学出版社2006年版，第77页。

展。在本章，笔者所讨论的问题便是围绕这种思路展开的：近代学校时间是如何影响学生活动并成为一种规则的？它为何能够对原有的学校时间取而代之？这种新型学校时间的发展与发生是同步的吗？它体现在学校生活的哪些方面？又产生了何种影响？……这些由时间入手所进行的观察，为我们提供了一个考察近代学生生活节奏与教育环境的契机。通过这种考察，笔者发现，近代社会所展现的是一种时空观念既不一致也不同步的复杂教育状态，但这也仅仅是整个近代中国转型链条中简单的一环而已。

第二节 学期制度的推行:学校时间的初次分割

“时间”一直为中国社会所重视，对时间进行细致的划分在中国早有渊源，先秦时期便已在占卜中出现了“分”与“时”的概念，汉代时期更是出现了能够度量“时刻”的专门计时工具“漏壶”,① 随后，历朝历代的统治者们也都向来注重对“时历”的管理，有学者统计，至明后期止，封建王朝的统治者们共进行过大大小小七十余次的历法修订和计时工具的发明。② 这些连续不断的努力表明，在传统中国社会中，时间的设计与表达已经走向一种精细化的划分方式。但是，这种精细的时间划分方式因为背后带有明显的“政治权力”的色彩，因此大都只与官方仪式或上层精英的日常活动有关，下层民众依然生活在一种模糊的时间中。1872 年，在鲁西南地区进行传教活动的美国公理会传教士明恩溥在其日记中留下这样的文字：“关于我们的便携式计时器，中国人作为一个民族，对此一无所知，也有少数几个中国人拥有手表，却不用手表去安排日常活动，尽管他们过几年还把表擦洗一下，让它保持正常走时。普通人十分满足于靠太阳高度来确定时间的方法，日上一竿、两竿或者三竿，没太阳就观察猫眼的张缩，通过这种方式确定的时间对于日常生活而言已经够准确了。”③

① 曲安京:《中国古代历法中的计时制度》,《汉学研究》1994 年第 12 期。

② 城地茂:《盖天论与“圭表”》，载杨翠华、黄一农编《近代中国科技史论集》，台北“中央研究院”近代史研究所，1991 年，第 139—141 页。

③ ［美］明恩溥:《中国人的素质》，秦悦译，学林出版社 2001 年版，第 36 页。

同样，模糊的时间也行走在教育领域。晚清教育改革前，无论官学抑或私学，均认为学习是一种持续的陶冶与无间断的苦修，因此没有以休假分割而成的学年或学期概念。一般而言，官学学生通常只在新年和官方指定的节假日里休息，如元宵节、端午节、中秋节或皇帝万寿节，其余时间均在读书；而私学中的学生由于多是农家子弟，其授课时间多与农忙时间相互协调，一般只在农闲时期的冬季进行学习，因此乡间私塾也被称为“冬学”，私塾先生则被称为“冬烘”。所以，就传统教育中的学生而言，一年的学习时间或长或短，既不确定，也无定制。但随着西方文化的裹挟而进，精确的计时方式也被移植到中国的教育领域之中。

一　学期制度的初步引进

首先将“学年与学期”概念进行引入的，当属全面移植西方办学模式的教会学校。作为早期基督教学校的代表，由美国长老会传教士狄考文在山东开办的登州文会馆从设学之初就开始根据学生的不同情况来施行阶段性学习的学年制度。其课程设置层层递进，步步深入，从第一学年的“天道溯原”到第二学年的“天路历程”，再到第三学年的“救世之妙与省身指掌”与第四年的“心灵学与是非学”，学生在以“年”为时间单位的过程中获得宗教知识，并在每三个月接受一次常规测验，年末最终考核通过者方能进入下一年的学习。[①] 尽管山东登州文会馆只是一所具备初级办学水平的民间教会学校，尽管其创办初衷乃是使学生“完整而系统的学习基督教精髓”，从而造就“能够以基督教真理来领导这场伟大的精神和物质变革的人才”，[②] 但它的确已经将一种截然不同的时间规划引入到中国的教育中来。

历史的选择有时有着不约而同的一致，西学东渐大潮的冲击以及西方教会学校的现实影响使得晚清的教育改革者们同样看到了传统学校中没有固定时间安排的不足：一方面，零散的学校时间安排容易造成学生散漫的学习态度，从而影响教学进程与学习效率；另一方面，过长的学习时间使

① 王元德、刘玉峰:《文会馆志》，山东潍县广文学校，1913 年，第 32—33 页。

② 转引自葛建化《中国近代教会大学西方文化渗透研究》，硕士学位论文，浙江师范大学，2009 年。

得学生无法劳逸结合，从而间接影响身体的健康。所以，洋务学堂建立后，学校规程的设计者们纷纷自觉引入学年和学期的时间划分方式，希望以此能够保证学生在校活动时间的秩序化、稳固化与规程化。1902 年，《钦定小学堂章程》第一次以官方文本的形式公布了学校学期设置的相关要求：“每年以正月二十日开学，至小暑节散学，为第一学期；立秋后六日开学，至十二月十五日散学，为第二学期。暑假三十五日，酌量地方寒燠情形，得通其迟早之候而易置之。”① 一年后，《奏定学堂章程》中关于学年与学期的规定与之相差无二：“每年分为两学期，自开学至小暑节为第一学期，自暑假期满后至年终为第二学期。”② 在这里，中国学校教育第一次获得了“学期”的概念，并在此基础上，完成了“学年”的划分。

此后，各地新式学堂纷纷将学期制度落实下来：在直隶省师范第一小学堂中，“每年于正月开印，祭日入学；小暑节放学，给暑假；休息至立秋节后六日开学，十二月十五以前放学，给年假”；③ 山东大学堂同样规定每年正月二十前后开学，小暑时期放暑假，立秋后开学，腊月二十五给年假，以此进行学期的交替轮回。④ 女校的情形也与此一致，1904 年成立的上海爱国女学规定的学期为“年假自十二月六日起至次年正月二十日止。暑假自六月初十起至七月十五日止”。⑤ 但是，一些学校虽然也将学期制度进行了落实，却与官方的规定存在不同，上海私立浦东中学校便将一学年划分为三个学期，“自八月一日至十二月三十一日为第一学期；自一月一日至三月三十一日为第二学期；自四月一日至七月三十一日为第三学期”。⑥ 这样的划分方式是出于对学生学习情况的考量，学生可根据自

---

① 张百熙：《钦定小学堂章程》，载舒新城编《中国近代教育史资料》中册，人民教育出版社 1981 年版，第 408 页。

② 张百熙、张之洞、荣庆：《奏定进士馆章程》，载潘懋元、刘海峰编《中国近代教育史资料汇编：高等教育》，上海教育出版社 2007 年版，第 48 页。

③ 袁世凯：《奏办直隶师范学堂暨小学堂折（附章程）》，载璩鑫圭、唐良炎编《中国近代教育史资料汇编 · 学制演变》，上海教育出版社 1991 年版，第 83 页。

④ 袁世凯：《奏办山东大学堂折》，载璩鑫圭、唐良炎编《中国近代教育史资料汇编 · 学制演变》，上海教育出版社 1991 年版，第 49 页。

⑤ 《爱国女校章程》，载陈学恂编《中国近代教育史教学参考资料》中册，人民教育出版社 1987 年版，第 38 页。

⑥ 《私立浦东中学校暂定章程》，载李桂林、戚名琇、钱曼倩编《中国近代教育史资料汇编：普通教育》，上海教育出版社 2007 年版，第 400 页。

身的条件在第二和第三学期中进行课程的选择，从而在保证一年学习时间的基础上完成相对灵活的时间安排。

二 学期制度的官方推行

尽管在清末教育改革中已经出现了关于学期制度的概念，但在动荡的社会时局中，学校对于学期制度接受与否，并不是政府大力推行、积极倡导的结果，而是更大程度上学校自愿接纳的表现。所以，在民国建立之前，全国范围内的学期制度推行并未实现。面对这样的情况，在民国初年所举行的临时教育会议中，便首先展开了对于学期制度的设定与推行讨论。

1912 年7 月举行的临时教育会议分别在7 月 15 日、25 日、26 日三天针对学期制度的设定进行了讨论与表决：7 月 15 日，提案建议将现在施行的一学年两学期改设为一学年三学期，“一月一日至三月三十一日为一学期，四月一日至七月三十一日为一学期，八月一日至十二月三十一日为一学期”。7 月 25 日，部分与会者支持三学期的设置方式，但反对者亦多，“因旧习惯而主张两学期者亦不在少数”，原案的表决由此搁浅；7 月 26 日，与会者在原设三学期的讨论结果中加入了更为灵活的应对机制，关于学年与学期的规定案才获得通过，“有谓专门学及大学之暑假期，各国无在六十日以下者，再四讨论，始决定专门学校以及大学之得延长三十日以下；其起止日期，由各校定之。……吉林黑龙江新疆诸议员，谓其后极寒之地，得放寒假。讨论结果，特加一项，谓气候严寒地方之各种学校，得放寒假，而缩短年假、暑假、春假之期”。[①] 可见，新学年与学期制度的制定并不是一个顺利、和谐的过程，但民初教育改革者们的努力却是无法忽略的：其一，民初学期设置极力突破晚清章程的旧学规，开始以阳历纪年方式代替阴历纪年方式，反映出中国社会正在经历的关于时间意识的转变，这是一种创新性的表征；其二，学年与学期的设定是结合诸多现实因素综合探讨的结果，财政、旧式习惯等元素与学期的探讨相结合，从而赋予学校时间更多的可操作性，这符合当时不同代表的现实利益；其三，在三学期的总体性原则指导下，添加了更为灵活的应对方式，结合不

① 我一：《临时教育会议日记》，载舒新城编《中国近代教育史资料》上册，人民教育出版社 1981 年版，第 292 页。

同地区的具体情况进行细致的调节，使得新式学期与学年的设置更具有本土特色，这为其日后的顺利推行奠定了基础。

教育会议讨论过后，北京政府教育部于民国元年9月初以官方律令的形式正式公布并推行《学校学年学期及休业日期规程令》，称“各学校以八月一日为学年之始，以翌年七月三十一日为学年之终。学校有因特别事，须另订学生入校始期者，或经部令规定，或由本校声明理由，经教育厅长许可，得变通办理；一学年分为三学期：元月一日起至三月三十一日为一学期，四月一日起至七月三十一日为一学期，八月一日起至十二月三十一日为一学期；暑假休业日定为三十日以上，五十日以下。其起止日期视地方气候，由各校自定之，但专门及大学得再延长二十日或三十日。年假休业定为七日以上十四日以下。春假休业定为七日，自四月一日起至七日止”。[①] 至此，学年与学期制度成为国家与官方厘清学校时间轮廓的固定方式，一些学者的赞许可视为此种制度极具适应性的表征：“学年学期制度一变，则向来之惯习皆随之受影响。今者八月之期为日无多，办学诸君幸运、于此时筹此善法，俾吻合部章，为一劳永逸之计策也。”[②] 由此，学年与学期制度几乎成为所有新式学校的时间运行惯例。

三 关于学期的论争：“减少假期，缩短学年”

“九一八”事变爆发后，国人陷入“国难”的危机意识中，对于人才的渴求更胜从前，人们普遍认为教育应承担起激发国民刻苦奋斗，磨炼民族坚强意志的功能，缺乏时间观念、不能讲求效率的教育随之失去了存在的价值。在此背景下，孙科于1934年底于南京举办的国民党四届五中全会上提出《学校减少假期缩短学年案全文》[③]，主张废除寒假，缩短平日假期，以达到“大学及高中修业年限比现行者各缩短一年”的目的。尽管孙科的提案最终未能获得通过，但关于学年与学期制度的讨论再次激烈起来。

赞成缩短学年者所持理由无外乎以下两点：其一，危难的时局要求教育必须要尽快地造就人才以应对国内日益紧迫的局面，“虑此危急存亡之

---

① 《教育部公布学校学年学期及休业日规程令》，《教育杂志》1912年第四卷第七号。

② 昊天：《新制学年学期规程箴释》，《中华教育界》1913年5月号。

③ 《学校减少假期缩短学年案全文》，《中央周刊》1934年第43卷。

秋，国人正宜奋发图强，刻苦自励”。[①] 其二，缩短学年有利于减少教育经费的支出，“一切建设尤当求时间及金钱之经济……倘减少假期缩短学年，则所节省之经费颇有可观”。[②] 实际上，作为行政官员的孙科并不是倡导减少假期缩短学年的第一人，1933 年，作为高等教育的实践者，国立中山大学校长邹鲁便已经提出废除寒暑假的主张，并在政务委员会教育改革委员会议上将学制改革的预想公布如下：

（1）废止寒暑假；

（2）修学年限初级教育五年，中等教育五年，高等教育三年；

（3）一学年分为四学期；

（4）每学期终休假一星期。[③]

孙科的提案在很大程度上是邹鲁观点的延伸与拓展。赞成缩短假期者虽不在少数，但关于具体的实施环节却有不同意见的存在，刘祖仁便认为应区别对待不同层级学校的假期缩短问题，“鉴于本国高等教育落后的实情，大学减少假期的目的不在于缩短授业年限，而在于利用原来的假期进行自习与补习；中学学生应享有假期，尤其是长时间的假期以增加自动研究的机会，增加创新能力；我国要接受小学教育的人数量庞大，而教育经费又十分拮据，因此应当减少小学假期，施行短期小学，以增加就学人数”。[④] 一些学校更是将观点转化为切实的行动：福建省进行了小范围的试点，以国文和算数两科目为对象，安排 10 所学校的 400 多名师生参与为期三个学期的“减少假期，缩短学年”的实验活动中。实验结束后，对比每周安排两日休息与废除两日休息的结果，实验主持者认为，在未将学生个人勤奋程度与先前教育结果等因素考虑入内的情况下，“减少假期，缩短学年，关于学生程度方面，却是可使之优良”。[⑤] 安徽省更以政令形式命令要求各地方中学延长授课时间，减少假期安排，“为股权学生学业计，规定缩短假期办法，以便补课。令各中等学校，照学校历之规定，一律延长一星期放寒假，高中一年级受军训学生，并消除春假。各校

① 《学校减少假期缩短学年案全文》,《中央周刊》1934 年第 43 卷。

② 同上。

③ 哲生:《废止寒暑假》,《教育与职业》1933 年第 142 期。

④ 《关于减少假期缩短学年之讨论》,《学术世界》1935 年第 1 卷第 3 期。

⑤ 佚名:《减少假期缩短学年的初步实验》,《福建教育》1936 年第 2 期第 9 卷。

均遵令延长至二十四年一月二十五日，开始放寒假”。[①]

反对减少假期缩短学年的人亦不在少数，他们认为延长学习时间的办法并不能达到提高学习质量的目的，《大公报》成为反对者集聚的前沿。清华大学文学院教师徐日洪在此刊上公开发表《缩短假期和充实教育》一文，其核心观点在于“与其说缩短假期，不如说充实教育”。尽管现行教育体制确实在时间安排方面存在诸多缺点，但学习期限之长短并非问题之关键，西学，无论是西艺与西政，都无法和中国的社会情境相结合才是教育中的关键问题，因此，“仅仅强调延长学时，那不会触及到教育根本问题之所在，甚至还会适得其反、欲速不达”；“如果撇开充实教育的问题不谈，单单缩短假期，这善意的提案还是造不出救国的教育的，甚至可以适得其反”。[②] 今董君甚至认为，缩短假期的提议是荒唐的，学校不仅不应缩短假期，还应该在原有的时间安排上延长假期，因为这样对师生之发展均有裨益，“学生可以利用假期补习或旅游以开拓眼界”，“教师则可以利用假期充实自己，整理讲稿，搜寻材料”。[③] 杨贤江也在《学生杂志》上发表文章表示学校应保留寒假与暑假，以进行关于改良风俗、推广教育、促进实业、研究市政、普及教育等方面的假期社会实践。

实际上，“减少假期，缩短学年”的提出是社会对于新型人才急切渴求的真实表现，在民族危机不断加深的背景下，对此观点的讨论，无论支持者抑或反对者，其基本指向都是“提高教育质量、快速培养人才”这一诉求，所以，假期废与不废，学年缩或不缩，都是关于这个基本诉求的一体两面，最终也很难获得一个可操作的统一结果，至 1937 年抗日战争的全面爆发，这些论争之声也便相继销声匿迹了。

第三节 星期与钟点:学校时间的再次细化

一 星期制度的出现

在中国的传统历法中，虽然很早就有以周期循环为基础的休息制度，

---

① 安徽省教育厅:《令各中学延长授课时间》,《安徽省政务月刊》1935 年第 4 期。

② 徐日洪:《缩短假期和充实教育》,《大公报》1933 年 2 月 25 日。

③ 今董君:《减假缩年问题（北大教育学系之意见)》,《大公报》1935 年 3 月 19 日。

但却始终没有“星期”一词的出现,“盖古人之休息之时,或以日计,或以月计,或以时计,或以岁计,虽有一定之法,然无一定之期,如西人之以七日为定者也”。[①] 以七天为轮回的计时方法源于古犹太人,虽在唐代时随景教的传入而进入中国,但并未产生影响。到1807年英国基督教士马礼逊来华传教,中国基督教徒才在教堂举行的礼拜祈祷活动中对西方之星期制度有了最初的接触。19世纪中叶以后,外国人来华更为频繁,一些外国寓华者遵循本国习俗仍在星期天休息娱乐,洋教习同样享有休息的特权,京师同文馆章程规定:“每年夏月洋教习息伏期内,及每月外国礼拜洋教习不到馆之日除准两日假期外,各学生均令在馆学习汉文。”[②] 这使得星期制度突破民间模仿的范畴,开始在中国制度化的组织机构——学校——中出现。处于最早开埠地区的宁波中西学堂同样规定:“凡遇礼拜日,则学生停止讲读,参与教会活动,但不得随意闲游。”[③]

虽然星期制度在校园内开始出现,但较社会整体的认同水平而言,学校对于“星期”的接纳仍是滞后的。早在1875年,葛元煦著在《沪游杂记》中便已经记载了沿海华人与西人共度星期天生活的喧闹场景,“七日一礼拜,为西人休息之期。是日也,工歇艺事,商停贸易……华人之居停西商者,于先一日礼拜六夜,征歌命酒,问柳寻花,戏馆、倡寮愈觉宾朋满座云”。[④] 但直到二十年后的1895年,浏阳算学馆依然沿用“休沐日”的文字来代替“星期”的称谓,称:“除厨役、杂役外,通馆均前后七日中,隔六日一休沐。遇房、虚、昴、星四苏值日,即为休沐之期,此固文武张弛之道,而特与西人之礼拜同期者,盖预备他日办理中外使务、界务、商务、税务诸交涉事件,可使事同一律,无俟迁就更张。”[⑤] 到戊戌维新运动高涨之时,学堂内对于星期天的称呼依然使用中国二十八星宿值

① 佚名:《论西国七日各人休息事》,《申报》同治十一年五月八日。

② 《光绪二十四年以前的同文馆章程》,载陈学恂编《中国近代教育史教学参考资料》上册,人民教育出版社1986年版,第34页。

③ 《宁波中西学堂章程》,《利济学堂报》1987年第6册。

④ 葛元煦:《沪游杂记》,郑祖安整理,上海古籍出版社1989年版,第13页。

⑤ 《浏阳算学馆经常章程五条》,载陈学恂编《中国近代教育史教学参考资料》上册,人民教育出版社1986年版,第368页。

日法制规定，以房、虚、昴、星四字代替每月中的四个周末，如江宁江南储才学堂便规定：“每逢房、虚、昴、星四日，教习学生则均照西例休息。”① 这可谓晚清教育改革在“新”与“旧”、“中”与“西”的势力胶着中所展示出来的既先进又保守的一面。

但是，随着社会大众的广泛接受，以 7 天为一个休息单位的时间观念逐渐在学校中落地生根。到 20 世纪初，“星期”已经成为众多学堂安排课程的规定制式。《奏定学堂章程》中关于学时的安排成为政府承认星期制度的代表，在此章程的文字表达中，学生的课程安排均是以每星期所占钟点为单位来进行划分的（见表 2—1）。但在每星期的教学安排中，修身、讲经、中国文字仍占据绝大多数的时间，可见，虽然课程的计时方式发生了变化，但教授内容却仍以中学为主。即使是在向来带有保守姿态的女子学堂中，“星期”也流行开来。1907 年，学部的《奏定女学堂章程折》中同样规定：“学生休业年限为四年，教授日数每年四十五星期，教授时刻每星期三十四点钟。”②

表 2—1　　小学堂（第一年）科目程度及教授时刻表③

初等小学堂		高等小学堂	
学科	每星期钟点	学科	每星期钟点
修身	2	修身	2
读经讲经	12	读经讲经	12
中国文字	4	中国文字	8
算数	6	算数	3
历史	1	历史	2
地理	1	地理	2

① 《江宁江南储才学堂章程》，《时务报》1891 年第 41 期。

② 张百熙、荣庆、张之洞：《奏定女学堂章程折》，载璩鑫圭、唐良炎编《中国近代教育史资料汇编·学制演变》，上海教育出版社 1991 年版，第 576 页。

③ 根据《奏定初等小学堂章程》中关于授课时间的规定总结而来。张百熙、荣庆、张之洞：《奏定初等小学堂章程》，载舒新城编《中国近代教育史资料》中册，人民教育出版社 1981 年版，第 411 页。

续表

初等小学堂		高等小学堂	
学科	每星期钟点	学科	每星期钟点
格致	1	格致	2
体操	3	图画	2
		体操	2
合计	30		35

当“星期”概念在中国本土新式学堂中脱离宗教性质而走向学校科目编排工具时，教会学校却依然秉持着“礼拜”的最初特色，“礼拜”仍旧是参与宗教仪式的象征与标志。苏雪林在回忆其在基督教所创办的安庆培媛女学的求学经历时说：“学校的管理较为严格。学生入校后，连星期日都不许回家，只许家属前来探望。我初到不知其故，后来才知道，原来一到星期日，学生都要到教堂参加行礼，仪式繁重，费时半天，下午还要继续读经做祈祷，不管学生信教与否都要参加。之后才是休息，不准做任何工作，说这是当时上帝定下的安息日，学生只有拥被睡大头觉了。”[①] 同样，曾在金陵女子大学读书、后任学校校长的吴贻芳虽然平时功课繁忙，但每周在金陵女大参与礼拜、学习《圣经》都是必不可少的功课，最后甚至受洗成为一名真正的基督教徒。[②] 这是中西学校中“星期”概念的不同之处。

二　精准“钟点”的二次分割

（一）起源于“商战”的学校“钟点”

钟点的概念同样来源于西方。历史学家认为，利用时钟表示时间的方式最早出现在欧洲中世纪的修道院，至 14 世纪末，时钟开始成为许多欧洲城市市政大厅塔楼上的装饰。但是，那时的时钟还不是十分精密的计时工具，它还没有被安置上分针。直到工业革命后，随着资本主义生产活动的急速增长，钟点这种精准的时间表达方式才开始大肆流行起来，“一旦

① 《苏雪林自传》，江苏文艺出版社 1997 年版，第 23 页。

② 钱焕琦、孙国铎：《厚生育英才：吴贻芳》，南京师范大学出版社 2012 年版，第 27 页。

哪里存在某种社会需要，哪里就会产生满足这种需要的手段”。[①] 精确化时钟的出现，为计算工人工作时间与工作报酬提供了简便的途径。这种由工业资本主义生产方式呼唤出来的新式工具在追求更小、更精准时间单位的同时，也满足了工业发展不断追求效率最大化的新需求。

自强运动中的洋务派官员同样认识到，贫穷是近代中国的最大现实，也是制约社会改革的重要因素。作为创造财富的重要手段，发展商业自然成为达成“富国”目的的重要手段，钟点同样在发展经济的时代背景中进入近代中国的工业领域。甲午海战后，为避免国内市场落入日寇手中，清廷更以各种奖励措施来鼓励民间办厂，时钟在成为商业计时工具的同时，也将工人的全部日常生活融入时间的分割中：在山东瑞记棉纱厂上班的女工被分为早、晚两班，早班工人从早六点工作到晚六点，晚班工人从晚六点工作到次日早六点，期间并无专门的休息时间，只有星期日的时候才会停止一次早班，在检验机器的同时使女工们获得一定的喘息与空闲，[②] 这种紧凑、细密的时间安排几乎是当时全部开埠城市中所有工人的生活写照。

“可分割性”是钟点时间作为一种精确时间存在的最重要特征。作为工业社会的产物，钟点时间生来具有同质性与非情境性：一方面，对于不同的接受对象，时间都是一样的，它独立于具体的人物、事件和过程，无时无刻不在表征平等的时间概念。另一方面，几乎所有人类活动都可以被时间所囊括，各种被填充到不同时间段内的活动在“开始”和“结束”间被赋予明显的时间意义，并在时间的调配中完成集体的组织与协调。正如柏格森所言，“我们在绵延中所经历的是一种连续的、黏合的和瞬间形成或消逝的流，这种流是以空间的和量化的形态而同质地排列着，它的不断流动既是不可逆转的，又是秩序井然的”[③]。因此，伴随着钟点时钟在工业领域内的流行，这种普适性很强的“流”终于流动进学堂学校之中，

---

① ［法］路易·加迪等:《文化时间》，郑乐平、胡建平译，浙江人民出版社1988年版，第333页。

② 转引自黄金麟《历史·身体·国家——近代中国的身体形成（1895—1937）》，新星出版社2006年版，第143页。

③ ［英］布莱恩·特纳：《社会理论指南》，李康译，上海人民出版社2003年版，第509页。

并将各类学生活动纳入到无形的支配中。

（二）学校钟点的运行

虽然“钟点”的概念很快进入到教育领域中，但初期的学校钟点在表述方式上仍然带有浓厚的传统特色。1863 年，在洋务运动正式拉开帷幕的第二年，广州同文馆章程中将学馆课程规定为“每日巳、午、未三时，由西文教习训课，早晚各时由汉文教习训课”。[①] 三十年后，这种传统表达方式依然顽固地存在着，1899 年的《京师大学堂规条》中仍然以天干地支的计时方式表征着时间的分割，称：“学堂大门启闭，夏季卯初开锁，戌正落锁；冬季日出开锁，戌初落锁。”[②]

但在另一些学校中，西方钟点的计时方式也在运行之中。1861 年建立的京师同文馆虽头顶“国”字，但却已然可以在章程中寻得零星的西方钟点时间表达方式，这或许与洋教习的日常影响有关，“同文馆学生有不在馆住宿者，每日到馆自春分起限十点钟，自秋分起限九点钟”；[③] 浏阳算学馆也以“钟点”来规定学生的作息，“早晨六点钟起，晚夜十点钟睡……夜间熄灯，不得过十二点钟”。[④]

以上资料虽可以视为新式学堂中的时间新风，但终究尚未普及，实施程度也远不如教会学校严密、系统。基督教美国监理会传教士林乐知于 1881 年创办的上海中西书院就将学生每日要进行的各主要活动都囊括到钟点之中：学生每天上午八点钟聚集、点名，恭读《圣经》后开始正式学习；中午十二点午饭，略微休息后，下午一时半再入院学习，到四点钟仍以点名结束全天的学习。[⑤] 1879 年，在美国天主教圣公会创办的圣约翰书院中，学生的作息时间被划分得更为详细，几乎所有学生生活都没有逃

---

① 《广州同文馆章程》，载朱有瓛编《中国近代学制史料》第一辑上册，华东师范大学出版社 1983 年版，第 260—261、271—272 页。

② 《京师大学堂规条》，载陈学恂编《中国近代教育史教学参考资料》上册，人民教育出版社 1986 年版，第 450 页。

③ 《光绪二十四年以前的同文馆章程》，载陈学恂编《中国近代教育史教学参考资料》上册，人民教育出版社 1986 年版，第 33 页。

④ 《浏阳算学馆经常章程五条》，载陈学恂编《中国近代教育史教学参考资料》上册，人民教育出版社 1986 年版，第 368 页。

⑤ 林乐知：《中西书院课程规条》，载李天纲编校《万国公报文选》，生活·读书·新知三联书店 1998 年版，第 496—498 页。

离被时间切割的命运，徐善祥曾回忆称：“在校学生清晨六点半闻钟即起，至楼下盥洗后，七时入操场，做半小时集体体操，八时聚集，点名早祷，八时半早餐，九时上课，午十二时午餐，下午一时上课，四时下课。……下午六时晚餐，七时至九时温习自修，九时半均须熄灯就寝。”①

很快，本土新式学校也匆匆赶上了教会学校的时间脚步。1901 年，行伍出身、注重效率的袁世凯在创办山东大学堂章程中便严格规定了学生作息，“夏季早五点半鸣钟一次，学生晨兴，预备本日功课；早中晚膳，分午前七点半钟、午后十二点半钟及六点半钟，各鸣钟一次，预备用膳；晚九点钟又鸣钟一次，概行停课，预备休息。冬季早六点钟鸣钟一次，学生晨兴，预备本日功课；早中晚膳，分午前七点钟、正午十二点钟、午后六点钟各鸣一次，预备用膳；晚九点半钟又鸣钟一次，概行停课，晚十点钟一律止灯就寝”。② 不仅如此，精细化的时间分割还出现在学校的休闲场所内，梁实秋在回忆清华生活时曾说道：“菊花池的东北角有个亭子，这是题中应有之义，有山有水焉能无亭无台？亭附近高处有一口钟，是园中报时之工具，每半小时敲一次，仿照一般的船上敲钟的方法，敲两下表示 1 点或 5 点或 9 点，一点半是当当、当，两点半是当当、当当、当，余类推。敲钟这份差事也不好当，每隔半个小时就去敲一次，分秒不差且风雨无阻，就像不能耽误提醒我们时间正在流逝一般。”③

伴随着学校对于时钟概念的普遍接受，更小的时间分割单位——“分钟”——开始出现。在京师大学堂法政学堂的规条中，学务检查官需要在每节课正式开讲前十分钟将点名册送到任课老师手中，开课后迟到十五分钟及以上者，将会被任课教师记录在册，并在课程结束后送归到学务检查官处。④ “鸣钟后学员上堂不得迟至三分钟，教员不得迟至五分钟”，“下堂鸣钟，教员行后，学员方许下堂。学员笔记有尚未写讫者，亦不得

---

① 徐善祥：《“约大”的回忆》，载上海市政协文史资料委员会《上海文史资料存稿汇编·科教文卫卷》，上海古籍出版社 2001 年版，第 11 页。

② 袁世凯：《奏办山东大学堂折》，载璩鑫圭、唐良炎编《中国近代教育史资料汇编：学制演变》，上海教育出版社 2007 年版，第 49 页。

③ 梁实秋：《忆清华》，载钟叔河、朱纯编《过去的大学》，同心出版社 2011 年版，第 326—339 页。

④ 沈家本：《修律大臣订定法律学堂章程》，载潘懋元、刘海峰编《中国近代教育史资料汇编：高等教育》，上海教育出版社 2007 年版，第 143—144 页。

迟至五分钟后始下堂”。[①] 在这里，学校时间的切分单位越来越小，学生的行为与活动也被划分得越来越细，学校管理中的控制精度也越来越高，就像米歇尔·福柯的论述一样，“时间单位分得越细，人们就越容易通过监视和部署其内在因素来划分时间，越能加快一项运作，至少可以根据一种最佳速度来调节运作，由此产生了这种对每个行动的时间控制”[②]。

（三）校园钟表的控制

除了文字章程的规定外，钟表的流行更赋予钟点概念更为直观的表达方式。产生于西方世界的钟表早在明朝末年便已输入中国，不过直到乾嘉之前，它一直都只是作为一种稀有、昂贵的洋玩意儿流通于上层社会中，其实际的应用价值并未得到彰显与发挥。直到同光年间，伴随着大量外贸商品的不断进口，钟表才摆脱“玩物”的认知心态，成为平常百姓家的时间表征工具，学校时间的表达方式也随之物化。作为近代中国高等教育的开端，标榜“西学体用”的北洋大学首先将钟表纳入到校园之中。1903年，在总教习丁家立的设计之下，北洋大学的教学楼顶部开始出现了钟楼（见图2—1），尽管此举多是丁家立个人对于创建“东方康奈尔”的建筑模仿，但却使珍惜时间的校园文化开始具备了固定、具体的形态。同样，圣约翰大学的标志性建筑怀施堂的顶部也是一个巨大的钟楼（见图2—2），作为圣约翰大学的地理制高点与中心地标，怀施堂钟楼的设计不仅仅是宗教祈祷活动的需要，更是培养注重时间、尊重生命绅士教育目的的一种体现。与以上两所学校将时钟作为一种外部布置不同，顺德女子纺织讲习所将其纳入到教室的内部环境中，时钟在室内被安置于教室较为明显的位置上，似一种高高在上的监督者，审视着教师与学生的一切活动（见图2—3）。

钟表在校园内的出现有何意义呢？作为一种物化的时间表达，时钟在学校中的出现使得空间控制与时间控制相遇了。福柯认为，与时间一样，空间安排也是确立规训权力的重要手段，封闭空间内的“全景敞视主义”

---

① 沈家本：《修律大臣订定法律学堂章程》，载潘懋元、刘海峰编《中国近代教育史资料汇编：高等教育》，上海教育出版社2007年版，第147—148页。

② ［英］齐格蒙特·鲍曼、蒂姆·梅：《社会学之思》，李康译，社会科学文献出版社2010年版，第116页。

图 2—1 北洋大学堂钟楼①

图 2—2 上海圣约翰大学怀施堂②

图 2—3 顺德女子纺织讲习所布局③

设计是完成权力控制的有效布局，而这种布局的核心因素便是环形的封闭建筑与位于中心位置的瞭望塔：通过瞭望塔内的观察，封闭空间内的所有活动都被一览无余，而封闭空间内的人也时时受到瞭望塔的监视。按照这种观点，在一定程度上，校园内的钟楼或教室内的钟表便起到了中心瞭望塔的作用，处于制高点位置上的钟表时刻关注、操纵着学生的一切活动，使每一个人都被嵌入到无微不至的监视机制中，而学生也借鉴钟表所指示的时间来自觉安排自己的行为，从而使集体获得有效的秩序。可见，表征

① 左森、胡如光:《回忆北洋大学》，天津大学出版社 1989 年版，第 6 页。

② 熊月之、周武主编:《圣约翰大学校史》，上海人民出版社 2009 年版，第 265 页。

③ 《时事月报》1908 年第 13 期。

学校时间的钟表不仅仅是一种简单的计时工具，更是作为一种监视、控制学生行为的规训手段存在着。

第四节 请假制度:学校时间的边界控制

“惜时”一直是儒家文化中的固有主题，“子在川上曰：逝者如斯夫，不舍昼夜”，孔子的感叹将时间的易逝与人生的短暂联系在一起，既表现出对时间流动的咏叹，也饱含着要珍惜生命的劝导。那么，“惜时”是通过何种行为来实现的呢？“勤学”便是这个问题的答案，“生来不读半行书，只把黄金买身贵。少年安得长少年？海波尚变为桑田”。[①] 李贺的诗歌在提醒人们时光易老的同时，也将“勤学”树立为完善生命的一种追求。在传统文化中，“勤学”的最终目的多指向个人自我价值的实现，“立德、立功、立言”的修身途径也只是为了在漫长而又短暂的人生中获得个人的口碑、门庭的荣耀与祖宗的彰显。但是，近代以来，“惜时”的精神内涵开始由个人的意愿走向集体的追求，提高生产效率与增加社会责任成为“惜时”观念的应有之义，“十年寒窗无人晓，一朝成名天下知”的过程太过漫长，高速度、高强度的效率追求则更为实际。“惜时”不再是长久的坚持，而是尽快地占有。“国难当中各校学生务宜努力读书，以造成国家有用之人才，抵达教育救国之目的”[②]，当这种急切的社会心态映射到教育领域中时，延长学生在校时间、减少学生请假次数便成为一种自然而然的选择。

一 请假理由的约束

在急需新式人才的社会语境中，教育内容获得了革命式的翻新，为快速吸收这些大量涌进新式学堂中的西方新学，学生请假外出、荒废学业的情形遭到严厉的批判与完全的杜绝。晚清学堂对学生的请假理由进行了严格的控制，除例假外，非有重大事故不得请假，即使是重大事故请假，请假时间的长短也会有着明确的限制。

---

① 王琦、姚文燮等:《李贺诗歌集注》，上海人民出版社 1977 年版，第 351—352 页。

② 《限制各校放假》，《福建教育厅周刊》1932 年第 109 期。

所谓重大事故，即与侍祖有关的服丧、与承祧有关的完婚、与健康有关的重病三项。“亲丧与疾病二者，我国旧俗，亲丧有守七之说，然学业所以繁，中辍可虞，即稍变通于事，无妨正不必拘虚文而蒙实害也，至于疾病之来，恒由于起居饮食之不慎，如平时忽于卫生致不免为疾病所困，则其暂时修养自不容已；婚姻为完善家庭之必须，为学生成人之标志，既与血脉相连，亦为人生之大事也”[①]，因此，此三项请假理由在晚清学校章程中出现的频率最高，几乎成为所有学校的定式。同文馆章程中，学生“丁艰”不但不需大考便可请假百天，还被支付回乡的路费银两；相比之下，“完姻”的待遇要差一些，仅给假四十天，并“不予川资”，由此以示更重孝道。同时，重病者也给予照顾，“无故不到者，均逐日扣罚膏火，惟患病一节不能不少事通融，以示体恤。嗣后各学生如有患病者，应以假期两个月为限，但不得藉词就医，托故外出”。[②] 这样的规定虽有人情上的关怀，但也稍显局限苛刻。一些请假理由虽不在“重大事故”的范畴之内，但仍获得准许，应试便是“服丧、结婚、重病”之外极为正当的请假理由，同文馆同样规定，“遇会试年份，学生有愿应试者，准给假一个月，均不扣除膏火钱”。[③] 可见，此时的请假理由虽然有设定，但实际的操作依然具有一定程度的灵活性。

请假制度的灵活性也成为某些学生争取休假的有利时机。1880 年，同文馆堂谕中曾有诸多学生生病请假的记录，但事后核实，其中真正生病者“百仅一二”，大多为身居官职者趁机外出应酬的借口。[④] 除托病请假的情形外，“官假”也成为请假理由的“通融”结果。1895 年，一些在朝中担任职务的同文馆学生向管理者提出，学校每月只给官假二天的规定实在难以应酬繁忙的公务，据此要求延长放假时间，每月给官假四天。[⑤] 此请求虽然获得批准，但却引起其他学生的纷纷效仿，同文馆学务很快意

① 约龛:《学生告假问题》,《教育杂志》1910 年第 12 期。

② 《光绪二十四年以前的同文馆章程》，载陈学恂编《中国近代教育史教学参考资料》上册，人民教育出版社 1986 年版，第 33 页。

③ 同上。

④ 《京师同文馆历年堂谕》，载朱有瓛编《中国近代学制史料》第一辑上册，华东师范大学出版社 1983 年版，第 138 页。

⑤ 同上。

识到此问题的严重性，便在堂谕中对此行为进行严厉矫正，“嗣后如有托故告假者，致旷馆课者，一经查出，立即除名”。①

随后，全国各级新式学堂的请假制度纷纷严格起来，即使以“重大事故”作为请假理由，其请假时间也都被缩短。在杭州府中学堂，原来重大事故的百日请假时间被缩短掉三分之二，“三年丧，学生给假一月，无庸扣算分数……婚娶，先经订定不能缓期者，学生给假十日……疾病给假自一日至一月为限，逾此则扣本学期总平均分数五分”。② 在日益严格的请假管理中，不但休假时间被大幅缩短，逾期不予销假的惩罚措施也由劝告、扣分、罚金，发展到留级与驱逐出堂的地步。在新式教育的实施重镇湖北，学堂请假规定更为严苛，两湖矿业学堂规定，即使是因亲丧、重病等以重大原因请假的最长时间也不得超过两天，且要上报学堂斋长判定通行者方可获假。③ 浏阳算学馆同样印证了这一点，从宽给假的时间也不会超过一个月的时间，“疾病或重大事故，给假自应从宽，然亦以一个月为限”。④ 可见，随着民族危机愈演愈烈，近代教育的请假控制也更为各式学堂中日益严密的一个环节了。

二 请假流程的管理

与请假理由的限制一致，请假流程同样处在严密的制约之下，“书面申请—获得准许—领取假票—回校销假”这四个环节中的每一环节都会以各种方式进行完整的记录，从而实现请假严格的流程管理。

签到与点名是监督考勤最常见的方法。在京师同文馆，住宿生必须每天辰时三刻（约七点四十五分）聚集签到，迟到者会被老师记录在考勤簿上并扣罚学金；不在馆内住宿的学生，虽签到时间灵活伸缩（春分起早十点，秋分起早九点）以给予照顾，但每日也要在学务提调的监督下当面画到，迟到者亦扣除学金；随后补签或请他人代签者，与迟到者同，

---

① 《京师同文馆历年堂谕》，载朱有瓛编《中国近代学制史料》第一辑上册，华东师范大学出版社1983年版，第139页。

② 浙江杭州府中学堂编：《浙江杭州府中学堂章程》，清光绪（1875—1908）铅印本。

③ 两湖矿业学堂编：《两湖矿业学堂章程》，清宣统（1909—1911）木活字本。

④ 《浏阳算学馆经常章程五条》，载陈学恂编《中国近代教育史教学参考资料》上册，人民教育出版社1986年版，第368页。

须同样扣除学金。[①] 点名也在各学堂中广泛地存在着，甚至延伸到学生休息的时空之中，即使是周六日的寝室与餐厅也成为学生接受点名的场所，“师范男生指导部自校务联席会议议决限制学生请假离校办法后，即首先遵照实施，每星期六晚及星期日中午，均由该部主任躬亲在寝室及膳厅点名，多数学生均能遵循约束，不敢擅离”。[②]

专门记录师生考勤情况的各类工具也开始逐渐出现。京师法律学堂设“旷课簿”，点名未应者以迟到论，于开课前十五分钟未到课堂者以旷课论，迟到与旷课者之姓名便会被记录到旷课簿内；满三次旷课者，便又会被记录到学监手中的“记过表”中；至年终时，“旷课簿”与“记过表”均会送交学务监督与教务提调手中，成为评价学生品行的参考。[③] 浏阳算学馆中的“日记簿”不但记录学生的上课出席情况，还会将学生的访客姓名记录下来，“平时不许出馆，遇有事故，须往总理处请假，仍自行将请假日期载入日记簿内。凡有宾客往来，以致耽误功夫若干时，均一体载入。若假期有数日之久，或不能预订者，即将日记簿交呈总理，由总理逐日填写旷废字样”。[④] 标明学生身份的“名牌”也同样被广泛地应用到学堂请假制度中：湖南明德学堂规定，“堂中生徒如须外出，必须去管理处说明缘由，领取名牌，于号房内挂号，将牌悬置外出挂牌处。归时自取此牌，交呈管理”。[⑤] 北洋师范学堂则要求学生须到学监处完成签名并上交名牌后方可离校，返回时再销掉请假签名，换回名牌；[⑥] 而在上海圣约翰大学中，名牌被请假券取代，“告假者必须持有请假券方可离校，回校时，须持原请假券到办公处进行销假”。[⑦]

---

① 《光绪二十四年以前的同文馆章程》，载陈学恂编《中国近代教育史教学参考资料》上册，人民教育出版社 1986 年版，第 33 页。

② 《师范限制男生请假及扩充娱乐部设备》，《集美周刊》1935 年第 17 卷第 5 期。

③ 沈家本：《修律大臣订定法律学堂章程》，载陈学恂编《中国近代教育史教学参考资料》上册，人民教育出版社 1986 年版，第 321 页。

④ 《浏阳算学馆经常章程五条》，载陈学恂编《中国近代教育史教学参考资料》上册，人民教育出版社 1986 年版，第 368 页。

⑤ 《湖南明德学堂规则》，载李桂林、戚名琇、钱曼倩编《中国近代教育史资料汇编：普通教育》，上海教育出版社 2007 年版，第 388 页。

⑥ 十洲古籍书画社编：《中国近代教育史资料汇编》（晚清卷），全国图书馆文献缩微复制中心 2006 年版，第 1985 页。

⑦ 熊月之、周武主编：《圣约翰大学校史》，上海人民出版社 2009 年版，第 25—26 页。

除学生与学校外，第三方担保也是请假制度中较为常见的管理方法，担保人的范围包括学生父母、法定监护人、宿舍成员、斋务长与学监等。其中，与学生关系最为紧密的父母或其他亲属、监护人充当担保人的情况最多：山东大学堂规定，“业精于勤，学生无事不准请假。如实有紧要大故，应由其父兄家属具函陈明，经总教习核准，交由监督发给假单，单内注明期限，届期即须销假回堂”；[①] 清华学校规定，“请假时必须由父兄或保证人先行直接致书本校斋务处，确实紧要之事由，方可照准”。[②] 宿舍成员充当担保人的情况虽不多见，但更有代表意义。复旦大学仿照明清人口管理的方式在学生生活中施行保甲制度，每间宿舍推选一名代表，由其向学校负责并保证宿舍的基本秩序；再由这些舍长中推选出一名宿舍楼长，由他代表住宿学生与校方进行交涉；如遇学生请假外出，则需要舍长与楼长向学校进行共同担保。[③] 在学校管理者方面，斋务长与学监在学生请假制度中承担重要角色，其责任包括：发放、收回学生出入学校时所携带名牌，判断学生是否具备请假资格，控制学生请假时间，告知家长学生请假情况等，北洋师范学堂、河南政法学堂、北京高等师范、金陵大学等校在将以上权力赋予斋务长与学监的同时，也将其视作学生外出的担保人，一旦出现意外，学生、学监和斋务长均将受到一定的惩罚。

其他的时间管理方法也被应用到请假制度中。北京高等师范施行“稽查法”，规定：“每晚学生自习下课，学生就该管区，偕本区事务员稽查火烛，督促夫役洒扫，将门窗关闭，由事务员掌取钥匙，并将现状填写查视报告簿，每日送校长及主任核实。又学生下自习归寝室后，约三十分钟即须熄灯。唯私自燃烛，及炉火未净亦事之所或有。故学监于学生就寝后，须再次稽查一次或两次。”[④] 浦东中学利用“座位检阅法”进行学生缺勤情况进行检查，“教师检查学生缺席不用旧式点名表点名报到，仅凭各学堂教室座位表检阅，如发现有人缺席即将缺席者学号填入教务处所发

---

① 袁世凯：《奏办山东大学堂折》，载璩鑫圭、唐良炎编《中国近代教育史资料汇编：学制演变》，上海教育出版社 2007 年版，第 51 页。

② 庄俞：《参观清华学校记略》，《教育杂志》1914 年第 6 卷第 5 期。

③ ［美］叶文心：《民国时期大学校园文化（1919—1937）》，冯夏根、胡少诚、田嵩燕译，中国人民大学出版社 2012 年版，第 211 页。

④ 陈明远：《那时的大学》，山西人民出版社 2011 年版，第 57 页。

之缺席报告单，退课后将该单撕下投诸教务处，按日统计并每星期将缺席生姓名及所缺课程名分别公布，借以示警教师于检查缺席必须将缺席学生学号朗诵一遍，若有错误，学生当场声明，事后不得向教务处请求更正”。[①] 在各式各样的请假管理方法中，学生的在校时间得到有效的保障，学习时间也相对获得了延长，这是时代亟须培养高质量人才的应然表现。

三 请假制度中的奖惩方式

除规定请假理由与控制请假环节的管理手段外，一系列奖惩规则的设立同样作用于学校时间的管理。增加或扣除膏火膳银（补助）是晚清学堂中最为一般的奖惩方式，京师同文馆规定，一月内有一日缺课者，除三日膏火膳银；三日缺课者，停月银一次；[②] 江宁江南储才学堂则将受罚学生的罚金用来奖励全勤的学生，凡无故旷课或假期到限不归者，扣除日膳银一次，而所扣的膳银会在年末用来奖励那些出勤情况良好的学生。口头的嘉奖与批评也是最为简便的奖惩方式，北洋师范学堂要求教师对那些在学校规定例假之外没有请假的学生给予口头的奖励，而对“假出逾限”者则要在全班学生面前进行严格的批评。[③] 在一些学校中，请假的多寡则与学生年终的道德考评成绩挂钩，高等师范附中“每学期终计其旷课时间多寡酌减其操行成绩，除施此惩罚外并制各种勤字奖章及褒奖状，给与一年或数年中无缺席迟到之学生，以提倡其勤学，使自知勉励”。[④]

相比于以上相对缓和的奖罚方式，一些学校的惩罚则相对严厉。五四时期的北京大学浮躁不安，学校的学生管理在此时期相对严格，对无故不到校上课的学生给予开除、退学等严苛的惩罚方式，并将受罚学生的姓名公开于众，“本校规程第六章第四十六条第五项之规定，每学期开课起缺

① 《学生缺席请假办法》，《上海浦东中学校刊》1926 年 6 月。

② 《光绪二十四年以前的同文馆章程》，载陈学恂编《中国近代教育史教学参考资料》上册，人民教育出版社 1986 年版，第 34 页。

③ 十洲古籍书画社编：《中国近代教育史资料汇编》（晚清卷），全国图书馆文献缩微复制中心 2006 年版，第 2006—2009 页。

④ 《高等师范附中概况》，载朱有瓛编《中国近代学制史料》第三辑上册，华东师范大学出版社 1990 年版，第 479 页。

席二十小时以上者应勒令退学，缺席四十小时者应强制开除，兹将退学、开学之学生姓名公布于报，以示惩戒”。[①] 军校的时间控制更为严格，请假到期不销假者将由学校通告陆军部给予开除处理，并要求其他各军事机关或军事学校对此学生施以永不录用的严厉惩罚，“为通告事陆军第一预备学校学生许兆第，直隶宁河县人，现因请假逾期限开除，应查照向章，通告各军事机关勿给予录用，特此通告”，“为通告陆军第一预备学校学生张粤云，河南卫辉县人，现因请假逾限十日开除；学生耿青远，山西崎氏县人，现因星期出校逾十一日不回，开除，自应照章通告各军事机关勿予录用，特此通告”。[②] 在这些亦褒亦贬、亦宽亦严的奖惩方式中，请假制度的实施使得学生在细密而强制的时间管理中被钉置于在学校场域内，从而产生遵行与服从、整齐与划一的纪律效果。

第五节 乡村学校的模糊时间：对于精细学校时间的抵制

尽管新式学堂似在一夜之间纷纷建立，但传统教育载体的影响仍不容小觑。费正清在《剑桥中国晚清史（1800—1911）》中曾经这样估算近代中国旧式书院的数量：到 19 世纪末 20 世纪初，中国尚有旧式书院两千余所，在院人数十五万人。而到 1909 年，新式书院只有七百余所，学生人数是七万人左右。[③] 且不论费正清的数字统计是否精确，但考量到中国土地上广袤的农村地区，旧式书院的势力始终不可轻视。除数量上的优势外，民众的认可与思维惯性也为旧式书院的存续提供了土壤，容中逵在对颐村学校进行的历史人类学观察中说：“尽管道县于光绪二十八年将玉城书院改为新式高等小学堂，民国元年下令将各学堂改为学校，但颐村并未设立新式意义上的学堂或学校，读私塾之风仍然很盛。举凡入新式学堂读书者，无不先是读了私塾再上学校的，有的甚至在新式学堂毕业后仍返读

---

① 《通告》，《北京大学日刊》1918 年第 242 期。

② 《陆军部通告》（中华民国三年九月二十二日、二十三日），《政府公报》总第四十册。

③ ［日］市古宙三：《1901—1911 年的政治和制度的改革》，载［美］费正清、刘广京《剑桥中国晚清史（1800—1911）》下卷，中国社会科学出版社 2007 年版，第 372 页。

私塾的，上了私塾四年之久的乃旷公（1925 年生）在访谈中说：‘到县城濂溪中学读书前，我在家都已读了四年私塾，后来毕了业，我又回来读了两年，我父亲说，不能忘记私塾的教育，因为啥时候都不能忘本呀！’”①可见，脱胎于农业社会的旧式学校由于与乡间民众生活有着更为明显的契合而被认为是上学之“本”，这种与生俱来的优势是由政府主导力量强制推行的新式学校无法比拟的，正所谓“洋学在政府的政令下挣扎维持着，私塾则在百姓们的烘托里枝叶丛生”。② 况且，近代政府的执行能力始终难以用“强大”来形容，在“大农村，小政府”的近代中国话语中，旧式学堂始终以一种富有力量的抵制者姿态与新式学堂比肩而立，这一点也明显地表现在对于学校时间的管理上。

一 乡间学校对学期制度的抵制

当民国初年召开的临时教育会议的参会者们就学年与学期问题进行精心且深入的讨论时，当孙科在国民党四届五中全会上提出延长学年的提议时，乡村学校始终行走在旧有的时间轨道上，乡学中的塾师依然“自清晨而日暮，时与小儿画虎涂鸦，时与高材生讲经论史，丹黄影本，辨别之无，心目交瘁，刻靡暇晷”，③ 时间的流动依然如此缓慢、连绵，甚至是停滞不前的，在此背景下，在乡村私塾中推行新式时间倡导下的学期与学年制度必然会遇到极大的挫折，再加之基层政府执行效率的低下，这几乎成为一项不可完成的任务。

官方一直推行的以西方现代时间作为标准的学期与学年制度自然会在中国农村产生水土不服的状况，两者的互不适应造成了新式学校时间与乡村私塾之间的主要矛盾。“村中上学的学生大多是十二岁左右的孩子，已经到了可以从事农事的年龄，在农事活动的日历中有两段空闲的时间，即阳历一月到四月和七月到九月，但在这段时间里，学校却停学放假；等到了人们忙于蚕丝业或从事农作的时候，学校却又开学上课了。”④ 所以，

---

① 容中逵：《百年中国乡村学校教学变迁的历史轨迹——基于颐村教育学校变迁的历史人类学考察》，《华东师范大学学报》（教育科学版）2013 年第 3 期。

② 廖泰初：《动变中的中国农村教育》，燕京大学，1936 年，第 3 页。

③ 稼畦：《改良私塾之意见》，《中华教育界》1915 年第 4 卷第 10 期。

④ 费孝通：《江村经济——中国农民的生活》，商务印书馆 2001 年版，第 51 页。

大部分的乡间学校依然沿用固有的时间安排，即以春节、端午节、中秋节为界点将全年的授课时间分为三个学期，平时初一、十五放假，湖北黄陂、汉阳县等地的私塾都依此律进行。[①] 河北定县的教育现状同样印证了城乡学校时间安排之间的矛盾，按照李景汉等人调查，在定县62所小学均有“春假”和“麦假”，学生们在这两个假期中都会帮助家里承担播种与收获的农活，这是城市小学中所没有的假期；而在城市小学中普遍设置、为期最长的暑假，在这些乡村学校中却相对没有那么重要。[②] 正是在学校与农忙的矛盾中，新式时间在乡村教育的推行中遇到严重的抵制。

二　乡间学校对星期与钟点的抵制

星期制度在乡间学校中同样遇挫。尽管政府与教会在新式学校中以“星期”为手段而建立起了一种统一性的教化时间，但这种结果并未在农村地区获得很大的收效。大体来看，星期制度在近代社会的推行仍然处在一个“非常紊乱不一的状况中，对于农民和靠潮汐维持生活的沿海渔民而言，‘星期’甚至根本就不是一个有意义的词汇”。[③] 同样，“星期”对于乡间学校来说也是陌生的，蒋梦麟在其回忆录中称：“老师根本不知道什么叫礼拜天，我们更是不知道了，只是每逢阴历初一、十五，我们就有半天假放。碰到节庆，倒也全天放假。”[④] 同样，位于晚清教育改革中枢地区的北京宛平县也依然行走在旧有的农时轨道上，其辖区内的黄土店村小学校，全体师生一年的休息时间大概100天，其中秋假由农历七月十五到八月十五，农假（也称“麦假”）由农历四月二十至五月初九，传统年假由腊月二十至正月二十，而余下的十六天假期也并非七日一次的固定休息，而多与村内的公共活动相结合，如庙会、祭祀等。[⑤] 除了这些对“星期”毫无概念的情况外，一些开明的乡间教师虽然了解“星期”为何物，

---

① 《黄陂县教育志》，武汉工业大学出版社1990年版，第42页；田梅村：《蔡甸镇的私塾学堂》，《汉阳县文史资料》1991年12月第6辑。

② 李景汉：《定县社会概况调查》，上海世纪出版集团2006年版，第207页。

③ 黄金麟：《历史·身体·国家——近代中国的身体形成（1895—1937）》，新星出版社2006年版，第156页。

④ 《西潮与新潮：蒋梦麟回忆录》，东方出版社2006年版，第39页。

⑤ 万树庸：《黄土店村社会调查》，载李文海《民国时期社会调查丛编·乡村社会卷》，福建教育出版社2005年版，第87页。

但也公开反对将这种时间方式安排到自己的授课中。陶钝在回忆自己少年时代于济南观海小学的启蒙老师王师傅时曾如是说：“他不是顽固保守的人……但也认为学校里不读圣贤书、只习西洋文字不是正道……而六天学习，一天休息（的教学方式）会让学生忘掉先前所学内容，也难以称得上是一个好办法。”①

在更为细化的时间单位中，“时”“分”“秒”的概念似乎更与乡村教育无缘。蒋村处于一南方小镇之中，由于距离上海较近，是“西洋的潮流较早冲击着的地区”，但即使是在这样一个相对开放的南方小镇，到20世纪初，人们对于“钟表”仍然十分陌生，陌生产生畏惧，蒋梦麟回忆称：“一个夏天的傍晚，一位临时雇工气喘如牛地从我父亲的书房里跑了出来。他说在书房里听到一阵叮当的声音，但是房里找不到人影。他说那一定是鬼在作怪。后来一追究，原来是时钟在报时。……时钟实际上并无必要，因为在乡村里，时间算得再准也没有用处。早两三个钟头，迟两三个钟头又有什么关系？乡下人计时间是以天和月做单位的，并不以分成小时来计算。”② 在这样的整体背景中，学校对于时间的概念固然也是模糊的。“教馆先生从清晨到薄暮都端端正正地坐在学堂的最高处，学生们自然也就不敢乱蹦乱跳。那时候时钟是很难见到的，私塾里当然没有钟。冬天白昼比较短，天黑后我们就点起菜油灯，在昏暗的灯光下念书，时间是靠日晷来计算的。碰到阴天或下雨，那就只好乱猜了。猜错一两个小时是常事，好在书是个别教授的，猜错个把钟头也无所谓。”③ “我高声朗诵着不知所云的课文，一遍又一遍地念得烂熟。等到太阳不偏不倚地照到我们的头上时，我们知道那是正午了。先生让我们回家吃午饭，吃过饭我马上回到塾中继续念那课同样的书，一直到日落山才散学。一日又一日地过去，课程却一成不变。一本书念完了之后，接着又是一本不知所云的书。接受训练的只是记忆力和耐心。”④ 到20年代，在北京读小学的梁实秋与蒋梦麟的读书情况极为相似，“塾中有一座大钟，每天下午鸣钟四下就放

① 陶钝：《一个知识分子的自述》，山东人民出版社1998年版，第11页。

② 《西潮与新潮：蒋梦麟回忆录》，东方出版社2006年版，第50页。

③ 同上书，第37页。

④ 同上书，第38页。

学，我们时常暗自把时针向前拨快十来分钟。老师渐渐觉得座钟不大可靠，便利用太阳光照在窗纸上的阴影用朱笔画一条直线，阴影没移到线上是不放学的。日久季节变换阴影的位置也跟着移动，朱笔线也就一条条的增加。二姊想了各办法，趁老师不在屋里替他加上一条线，果然我们便提早放学了”。①

如果这些私人的回忆尚存缺少权威的代表性，那么官方的学校访查似乎更能有效地说明这个问题。1908 年，李搢荣奉学部命令在天津武清县历时三月进行学堂访查，在其完成的《调查武清县东北两路各学堂报告》中，学校时间的安排依然是模糊的：

查孝力初等小学堂情形：该学堂设立慈航寺内。……学生十四人，终日叫嗥书著；

查小营村初等小学堂情形：该学堂设在真武庙内。……学生二十人……尚皆安静，诚朴木讷，终日读书而为察休息；

查杨村两等小学堂情形：该学堂用河东旧有义塾地址。……学生每早六点即来，晚七点始散，仅午饭间休息。②

即使是在较为先进的东南地区，情况依然没有太大改观，视学官员在巡视浙江浦江县公立培贤初等小学时评价此堂：“规模简略，讲堂北向。……（学堂内）并无计时钟表，未能遵照定章教授，半沿从前训蒙性质。”③ 可见，无论是毗邻京都的北方地区，还是归属江浙的南方地区；无论是规模较大的新式学校，还是区区数人的旧式私塾；无论是由接受过师范教育的学生担任教员，还是入暮老人担任的塾师，乡间的学校时间都是模糊的。虽然武清与北京的地理距离十分相近，但其对于时间转变的感触，似乎仍然被传统与惯习所屏蔽，这无疑表明新式时间在乡村中的推行是迟钝、缓慢的。

在这样模糊的时间概念中，学生们的课余活动也是十分舒适、闲散的，看不到“紧张”二字的影子，也寻不到“控制”二字的影响。1918

① 梁实秋：《我在小学》，载《梁实秋自传》，江苏文艺出版社 1997 年版，第 16 页。

② 李搢荣：《调查武清县东北两路各学堂报告》，载李桂林、戚名琇、钱曼倩编《中国近代教育史资料汇编：普通教育》，上海教育出版社 2007 年版，第 136—141 页。

③ 《金华府浦江县各学堂调查表》，《浙江教育官报》1909 年第 12 期。

年，14岁的丁玲在桃源省立第二女子师范学校中学部就读，她“常常在楼上寝室的窗口一站半天，从疏疏密密的树影中看沅江上过往的帆船，听船工唱着号子。拉纤的、撑篙的船夫都爱唱歌，那歌声伴着滔滔的江水和软软的江风飘到窗口，既觉得神往，又感到舒畅”，她“喜欢在大运动场上散步，运动场周围都是参天大树，运动场的远端还有一个分隔开了的晒衣场，学生洗的衣服也都晒在那里。几个年龄差不多的同学常在这一带，坐在分隔两个大厂子的短墙上聊天，各人讲各人家乡的故事”。[①] 同样，季羡林的小学课堂时间也常常在“神游”中度过，“上课时，不是玩小动作，就是不专心致志地听老师讲，脑袋里不知道想些什么，常常走神，斜眼看到教室外面四时风景的变化，春天繁花似锦，夏天绿柳成荫，秋天风卷落叶，冬天白雪皑皑。旧日有一首诗：‘春天不是读书天，夏天迟迟正好眠，秋有蚊虫冬有雪，收拾书包好过年’，可以作为我当时的写照”。[②] 顾颉刚在回忆自己在20世纪初的读书生活时说道：“这两年中，功课很松，由得我要怎样做就怎样做：我要读书，便自己到书铺里选着买，买了来便自己选着读；我看了报纸，便自己发挥议论；有什么地方开会，我便前去听讲；要游戏，要胡闹，要闲谈遣日，当然也随我的便。”[③] 如果说顾颉刚是在闲适、随性地进行读书生活的话，那么季羡林童年的读书生活则充满顽皮，“我同一般的调皮的小孩子一样，除非肚子真饿了，放学后往往不立即回家，在路上同一些小朋友打打闹闹，磨蹭着不肯回家。见到什么新鲜事儿，都必然挤上去围观。看到争吵打架的，就更令我们兴奋，非看个水落石出不行”。[④] 除此之外，一些更为刺激的活动也可以成为避免学校时间管理的理由，“最不可理喻的行动就是看杀人。其实，这可能是最可理喻的，因为大人们也喜欢看。……朝山街是我们上学的必经之路。有时候，看到街道两旁占满了人，就知道今天又要杀人了。我于是立即兴奋起来，早把上学的时期抛到九霄云外去了。挤在人群里，抻长了脖

① 丁玲：《桃源省立第二女子师范》，载《丁玲自传》，江苏文艺出版社1996年版，第15页。

② 季羡林：《我不喜欢念正课》，载《百岁人生笔记》（一），龙门书局2011年版，第14页。

③ 顾颉刚：《古史辨自序》上册，河北教育出版社2000年版，第28页。

④ 季羡林：《回家路上》，载《百岁人生笔记》（一），龙门书局2011年版，第19页。

子，等待着，等待着……经过了整个过程，才想起上学的事情来，走回学校，免不了受到教员的训斥。然而却绝不改悔，下一次碰到这样的事情，依然照看不误。家长也不会怪罪，他们觉得男孩子的勇气要远比读书识字来的重要得多”。①

三 抵制的背后：农业时间与世界时间的距离

尽管与资本主义经济相关联的世界时间在近代中国的乡土之中奋力前行，但依旧举步维艰，这实际上又重新返回到“新”与“旧”、“中”与“西”、“传统”与“现代”的经典问题上。无论是学年、学期，抑或是星期，还是时钟的分与秒，这些时髦的新式时间并不能获得中国乡土的青睐，以农业、农耕为生存根本的中国乡村已经深嵌于一套与之相配套的文化土壤之中，在这些土壤并未完成真正的新陈代谢之前，它怎能接受符合资本主义运行机制的时间表达方式呢？正如费孝通在《汶上县的私塾组织》的绪言中写道的那样：“教育制度的生长、存在和变化是处处和整个社会相呼应的。在一个传统的中国社会中，私塾因有长期的发展历史早已和其他社会制度搭配得很凑合，只有在这凑合里，我们才了解一个私塾真正的功能。若是不从这方面去了解私塾，而想在其他社会组织中去抄袭一个新的教育制度，强制配入中国传统组织尚强的农村社会中去，自然会发生格格不入的情形。”② 世界时间与农业时间之间的矛盾是导致新式时间制度在中国乡村水土不服的最主要原因。

以世界时间为代表的新式学校时间是西方近代化工商业文明的产物，而近代中国的乡村社会依然处在一种农耕阶段，时空之不同步本身就是一个客观存在的鸿沟，在此基础上进行的生硬移植势必是不切实际的，“我国现行之教育制度与方法，完全是工商业社会生活的产物。在国内的生产制度，仍以小农为本位，社会生产制度未变，即欲绝尘而奔，完全采用工商业社会之教育制度，捍格不入，自系应有的结果”。③ 因此，尽管国家

① 季羡林：《看杀人》，载《百岁人生笔记》（一），龙门书局2011年版，第22—23页。

② 费孝通：《写在〈汶上县的私塾组织〉前面》，《益世报》1936年8月12日。

③ 舒新城：《小学教育问题杂谈》，载吕达、刘立德编《舒新城教育论著选》，人民教育出版社2001年版，第446页。

以强大的权力意志自上而下地将工业化的新型时间照搬到乡村学校的教学活动中，但这种忽略现实情况的改革很难获得人心与成效，再加上在制度推行的过程中，无论是清政府还是民国政府都缺少切实的执行能力与财政力量来保障制度的贯彻，这使得整个近代时期的新式教育在与乡村私塾的博弈中始终处于不利地位，也造成乡村教育的总体格局始终处在一种“新旧并存，矛盾兼与，刚毁刚成、方生方死”① 的无奈状态。

以学校新式时间在乡村地区的推行为契机，我们可以看到近代中国乡村教育转型的迟滞与困难。毫无疑问，作为农业大国的中国乡村土地广袤、农村人口众多，以农为生，以农养民的现实状况是教育现代化历程中必须考虑的实际问题。但同时，对苦难中的近代中国社会，尤其是近代中国农村而言，如何摆脱内忧外患的局面并迅速走向富强独立才是一个更显急迫的历史任务，“以农立国”的观点虽然顺遂民意，却只能解决温饱，而不能强大国家。如果秉持着“存在即为合理”的观点而固守旧态，则必然影响近代中国的现代化进程，乡村既会成为现代化转型的负担，也终究会被现代化转型所抛弃。然而，与欧美诸国现代化转型的境遇不同，我国后发型教育现代化遇到的阻力和苦难更为明显。在资本主义发展较为成熟的国家中，自发型教育现代化过程是在整个社会转型基本完成，尤其是经济转型完成后才顺理成章地展开的。但在近代中国，处在上层建筑领域中的教育改革并不能获得强大经济支撑，它与整个社会的现代化转型不但同步进行，甚至带有一定的先导性质，新人才的培养与新思想的引进在近代社会的新陈代谢中无疑起到了引领的作用。因此，此时期的教育改革不是追随整体现代化进程亦步亦趋的结果，而是引领现代化进程不断向前推进的力量。所以，近代乡村的教育改革不仅不能落后，反而需要充当起农村改革推动力的角色，只有这样的教育改革才能符合社会改革的整体语境。在近代乡村学校中，新式时间的引进与推行既可当作传统与现代性的冲突表征，又可视为传统接受现代性的先行准备。在近代新学教育与旧式学校的摩擦与纠葛中，尽管乡村的反应是消极、缓慢的，但它却终于走上朦胧初醒的发蒙状态，乡村学校更在新学的冲击与旧俗的抵抗下，以接纳新式时间为代表，迈出了现代化进程中的重要一步。

① 朱英:《辛亥革命与近代中国社会变迁》，华中师范大学出版社 2011 年版，第 55 页。

第三章

“形象”的管理：社会性别建构中的女学生服饰管理

> 一部服装史所涵盖的问题，包括了原料、工艺、成本、文化性格、流行时尚与社会阶级制度等等。如果社会处在稳定停止的状态，那么服饰的变革也不会太大，惟有整个社会秩序急速变动时，穿着才会发生变化，而这种变化是与时代的呼应。①
>
> ——费尔南·布罗代尔（Fernand Braudel，1902—1985）

社会学理论认为，除自然属性外，性别还带有明显的社会属性。在此视角下，性别是受社会环境因素（如文化、习俗）制定、指定、分配、影响与塑造的产物，因此具备彰显社会权力的能力。一方面，在到目前为止的中国文化中，尽管女权运动取得了极大的进展，但社会主流文化依然是以男性意识为主体意识的文化，作为接受新式教育的近代中国女性，女学生同样难以逃脱社会文化中的建构与强化，即近代女学生的角色期待、生成、确立依然难以逃脱男性的倡导、鼓励与掣肘，这是社会性别理论的凸显；另一方面，女学生的生成与确立过程带有不可否认的主体性，在以男性文化为主导的社会意识形态对女性的性别塑造中，相当一部分新式女学生具有强烈的自觉精神，那些未被男性角色所规约的、与社会主流文化所对立的、与世俗舆论眼光反抗的元素深深地存在于这些女学生的言论与活动中，这种独立的性别信念同样是不容小觑的力量。因此，近代女性角色很难以一元的性别观念——男性主导建构或女性主导建构——来简单地

① ［法］费尔南·布罗代尔：《15至18世纪的物质文明、经济和资本主义》第1卷，顾良、施康强译，生活·读书·新知三联书店1992年版，第367页。

判定，它是在男性与女性的联盟与对抗中所树立起来的一个与权力有关的社会概念，它在不断以男性性别模式来进行自我规范的同时，也在不断解构传统社会性别对于女性角色的认知，既是一种男性意识下的或被迫或迎合的拘囿，也是一个女性意识下或改造或主动的营造。而服装，则是这一复杂角色形成过程更为直观的展示。

第一节　谁在塑造？近代女性角色期待之生成

中国女权运动从女性身体与思想的解放开始，废缠足、兴女学是其主要的标志。在这场运动中，一方面，女性是强大的，她们在获取国家公权与个人私权的运动中，打破传统儒家文化“从父、从夫、从子”的规训，从而摆脱附庸于男性的卑贱地位，获得独立的身份；另一方面，女性又是柔弱的，近代女性远远没有具备引领世界女权运动的西方女性所具有的相对成熟的心理与生理条件，更没有适当的前辈指引来完成参与这场时代运动的准备，因此，她们需要依靠男性的力量来进行救赎的起步工作。这种既与男性不断决裂，又与男性不断亲和的语境体现出近代女性获得角色期待的复杂过程。

一　男性塑造下的女性角色

近代女权运动的勃兴，既是民众启蒙的应有环节，也是国家建设的必然维度。与此时期众多新思想一样，女权思想也是西学东渐的结果，西方传教士通过传播教义、兴办女学、开创医院、建设团体等方式来传播男女平等的思想，虽然这与他们企图利用女性相对无知、软弱的特征来达到其传教的目的密切相关，但却也在客观上促进了中国女权思想的发展，成为女权运动在近代中国不断发展、深入、成熟的思想源头。

国内知识精英对西方女性思想的翻译与介绍掀起了中国近代的女权思潮，19 世纪末，维新改良派在与西方人的接触与碰撞中了解到“天赋人权”的观念，并借此来体会、观察、剖析近代中国的妇女问题，从而将初具理论特征的性别平等思想带入中国。但是，这些关于女权运动的理论引进颇为零散，直到马君武的女权译文工作完成后，中国女权思潮的本土化理论准备才得以完成。1902 年 11 月，马氏立足于“自然法权”与“进化论”的观点翻译出版了斯宾塞的《女权篇》，成为最早明确阐述男女应共享自由、平等、权力的理论著作。半年后，他又在《新民丛报》上发表了《女权说》，认为女子应该享有监督与组织政府之权、出任政府官员之权等公共权力。俄国革命时期，马君武及时地将社会主义理论中的女权思想进行了归纳与总结，以第二国际第二次代表大会所通过的行动纲领中有关发展女权的条文为蓝本，整理并出版了《女权宣言书》，从而打破了中国女权思潮里“西风一统天下”的局面，这种摆脱日本二手译文、直接接触西方女权理论的影响是不言而喻的。

1903 年，国人终于突破了西方理论的屏障，在分析本土国情的基础上出版了第一部系统阐述女学的专著——《女界钟》，其贡献主要表现在以下两点：一是结合中国妇女的情况，指出与西方女权运动的个人化特征不同，社会集体性是中国女权行动的最大特点。二是指出中国近代女权运动的发展方向在于革命化，女权运动理应完成与社会革命、民族革命的结合，“性别女权主义”需要转向“民族/国家女权主义”。应该说，以上两点自近代女权思潮兴起时便以一种朦胧的状态孕育着，可谓近代一般启蒙志士的集体心愿，但直到《女界钟》的出现，这种想法才得到了较为系统的汇总和提升，使中国的女权理论得到了“质”的飞跃，因此有学者认为，《女界钟》“为沉沉黑暗的中国女学指出了一条光明之路”。① 尽管笔者仅仅以马君武和金天翮两人的译著工作为例，但仍然可以看到这样一种明显的事实：在中国女权思潮的起步与宣传中，与女性对立的、握有社会资源与权力的男性知识精英充当了引领者与主持人的角色，在这样一个“鸠占鹊巢”“反客为主”的女性塑造的过程中，男性抱有怎样的情绪？这是研究者在讨论近代女性时不能也不可回避的重要问题。

“过度政治焦虑”是北京师范大学美学教授王一川在分析晚清知识分子面对国内混乱政治改革情况时所抱有的一种普遍性心态，它是指“基于权力集团利益而生成的极度膨胀或充溢的内心紧张、恐惧或担忧状态。

① 熊月之:《女界钟·导言》，载金天翮《女界钟》，陈雁编校，上海古籍出版社 2003 年版，第 6 页。

它不是仅仅属于个人的，而往往代表某一集团（阶层、阶级、民族、团体等）的共同利益”。[①] 过量政治焦虑的存在使得寻求外在释放成为男性的必然行为。就近代中国破落、混乱的时局而言，男性精英的政治情怀既无法在国内寻求到一个安稳的环境来施展自身的抱负，也无法在国际舞台中找到合适的位置来完成为国争光的理想。在颠沛流离的境遇中，男性亟须寻求其他途径与出口来发泄阻塞的情绪，塑造新式女性便是其中的一种，男性将无法达到却又极度向往的理想人格融入新女性的角色期待中。对于这种发泄方式，女性是抵触的，因为她们不愿使自己生存于男性的光环下；同时，女性又是依赖的，因为她们无法单纯凭借自身的力量完成自我的塑造与救赎。因此，在两性相互抵抗与相互建构中，两种相得益彰却又相互冲突的状态出现了。

一方面，男性推崇女权的直接目的在于塑造新女性。表面看来，这是男性参与“国事”的一种体现，但实际上则是男性因自卑心理而奋力自强的表现。在男性主导的女权运动中，对于平等权利的追求是其中的重中之重，而这种平等的追求并不是要回到过去的传统中，而是要以先进西方男性所享有的“平等权利”为标准。进一步来讲，新式女性的角色标准并非中国的传统男性，而是西方的现代男性，在帝国主义的冲击下，男性所产生的强烈自卑迅速转化为强烈自强，这才是男性建构近代女性角色直接心理动力，只不过在国家口吻的粉饰下显得冠冕堂皇。另一方面，男性在主导近代新式女性形塑的同时，通过对女性角色的直接构建来达到对男性角色的间接构建，从而达到为构建新型男性奠定基础的目的。男性在谈论女性时，一般不外乎两种思维模式：中西对比与古今对比，就前者而言，男性以西方女性作为塑造、改良的标准来规训中国女性，并以女性的成功改造来弥补男性在世界格局中所扮演的微弱角色；就后者而言，男性通过对封建女性角色中的落后因素进行斥责来提高自身的地位，潜在地将“国内女性的优势”转换为“国际男性的优势”；在这种二维对比的言说中，男性在不知不觉中赋予自己一种女性解救者的身份，从而在近代女性角色的建构中起到主导性作用。

---

① 王一川：《中国现代卡里斯马典型——二十世纪小说人物的修辞论阐释》，云南人民出版社 1994 年版，第 37 页。

过度政治焦虑使得男性对于女性角色的期待处在一种怪异的矛盾中，同样作为精英男性知识分子的鲁迅对这种心态进行了形象且深刻的剖析："中国的老先生们，连二十岁上下的老先生们都算在内，不知怎的总有一种矛盾的意见，就是将女人和孩子看得太低，同时又看得太高。妇孺是上不了场面的，然而一面又拜才女，捧神童，甚至于还想借此结识一个阔亲家，使自己也飞黄腾达起来。"① 在民族国家与男权传统不断衰落的过程中，男子依然以"强者"（至少强于女子）的心态自居，在畸形的"弱者"与"强者"的置换中，新式女性角色一直以一种与国家、民族、男性、自身相互影响、共存胶着的状态向前发展着。作为新式女性的学生，其服饰的变迁也体现出这样的趋势。

二 国家权力塑造下的女性角色

与男性权力一致，国家权力也是规约女性形象的重要因素。站在女性的角度上来看，男性与国家权力是一组内涵一致的相关概念，男性权力是国家权力的具体代表，国家权力是男性权力的凝聚体现，所以二者互为表里、相互支撑。19 世纪中期，中华帝国被迫卷入到"三千年来未有之大变局"中。在世界格局中，"家国天下"的中国被诸多帝国主义国家竞相瓜分；于统治王朝内部，阶级反抗、地区混战更在外忧的刺激下此起彼伏。此时，在时代中退化的清政府已经无力担负起率领国民与世界民族比肩竞争的责任，由民族危机而引发的统治危机使得革命的态势一触即发。正如费正清所言："中国的近代史就是两出巨型戏剧：第一出是扩张的、进行国际贸易和战争的西方同坚持农业经济和官僚政治的中国文明之间的文化的对抗；第二出是从第一出派生出来的，它揭示了中国在第一场最巨大的革命中所发生的救亡图存的基本变化。"② 大危机的社会环境导致了几乎所有社会变革与文化变迁都难以逃出救亡图存与强国保种的时代主题，"中国近代思想潮流很多，很复杂，而且多变，变的多，变的快，但就其主流来看，都是围绕着

---

① 鲁迅:《补白》，载《华盖集》，人民文学出版社 1973 年版，第 85 页。

② ［美］费正清、费维恺编:《剑桥中国晚清史（1800—1911）》上卷，中国社会科学出版社 1985 年版，第 2 页。

爱国、救国和治国展开的”。①

洋务派与维新人士开始在内外忧患中寻求救国仙方，中国的现代化历程由此开始。尽管这个由物质层面到政治层面，再到文化层面的改革层层深入，但每一次不同层面的改革推进都并非上一层面改革成功的结果，相反地，恰恰是在每一改革层面的不断失败中，探寻者才不得不被动地寻求新的出路。在此过程中，无论是改革上层的设计者，还是改革中间的推动者，抑或是改革下层的应和者，都已经意识到，这场改革需要最为广泛的社会动员，中国女性也亟须摆脱“不官、不士、不农、不工、不商、不兵”② 的闲人状态来参与现代化的进程，清末的历史境遇是中国女权运动成为时代主题的最大现实。

新形象的树立首先代表着对旧形象的抛弃，传统女性中虽然也有杰出人士，但最终也“终日引而置于床底之侧，才气消磨”。③ 为摆脱这种不符合时代精神的女性形象，接受现代教育的启蒙既是一条捷径，也是一种必然，女学生的出现带来一股社会新风，“（女学生）人格不同以往……衣服袖紧襟长，似乎旂粧。运动缓步优洋，齐庄严肃皆为筋正外相。明理行道总得读书回讲，生育男女自会教养，应对进退自有主张”。④ 在这些通俗易懂的话语中，一方面，新女性摆脱了传统女性身、心、智不健全的状况，开始成为先进、现代、欣欣向上的代表；另一方面，国家兴建女学堂的目的也并不完全是力求塑造出自我、自主、自觉的女性，而大多是要利用女性的生理机能来培养、孕育、教导出新式国民，“国民母”的角色期待由此生成。

与“国民母”的角色意义一致，“女英雄”的角色意义也是时代的产物。社会改革精英普遍认为，中国不仅需要在战场中振臂一呼的有名英雄，更需要在社会改革中引导民众的无名英雄，“天下人皆为无名之英雄，则有名之英雄，必于是出焉矣”。⑤ 因此，女性自然也被纳入到塑造

① 丁守和：《中国近代思潮论》，广东人民出版社 2003 年版，第 179 页。

② 梁启超：《论女学》，载林志钧编《梁启超全集》第一册，北京出版社 1999 年版，第 30 页。

③ 梁启超：《变法通议》，华夏出版社 2002 年版，第 90—91 页。

④ 《自强传 · 学堂图》，载刘精民编《老光绪画刊》，中国文联出版社 2005 年版，第 46 页。

⑤ 梁启超：《无名之英雄》，载林志钧编《梁启超全集》第一册，北京出版社 1999 年版，第 364 页。

无名英雄的范畴里。在现代化的趋向中，在救亡图存的伟业里，思想启蒙者与国家联盟，一道将“国民母”的意义用力推向极致，男性自身首先扬起了批判男权主义的大旗，在近代教育改革的先行地湖北，学生们大声呐喊：“世世儒者赞颂历史人物曰大丈夫而不曰大女子；曰英雄而不曰英雌，鼠目寸光，成败论人。”① 在这里，与“英雄”相对的“英雌”概念被使用起来，并在演讲、报刊的宣传下快速风靡于社会，“斩取国仇头，写入英雌传”② 的豪迈理想成为女英雄的共同追求。伴随着这样的国家规训与男性宣扬，成为“国民母”的新式女性势必不能获得完全的解放，“以国家存亡作为身体开发取向的发展，虽然是一个特定时代的产物，却也造成身体自此成为国家权力的从属物”，③ 女性在刚刚脱离旧式家庭规训的同时又被拉入到国家的宏大叙事之中。

当然，此时的女性并不能独立地承担起自我塑造的历史任务，她们仍然需要国家与男性的帮助与引导。首先，尽管塑造享有权利、承担责任的新女性是近代女权运动的核心，但它始终是时代话语——“强国保种”——的衍生物与伴随品，并在历史责任、民族命运、国家使命的支撑下走上一条既高尚又沉重的道路，因此，独立的女权色彩在这样的过程中被大大地弱化了。其次，作为女权运动的主体，当源自西方的女权思想进入到中国社会中时，近代女性尚未具备成熟的心理条件与知识学养来接受这一先进的革命思潮。就学生群体而言，在校读书的女学生更是难以做到经济的真正独立，家庭是否抱有支持的态度成为女子能否入学的关键，即使是成功毕业的学生，也很难获得一份工作，“在这样的社会里，失业的惶恐像洪水一样普遍的泛滥着，一个有知识年青男人尚且不容易找到一份相当的工作，何况处在双重压迫下的柔弱女人”？④ 在这样的语境中，女性不可能只凭借自身的力量来完成新角色的塑造，男性成为其不愿依附，却又必须依附的重要角色。

---

① 楚北英雌：《支那女权愤言》，《湖北学生界》1903 年第 2 期。

② 秋瑾：《宝剑篇》，载郭长海、郭君兮辑注《秋瑾全集笺注》，吉林文史出版社 2003 年版，第 264 页。

③ 黄金麟：《历史、身体、国家——近代国家的身体形成（1895—1937）》，新星出版社 2006 年版，第 21 页。

④ 须予：《从娜拉到华伦夫人——为肖伯纳来华而作》，《女声》1933 年 1 月 11 日。

三 自我塑造下的女性角色

当男性与国家在诉说女性形象的同时，女性自身也开始在重塑自我的领域内积极争取着说话的权利。在中国几千年的封建历史中，女性的处境始终是非人的，她们始终不知独立的自我，只是依附于男子的寄生体与家族的生育器，只是被定义为一个客体的“物”。这种状况不但没有受到社会的重视与反省，到清末改革之前更是达到了登峰造极的程度。物极必反，女性在遭遇民族危机的同时，也于国家主话语的统摄之下开启了解放自我的闸门，“中国女性那从来没有年代凝滞的生存绵延，恰借民族生存史上的巨大临界点跨进改变的时间之流”。[①] 在这样的解救中，女性的形象被女性自身赋予了一种截然不同的含义：由原来归属于血缘关系的家族到现在归属于权利义务的国家，由原来的“以弱为美”到现在的“以刚为强”，由原来对深闺的独守到现在对社会事务的参与。而在这诸多的改变中，几乎每一处都与新型知识女性群体——女性学生——所发挥的作用密切相关。女学的兴起促成了中国社会第一批女性知识分子的生成，这些新时代的女性不但接触过新式教育，甚至还亲身经历了西方文明的洗礼，所以，当她们觉醒之后，便自觉在主流舆论的引领之下开展起女性的自救与重塑运动。

正如男性要在女性的塑造过程中求得国家利益与自身利益兼顾一样，女性也试图在自我塑造的过程中完成两者的统一，争女权是女性塑造自我的重要方面。处于巨变社会中的知识女性对于“国家与女性命运”这一话题有着极为深刻的感受，秋瑾在关于庚子国难的记录中就将这种体悟表现出来：“外洋的八国联军进北京，只见得血流遍地尸堆积，最多是小足伶仃的妇女们……联军还到处强奸妇女，有的还将其所获妇女作为官妓，任意奸宿，在这样的灾难中，受欺压最多、受凌辱最多的便是弱女子了。”[②] 国破山河的现实使得女性认识到自我救赎的重要性，女性始终把国家民族的利益放在最重要的位置，并将废除旧习、获得独立，阐述女子的新任务视为重塑自我的重点，“我辈女子对于国家有同等之责任，即不

---

① 孟悦、戴锦华：《浮出历史地表》，中国人民大学出版社2004年版，第7页。

② 张习孔、田珏编：《中国历史大事编年》第5卷，北京出版社1987年版，第721页。

可不尽一分救国之义务”。①

对整个人类而言，自由的幸福才是解放自我的最大追求，女性同样如此。不过，在救亡图存的历史条件中，女子一方面要承担起救国的大任，另一方面也要完成与男子的抗衡，只有完全获得这两方面的胜利，受压迫最深的女性才能获得“自由幸福”的机会：“我女同胞受专制之毒久矣，不在此时奋发杀敌致以脱此牢固之羁绊，而求有自由之幸福，则盲目前途，其将以何地为托身之所乎?”② 由此可见，以“尽国家义务”的方式最大限度地完成民族的复兴、女性的解放是女性进行自我塑造的一项基本准则，在这一点上，她们与男性的诉求是一致的。

当然，女性精英也同样认识到，要完成彻底的自我解放是不能只由与男性塑造相同或是完全依赖男性塑造的，女子还要充分发挥自身的能动性，自觉地走出男权的印象，追求属于自己的权利，因此，她们明确表示，“权是天付的，是女子自己有的；平等是天定的，是女子自己生成的，并不是随人付给他人，尤其是男人们”③，在此基础上，女性也将自我塑造的矛头指向了与之相对的男性，就这一点而言，她们主要展开了以下两方面的活动：

一方面，女性对男性在国难中推卸责任的行为给予了讥讽与耻笑。封建文明中的先王圣哲们一直要求妇女不出闺房，而今，男性启蒙者在面对屡次的改革挫败时，不仅不反省自身，反而将矛头指向女性，将女子视为误国的祸水、倦怠的源头，女性精英对此嗤之以鼻：“方进中国圣明在上，士大夫之具才艺者几如米粟布帛，充布人间，所以报答升平者，亦至矣!”④ 当然，这样的话语中多含情绪的低落与委屈，女性精英当然清楚地认识到，在时事的巨变中，男子已然付出了巨大的努力，只是才尽力拙，在屡次失败后产生的强烈挫败感才使得他们将国力的不济归咎为女性的责任。所以，女子虽然对被男性视为替罪羊的举动有所不满，但也依然积极争取男性阵营的支持，以实现自身的重塑。

① 张访瀛:《书赠女子北伐队》,《民立报》1911 年 12 月 9 日。

② 《创办女子尚武会绪言》,《天铎报》1912 年 1 月 3 日。

③ 杜清持:《文明的奴隶》,《女子世界》1904 年 9 月。

④ 薛女士:《离沪晋按薛女士上学堂董条议并叙》,《求是报》1897 年第 9 期。

另一方面，女性对男性将女性视为“误国之红颜祸水”的说法进行了批驳，她们义正词严地否认男子对于女子“惰逸无用”的控诉，并大声为自身之形象疾呼：她们或对女子之心性进行赞扬：“中华民国四万万人以内，最高尚纯洁者，吾女子之精神也；最灵活敏妙者，吾女子之心志也；最强固坚忍者，吾女子之能力也。若彼男子，殆千百中不一见也。”①或自豪地高呼：“肮脏尘寰，问几个男儿英哲？只有峨眉队里，时闻杰出。”② 或对男性权威发起挑战，“西国男性虽善，余不知其自古迄今，名流贤士，成才者多？成艺者多？凡成才成艺者，则必见女性之影响”。③

所以，在女子的自我重塑过程中，我们可以看到两种力量的作用，其一是与男子塑造相一致的方面，这是在对国家责任所形成的集体认同中实现的，可以说是历史现实对于男性和女性的共同要求；其二是反抗男子塑造的方面，在这个过程中，女子的言说与实践往往会有意识地偏离男性权力的规约，以权力主体的方式得以呈现，这一方面是女子反对男权的体现，另一方面也是女子自我觉醒、追求解放的体现。

也正是在这样由不同力量所主导的女子形象重塑中，女学生的服饰也产生了相应的变化。法国文化符号学家罗兰·巴特尔（Roland Barthes，1915—1980）早已将服饰视为除语言外的最重要的文化符号，他指出：“衣着是规则和符号的系统化状态，它是处于纯粹状态中的外显的语言。”④ 服饰的选择绝非个人行为，单一的服饰若放置于“衣着系统”中仔细考量的话，则能够发现不同款式的服饰共存于一个既相互联系又相互区别的系统里，这个既统合又差别的系统是用来揭示穿衣者社会特征的有力工具。近代社会无疑是中国历史中新陈代谢较为迅速的时代，社会制度与国家控制等宏观话语都在此时出现了量的转移或质的变化，这使得原本就带有政治特色与统治标记的服饰陷入更大的改革洪流中，传统的“冠服”体系已经伴随着“国家意识”与“国民角色”的生成而被赋予新的含义。

---

① 吴木兰:《同盟女子经武练习队宣言书》,《民立报》1912 年 1 月 12 日。

② 秋瑾:《满江红·肮脏尘寰》，载郭长海、郭君兮辑注《秋瑾全集笺注》，吉林文史出版社 2003 年版，第 324 页。

③ 薛女士:《离沪晋按薛女士上学堂董条议并叙》,《求是报》1897 年第 9 期。

④ ［法］罗兰·巴特尔:《符号学美学》，董文学、王葵译，辽宁人民出版社 1988 年版，第 21—22 页。

同样，近代女学生在刚刚步入学堂之初便由家庭的藩篱走向国家的期待，“女国民”的角色塑造使得其服饰体系发生较大的变化。这种变化，在国家、社会、男性等主流意识形态强大的控制中，一方面，女学生被迫顺从这样的控制；另一方面，女学生也以个人的、私密的、独立的姿态对此进行接纳与融合，就像西蒙娜·德·波伏娃（Simone de Beauvoir，1908—1986）所言，“装饰的社会意义，是允许妇女通过她的穿着方式，来表现她对社会的态度”①，在这种被动的形塑与主动的言说中，女学生的着装变迁成为我们审视近代学生日常生活管理的一个重要维度。

第二节　传统男性审美的破裂:清末女学生服饰风格的初步转变

易服之举总是发生于乱世之中：春秋战国时期，兵戈不断，为改中国儒缓之俗，赵武灵王仿胡服而强骑射，齐桓公着短衣而霸中原；17 世纪的意大利同样择“鞘装”（像宝剑紧贴刀鞘一样的紧身衣物）上阵搏击，最终获得了独立的政治地位。历史的相似再次展现于近代中国的社会转型之中，乱世之中的精英男性急迫地将服饰改革与救国保种结合到一起，作为国家明日之扛鼎的学生无疑要在易服运动中起到先锋作用，《学务纲要》明确规定“各学堂学生冠服宜归画一而昭整肃”，但女性学生的着装问题此时尚未受到官方重视。直到 1906 年，《大公报》发出主题为“中国女学生服制议”的征文启事，女学生的服制改革才产生于男性的话语之中，成为社会改革的一部分，“女学之盛，则以改服制为嚆矢……为今日谋国者之主要问题也”②，女学生的着装问题不再仅仅是个人的喜好抑或世俗的选择，而是一种与男权、国家、现代相关的重要符号。在以男性为主导力量的提倡中，女学生的服饰从式样、颜色到材质、配件都发生了较大变化，若干新的服饰风格流行起来。但就服饰变迁的路径而言，尽管“求新”是其整体的变化趋势，但我们始终不能否认这是一个“变”与

---

① ［法］西蒙娜·德·波伏娃:《女人是什么》，王友琴、邱希淳译，中国文联出版社 1988 年版，第 335 页。

② 刘仲元:《中国女学生服制议》，《大公报》1906 年 9 月 7 日。

“不变”同时存在的迂回进程。正是在个人与国家的选择中、在自我与他者的话语里，复杂多变的女学生着装图景成为我们观察西学东渐、新旧交替中的近代中国社会变迁的重要窗口。

一 传统男性视角下的女子服饰

在传统的封建社会，女性一直生活在男权社会制度的压迫之下，她们先是父亲的被规训者，再是丈夫的强依附者，后是家族的生殖工具，既无独立人格，也无社会地位。这种被压迫的境遇同样投射在女子的着装之中，在传统中国的男权社会中，女性服饰的演变基本遵循以下两个原则：一是维护家族等级制度的存在；二是体现男性于女性身体的基本审美。在这里，第一个原则是根本的，而第二个原则只是一定程度上第一个原则的衍生品。

就维护封建等级制度的存在而言，儒家文化中的礼教思想起到极大的作用，“礼”规范着人们的一切行为，正所谓“非礼勿视，非礼勿听，非礼勿动”，这样的礼教文化在女子身上得到极力的扩张。礼教决定着女性服饰，女性服饰则反映着礼教的内核，“三从四德”成为妇女言行的最高标准，也使得妇女的地位降至最低。在此，无论是皇室王族的妃嫔与公主，还是小康之家的碧玉小女，都必须遵从于君权、父权和夫权，男子是女子一切行为的中心，女子的一切举止也要符合男性的意愿，这便是“妇德”。为了强调这种控制与从属关系，男性对女性的服饰做出了若干的规定，这表现在服饰的长短、颜色与配饰三个方面。

就服饰的长短而言，妇女之着装应该是一种“包住”的文化，即使在最为炎热的夏天也必须穿着多层衣物，每一处身体、每一寸肌肤都归属于男性的女性一定要做到不显轮廓、不露肌肤、掩盖形貌、遮盖曲线，这既是保证丈夫权力的表现，也是达到“存天理、灭人欲”精神境界的自我规束。着服“拥蔽其面”的审美已经明确地表示，女性仅仅是作为男性的私有财产而卑微地存在着。

就服饰之颜色而言，妇女之着装应该是一种“一色”的文化，女子之服饰上下相连，合二为一，不无异色，以此来隐喻女子德行专一。且在色彩的选择方面，女子在日常生活中应多着儒家所提倡之正色，即表示尊贵、正义之青色、赤色、黄色、黑色、白色五正色，而在这五色之中，又结合男子的审美取向，以赤色为最优。

就服饰的配饰而言，正所谓“女为悦己者容”，配饰是女子表明性别身份、获得男性青睐的特有装扮方式，因此极为提倡，尤其在经济条件较好的家庭之中，女子自出生便被要求佩戴各种配饰，以显示自身身份之高贵、行为之高雅。同时，配饰也是女性行为规训的方式，上层妇女所着裙装多附有繁杂的裙褶与飘带，为保持裙褶与飘带的整齐与垂落，女性不得不保持行为的安静与端庄，从而达到限制女性自由活动的目的。

在学校中，所谓“女学服色事关重大”，对于女学生的服饰控制同样严格，“学校为教化所关，尤当参酌古今之宜，定为整齐严肃之制，庶几学风之朴，妇容之庄，有以养成高尚端淑之人，格礼教之防，莫先于此。总之女学为教育之根本，衣服为行检之表率，有管理训迪之责者，宜力除奇袤奢靡之习庶，几有裨于化民成俗之美，敬教劝学之规”，[①] 由此可见清廷之目的在于将女学生打造成为端庄淑女之楷模。在这样的良苦用心中，女学生服饰的式样、尺寸、颜色、质地、配饰等也均受到国家层面的设计，“女学堂制服用长衫，长必过膝，其底襟去地二寸以上，四周均不开衩，袖口及大襟均加以缘，缘之宽以一寸为度；女学堂制服冬春两季用蓝色，夏秋两季用浅蓝色，均缘以青；女学生得配襟章以为识别，其制以铜为宜，不得用金银，其花样字样均听本学堂自定，但须得向督学局或提学司报明；女学生不得着花粉被发迹以发覆额；女学生不得效东西洋装束”。[②] 在此短短的五条规定中，表示否定性限制的“不得”便出现了三次，可见，政府对于女生服饰的设计目的不在“破旧”，而在“禁新”。对于承受严重统治危机的清政府而言，在对待新事物敏感、多疑、恐惧从而产生抵触情绪的同时，于受国家与社会规训最深的女性设计出这样的服饰条例也多属情理之中。

由此可见，在封建时代的大部分时间里，无论是社会中的一般女性还是学堂中的新式女学生，大都只是作为单纯审美对象的“物”存在着的，服饰是她们用来表征地位尊卑的重要标识，而服饰上的规训又与儒家文化中通行的纲常礼教相得益彰，两者都是在否定女性独立人格的同时，再将

---

① 《学部奏遵拟女学服色章程》，载朱有瓛编《中国近代学制史料》第二辑下册，华东师范大学出版社1989年版，第675页。

② 同上。

女性陷入男性附庸的境地。到清末社会改革开启之时，男性开始以另一种眼光来审查、规训女性，女子服饰这才获得了转变的机会，而这种转变，首先自女学生之服饰开始。

二 清末女学生着装风格转变之一：贴身短衣的明快之风

清末民初，留日求学达到一个高潮，日式改良西装由此进入中国，时称“文明新装”。新装分为上下两个部分：上衣裁剪干练，大襟对衫，弧形衣摆，长不过臀，喇叭袖，至肘下两寸；裙为套穿，黑色素样，长及足踝，无褶皱无绣纹，首饰等一概去除。但是，以上描述也只是文明新装的大概样式，落实到具体的学生身上则会略有变化。但总体而言，与传统相别的“新”才是“文明新装”带有的真正内涵，合身与短小是“新”的第一种体现。

在政治不安的骚动时代，便于行动的紧身服饰往往盛行，适体的西装成为人们自然而然的选择，为表明自身的政治态度，政府选择了中山装的式样。从式样上看，中山装借鉴于日本青年装，从宽袍大袖的和服飞跃到适体贴身的青年装，这种转变对于有相似背景的中国服饰改革来说带有极大的参考价值。它汲取了西式服装分段裁剪的制衣技术，对肩膀、胸背等加以精确计算，再通过垫肩、收身等突出人体的曲线造型，使得最终的成衣贴身自然，短小干练。民国初，南京政府便将中山装规定为政府行政人员的正式工作制服。

与此一致，女学生的校服设计也多以贴身短衣为主，开始注重身体曲线的优美，《申报》称：“时下女子新装，自学生起，领高四五寸，用荷叶边镶成喇叭口式，袖短仅及半臂，亦用荷叶边镶成喇叭口式，以显腰身。”[①] 当时的文人同样记录下女学生偏爱贴身短衣的情形，观棋道人称，国内新式学堂的女生争相模仿西人着装，以致北京街头很快出现了“衣裳时样年来瘦，渐仿洋装显细腰”[②] 的风尚。即使是在交通不便，消息不畅的四川省新繁县内，“青年女子中学堂学生则多用短衫紧裤，露腿赤

---

① 《论女子新装》，《申报》1912年7月29日。

② 观棋道人：《京华俗咏》，载《点石斋画报·身若束薪》中册，天津古籍出版社2009年版，第76页。

胫，以争时髦”。[①] 但这其中也出现了因过分追求贴身而令人啼笑皆非的情形，《京华百二竹枝词》记载：“近今学生新衣，窄几缠身，长能履足，袖仅容臂，偶然一蹲，动竟至绽裂，或谓是慕西服而为此者。”[②]《申报》甚至专门刊登了“女性拔河细腰法”[③] 来讽刺那些追求窄衣的女校学生。

慢慢地，贴身短衣开始由流行走向极端，“近日沪上服饰之异，有目而不忍见，有口而不忍言，衫则仿西制而无领袖之修，短笼其臂之半，裤则紧贴其股与腿……少女新妇尽习而行之，了不知耻，尽能称妍”。[④] 浙江沿海区域的女学生群体也出现了这样的不良风尚：“迄自市场新开，苏沪流风日受浸渍，高髻利履相习成惯，甚至章身之服，长仅及腰，平居之袂，短竟露肘。朴素之良风扫地尽矣。夫此种现象若出于小家编户未受教育之人则限于品格，要亦难怪，其然不谓，高尚纯洁之女学生今竟有则而效之者，呜呼！恶俗之移，人抑何其神速也！”[⑤] 除了恶化审美风气，过短的服饰同样对学生健康产生了不良影响：“衣服的短小轻便，易于运动而表示活泼精神，但不可极端。我国的学校生活，每天在室内工作的时间很多，因此活动的机会较少。在冬季室内的气候约在华氏四十度左右，一般的学校均无有取暖的设备，当儿童在这样的温度下学习，自然不能忍受这寒冷，常看到许多儿童耸了肩膀，终日和寒冷奋斗，而于工作的精力倒分散了。同时，我们还可以看到许多学生的四肢，布满着红肿的冻疮，有的妨碍写字，有的不便走路。去年年终时，作者曾调查南京市数所中学，如中大实中，南京中学，中华女中，五卅中学，女子法政讲习所五校，每校仅抽取一二级，被调查之总数为三零五人，其中患冻疮的竟有一九五人，占百分之六三点六，这调查的人数虽少，而患冻疮的可却是惊人，其中女性的人数又远远高出男性的人数！”[⑥]

为此，一系列补救手段开始实施，北京市首先颁布《取缔妇女奇装

---

① 《礼俗》，《新繁县志》卷4。

② 兰陵忧患生：《京华百二竹枝词》，选自杨米人等著，路工编选《清代北京竹枝词（十三种）》，北京古籍出版社1982年版，第125页。

③ 《女性细腰法》，《申报》1912年4月26日。

④ 秋水：《女子服饰平议》，《香艳杂志》1915年第12期。

⑤ 任翰：《关于近今女学生服装之罪言》，《教育周报》1916年第134期。

⑥ 赵琳：《中学生的健康和制服的关系》，《公共卫生月刊》1936年第6卷。

异服暂行办法》，对女性着装的长度和贴身程度予以严格的规定，“裙长裤长最短须过膝……衣袖最短须至肘……腰身不得绷紧贴体……着西服者听但禁止束腰”;[1] 湖北教育司司长就着装问题专门通饬各女校校长：“女生裤褂，褂与膝齐，裤须没胫……如有违反规定者，即分别情形，或将开除，或将永远驱逐学界外。”[2] 女性同样呼吁进行自救，不断提倡衣物适体的原则，“衣服原为遮体，不适体便把本意失了，纳闷露着半截胳膊和裤腿高吊在膝盖骨上边，这究竟是什么取意？况且到了冬日，冻的反要戴皮筒，披大氅，实在令人不解。要知道，奇异的服饰都是一般衣肆里的奸商想尽方法找些新奇的样式迎合时髦人的心理，好使他们营业发达，以致闹得我们去年的衣服今年便不再使用了。青楼妓女为讨客人们的欢喜便造出许多新异的样式，我们女学生又为什么中奸商的诡计，学娼妓的下流呢？总而言之，衣服不适体，不但有碍卫生，且不雅观”。[3] 可见，此时的女性服饰规训主体已经突破国家机器与男性权威的范畴，女性自身也在不断完成自我规训的进程。

三 清末女学生着装风格转变之二：黑白两色的朴素之风

李伯元曾有这样一段文字描写上海先进女学生日常着装：“一个个都是大脚皮鞋，上面前刘海，下面散腿裤，黑裤白衣，或蓝裤白褂，脸上都架着一副墨色眼镜，二十多人，都是清一色的打扮，颜色一致，再整齐没有。”[4] 尽管在此时期，统一的女性制服尚未出现，但各地学生的着装已经开始共同追求朴素的颜色，黑、白、蓝成为女学生们的最爱。这种追求获得社会与民间的赞同，身为女子的秋水认为，这种自然的颜色不但美化瞻观，更能体现出女子的品德，“女子尚德，不尚色，故凡服饰仪容之表，著于外者，皆其德之所流露者也……黑、白为天然之本色，乃固有之美质”。[5] 兰陵忧患生更以诗词的形式流露出对北京街头女学生的嘉奖，

---

① 《取缔妇女奇装异服暂行办法》，北京市档案馆 J5 全宗 1 目录 44 卷，第 145—146 页。

② 《取缔女学生之服装》，《教育杂志》1913 年第 5 卷第 4 期。

③ 《服饰的节制》，《中华基督教妇女节制会季刊》1925 年第 4 卷。

④ 李伯元：《文明小史》，人民出版社 2011 年版，第 72 页。

⑤ 秋水：《女子服饰平议》，《香艳杂志》1915 年第 12 期。

称赞她们“衣裳偶素容幽静，程度绝高女学生”。[①]

1907年，关于女学生制服的官方表达终于姗姗出台，其中对于颜色的规定如下：“女学堂制服冬春两季用蓝色，夏秋两季用浅蓝色，均缘以青。”[②]民国伊始，国民政府选择更为朴素的黑、白两色作为女学生制服颜色，“女学生学校制服寒季用青、黑两色，暑季用白、黑两色，但一校不得同时使用两色；女学生自中等学校以上者方可着裙，裙须用黑色”，[③]这种带有强制色彩的官方规定使得“黑、白”两色成为此时女学生着装的唯一选择。

国家层面的政策要求很快得到了地方政府的落实，广东省教育司规定：“女生凡在十四岁以上者，一律着素色黑裙……以肃容止，以正风尚”；湖北省教育司更将颜色的规训范围拓展至鞋袜之中，“女生裤褂，具用竹青色布料……鞋用青色，袜用白色，不准着红”；[④]较以上两省而言，上海关于女学生制服问题的专门性规程出台较晚，但却依学生年龄、季节变化、服装种类的不同设计得更为详细与严密，“女生着装：高中生在春冬季穿蓝衣长袍，夏秋季穿黑裙、白衬衫；初中生穿女式童军衣，衣为黄色，裙为黑色；小学生中实施童子军训练的，高年级的春冬季穿蓝色长袍，夏秋季穿黑裙白衬衫，而低年级穿背心连裙和衬衫，裙为深蓝色，衬衫春冬季为黄色，夏秋季为白色，鞋也都是布鞋或皮鞋，黑色，袜子也是黑色”。[⑤]

各学校也在积极倡导国家与地方政府关于女生着素装的要求。吴若安回忆自己在务本女学读书时的经历时说：“本校崇尚朴实，学生衣着一般比较朴素，夏季上衣多为白，冬季多为深。起居容服，朴雅整洁，不仿时装”；[⑥]在新潮的大都市上海，爱国女学校在学校管理条例中要求学生“不得身着艳装”；[⑦]北京高等师范附属小学校则要求女学生“皆于便服外

---

① 兰陵忧患生：《京华百二竹枝词》，北京古籍出版社1982年版，第125页。

② 《学部奏遵拟女学服色章程》，载朱有瓛编《中国近代学制史料》第二辑下册，华东师范大学出版社1989年版，第676页。

③ 《教育部公布学校制服规程令》，《教育杂志》1912年第4卷第7号。

④ 《取缔女学生之服装》，《教育杂志》1913年第5卷第4期。

⑤ 《上海市中小学学生制服统一办法》，《上海市政府公报》1934年9月18日。

⑥ 吴若安：《回忆上海务本女塾》，载朱有瓛编《中国近代学制史料》第二辑下册，华东师范大学出版社1987年版，第604页。

⑦ 《江苏师范学堂现行章程·训诫条说》，载璩鑫圭、童富勇、张守智编《中国近代教育史资料汇编·实业教育师范教育》，上海教育出版社1994年版，第657—659页。

罩以布褂，暑季浅青色，寒季蓝黑色”。[①] 可见，朴素、低调的颜色追求已经成为当时女生服饰中的应有之义。除对女生的直接要求外，家长也须在校外配合学校完成学生穿着素色的要求，“常服、制服以朴素为贵，华丽服装不得携带入校”，“年满十四岁者须穿黑色纺绸裙，凡违反规定者，恕不允留校”。[②]

舆论也参与到这场倡导女生穿着素装的服饰运动中来，根据笔者的统计，五四运动爆发之前，从 1915 年到 1919 年四年的时间里，以女性为主要阅读群体的《妇女杂志》共发表此方面的文章 28 篇，几乎每一期都可以看到着素衫黑裙、留黑色短发的女学生身影。这些朴素文雅又热情蓬勃的女性形象恰是热情奔放之五四运动的时代写照，“不论是通都大邑，就是兰镇深村；不论是受过新式教育的女学生，就是楼阁深锁的小妮子，她们的姿态，自然而然地也和崇尚素装的女学生装束没什么两样”。[③] 在较为开放的上海，女学生的朴素穿着也为时髦妇女所纷纷模仿，甚至成为歌舞妓女所争先效尤的对象，“自女学堂兴，女学生无不淡妆雅服，洗尽铅华，无复当年涂脂抹粉之丑态，而妓女竞相效尤，以此为博取看客眼球之伎俩”。[④] 可见，一个针对女学生穿着素装的规训体系在国家机关、地方政府、所在学校、学生家长、媒体舆论的共同参与下建立起来。这样的规训，既使女性重新落入到男性的审美旨趣与国家的意志框架中，但也始终是女性自我选择与主动迎合的结果，对此，我们很难判定这是否可以称得上是一种彻底的女性解放，也许这正是近代女性解放所无法逃避的一个悖论吧。

四 清末女学生着装风格转变之三：去除配饰的简约之风

正所谓“女为悦己者容”，配饰是女子突出性别身份、获得男子青睐的特有装扮方式。但是，至清末，这种行为成为学堂中着力戒除的对象，配饰成为腐朽、奢靡、依附于男性的象征，是培养现代女性的极大障碍。为铲除这种障碍，女学生走上一条“将这些点缀品逐渐减

---

① 《北京高等师范附属小学校简章》，载李桂林、戚名琇、钱曼倩编《中国近代教育史资料汇编·普通教育》，上海教育出版社 2007 年版，第 232 页。

② 《家长须知》，《明德女校校友会杂志》1929 年第 6 期。

③ 王平陵：《现代妇女对于审美观念的误解》，《妇女杂志》1927 年第 13 卷第 7 号。

④ 严昌洪：《20 世纪中国社会变迁史》，人民出版社 2007 年版，第 10 页。

去”的道路,[①] 引领出一条抛弃繁杂的朴素新风。

心思细腻的女性有时会在自己的生活中创造出一个隐蔽的特殊空间，在这个自我创造的独特天地中，她们尽情享受自己真实、细腻的心情，避开男性主义的审美，保留下自己本真却飘忽游移的多元身份。尽管自清末以来的女学生都在主流的审美趋向中日益青睐朴素之风，但是，例外的情况仍然时有发生。爱美之心人皆有之，很多女性依然偏爱华丽的配饰，只不过这种偏爱会在主流话语的排斥下隐匿起来，“女学生在（上海）交大虽然占少数，但在穿衣方面也显然不同。谁都知道女学生每年平均费用总比男生多，脂粉费固然占重要之地位，而绸衣、丝袜也颇不示弱。有钱的阔小姐们很难摆脱自己穿着打扮的喜好，但却不能不有所避讳，故此只好‘假装朴素’——她们会在外面罩上一件布大褂，好像她们已经是非常简朴了，其实里面却都是绸缎衣裳，其余耳环项链，光华丝袜，高跟皮鞋，电烫之发之类，仍与摩登女郎一样，只是不似她们如此招摇过市罢了”。[②]

这份隐匿于私人领域内的“爱美之心”仍然没能逃过强大的国家塑造与社会规训。为避免女学生沾染上骄奢浮淫的不良风气，很多学校就女学生配饰一事专门出台规程以示整顿。江宁县当局要求各学校“遇有风纪未能严肃，服饰徒事华美者，立加干涉，勒令改良”，各女校“学生在校一律均用布服，不得侈用绸缎……配饰配件，无论何种质地，均应予以杜绝。各校长教员尤宜本身作则，力持劳苦主义，服饰务求俭素，以为各生模范”;[③] 同样，香山女学校在学约中质问女学生其佩戴装饰之物的意义究竟何在:“脂粉装饰为女子之陋习，不可不戒。我非玩具，胡为饰体涂面？……不戒此习，自居何等？无异娼优，无殊玩具。”[④]

在此背景下，“佩饰”自然成为人们的攻击对象，传统的女性配饰已经与“解放”的时代主题格格不入，不断寻求自我、寻求解放的新兴女性又怎能青睐那些为男性怪癖的奢华装饰呢？这岂不是为刚刚获得的自由身重新戴上了镣铐与枷锁?[⑤] 江苏常熟一名年仅 14 岁的中学女生化名“竞雄”

① 张爱玲:《更衣记》，载《张爱玲散文全编》，浙江文艺出版社 1992 年版，第 20 页。

② 陈明远:《那时的大学》，山西人民出版社 2011 年版，第 228 页。

③ 《神州女报》1907 年总第 3 号。

④ 《香山女学校学约》，《女子杂志》1904 年第 7 期。

⑤ 《女子当废除装饰》，《妇女杂志》1920 年第 6 卷第 4 号。

公开发表《女权为强国之元素》一文，以激烈的言辞对女性注重配饰的行为进行批判：“回顾祖国二万万之女同胞，洞耳束足，涂脂抹粉，如犬羊，如牛马，如驱役，如囚徒，如猛兽之栏禁，不许越雷池一步。”① 在此，女性所佩戴之饰品俨然成为女国民生成之荆棘，只有废除一举方为明智之选择，“装饰第一最忌华丽，因为华丽了便会生出很多害处来，如耗费钱财，如消磨志气，如启人轻视，倒还不如彻底的去除掉!”②

在不同利益相关者以各种理由来极言女生佩戴装饰之不妥的过程中，经济的因素然其实是首要的。“现在一般青年，什么样的苦难也不顾，只把可贵的金钱办那盎价的装饰。然而一度的华丽，与身体不甚有益，要知耗去的金钱，已属不少，实于生活上的经济问题愈加苦难了，家长的负担愈加增重了。这样岂不是致贫的原因吗？看看社会上妖浮的妇女们，她们只是贪恋奢华，以致害身丧德，怎不悲叹呢？所以吾希望一般青年，第一要简朴，衣服只是要温暖清洁已足，何必要争奇斗胜，取媚世俗，尤其为求学者的禁戒。”③ 在这里，杜绝佩饰成为一种身体“理性化”的过程，女性在杜绝佩饰的同时，既减少了无谓的消费，也节省了紧缺的资源，在追求利益最大化的极度贫困时期，这种有利于国家积累财富的行为是再适当不过的了。

但是，也有人指出，这种将国民经济与女性佩饰联系起来的解释方式实际是在金钱与经济的掩盖下模糊了真正的原因。鲁迅认为，男性中心文化才是造成女性修饰身体的根源，因此，一味批判作为替罪羊的女性并无改善国民经济的实际意义，“正像现在的正人君子，他们骂女人奢侈，板起面孔维持风化，而同时正在偷偷地欣赏着肉感的大腿文化。……这些‘人家人’，多数是不自觉地在和娼妓竞争……自然，她们就要竭力修饰自己的身体，修饰到拉得住男子的心的一切”。④ 所以，男性精英“解放女性”的呼声，固然不在于赋予女性彻底独立的目的，而是要为“将女性身体变成被男性主导之现代话语的宰割对象”来寻求合理的解释，使其更符合男性视觉与现代观念的价值与规范，整个近代时期的女学生服饰

---

① 竞雄:《女权为强国之元素》,《女子世界》1904 年第 3 期。

② 《服饰的节制》,《中华基督教妇女节制会季刊》1925 年第 4 卷。

③ 金山初中女生戚品英:《服饰与人生》,《民智》1930 年第 9 期。

④ 洛文（鲁迅化名）:《关于女人》,《申报月刊》1933 年第 2 卷第 6 号。

改革，乃至女性解放运动，在实然层面上都难以逃脱这样的现实。

第三节 国家审美的言说:“国女”话语中的女学生服饰

一 教育界中之“国女”

著名马克思主义历史学家丁守和在描述中国近代社会思潮时曾这样讲，“中国近代社会思潮很多很复杂，而且多变，但就其主流倾向来说，都是为了爱国、救国、治国”。[①] 与之相应，家庭的稳定与发展才是国家兴旺的重要保证，贤妻良母的培养成为此阶段女学堂爱国与救国的首要任务，中国女学会明确将其教育宗旨确立为“以彝伦为本，所以启其智慧，养其德性，健其身体，以造就其将来为贤母良妇之始基”。[②] 在此背景下，女性的生育不但要承担传承男性家族之任务，更要奋力养育未来之国民，“国民母”成为女性责无旁贷的扮演角色。

这种有意夸大女性主宰国家命运的言说将女性“传种”和“育种”的生理功能置换为国家“强国保种”的有力工具，正所谓“国家之所以有责任教育和‘解放’妇女，是因为有必要塑造出能够在生物学和文化意义上能够生育‘优质’公民的高效母亲”。[③] 对于这种国家层面上的贤妻良母政策，一些女性不屑一顾，苏英便称：“说什么母教，说什么内助，还是男子的高压奴隶，异族的双料奴隶罢了！”[④] 女性并不甘于生存在这样的社会定位中，她们要抛开贤妻良母的束缚，要像男人一样，以独立的身份去完成时代赋予的革命伟业，“把身儿跳入政治世界中，轰轰烈烈，光复旧主权，建设政府”。[⑤]

“国女”概念的前身为“女国民”，丁初我在1905年探讨女子体育时

---

① 丁守和：《中国近代思潮论》，广东人民出版社2003年版，第58页。

② 《中国女学会书塾章程》，《女学报》1898年第9期。

③ ［美］杜赞奇：《从民族国家拯救历史——民主主义话语与中国现代史研究》，王宪明译，社会科学文献出版社2003年版，第10页。

④ 《苏苏女校开学演说》，载朱有瓛编《中国近代学制史料》第二辑下册，华东师范大学出版社1989年版，第582页。

⑤ 同上书，第583页。

首先明确提出“女国民”的概念，“不特养成今日有数之女国民，且以养成将来无数之男国民”。[①] 其后，知识分子为将女子同样招揽于救国的大旗之下特意创造了“国女”一词，用以表明与“国民”男女平等之关系，“我国今日之国民，方为幼稚时代；我国今日之国女，不得不为诞生时代”。[②] 相比于“国民母”而言，“国女”是进步的，因为女性终于摆脱了其固有的女性特征，不再依附于丈夫、儿子和家族，在获得与男人一致的独立人格的同时，也有权参与到国家复兴的运动中来。但是，这两种称谓中“国”字之保留却再次表明，女子的身体也并非完全自由的，它依然要委身于国家的归属之中，在这一点上，女性与男性是一致的，“天下之大匹妇责，斯责逾千钧。……国何由盛何由凋？权自教育操。出而国家入学校，男儿勿乃劳。……近三万万女同胞，愚昧世所嘲。彼欧美女名誉高，岂必皆天骄？起我后学相追攀，奋勉在吾曹”。[③] 一些女学生对于“国女”的出现大为兴奋，燕彬在创建《新女界杂志》时就将“国女”作为所创刊物的关键词：“‘女子国民’四个字，自从当初造字的老祖宗仓颉造出这四个字，经过了四五千年，他们四个字总没有在一块亲热过一回，而今四个字总算凑到了一块了，这表明女子终于能跻身于现代国民之列。所以，本社最崇拜的就是‘女子国民’四个字……无论出多少期，办多少年，做多少文字，也只能翻覆解说‘国女’二字。”[④]

但是，在舆论转向中出现的“女国民”概念并没有完全脱离“贤妻良母”的影响，甚至成为达成“贤妻良母”的新手段，“我愿女界中啊！拔出脑中的旧思想，放了脚底的苦囚笼，竖起了独立旗，撞响了自由钟，改革烧香按佛的劣根性，做个知书识字的女英雄，那才能够传善种，整家风，有才有德都无憾，宜室宜家乐事融”。[⑤] 在这里，“竖起了独立旗”的“知书识字的女英雄”，到最后也终抵不过这“传善种，整家风”的有德

---

① 丁初我：《女学生亦能军操欤》，《女子世界》1905 年 1 月。

② 海上独啸子：《女娲石》，载章培恒、王继权编《中国近代小说大系》卷 25，百花洲文艺出版社 1991 年版。

③ 《北洋女子师范学堂毕业纪盛》，载朱有瓛编《中国近代学制史料》第二辑下册，华东师范大学出版社 1989 年版，第 692 页。

④ 燕彬：《本报对于女子国民捐之演说》，《中国新女界杂志》1907 年 2 月第 1 期。

⑤ 佚名：《新年乐》，载阿英《晚清文学丛钞 · 说唱文学卷》上册，中华书局 1960 年版，第 41 页。

闺秀。《教育周报》亦有文称:“使女子欲为军人者,吾非所望于今日之女子也;使女子尽为侠客者,吾亦非所望于今日之女子也。吾之所望者,即数千年相传之妇德。”① 尽管这里仍然存有贤妻良母的思想,但这绝不仅是以男性为中心的教育立场,“尽夺男儿气”的教育宗旨要求女性同样具备“雄”“豪”“侠”的国民精神,使得女性与男性一同比肩而立。

二 女学生着装中“国货”之端倪

国货,简而言之就是中国生产的货物。自晚清开埠以来,特别是《马关条约》的签署使得外国公司获得在华办厂权后,帝国主义的经济触角便不断地深入到中国不同地区与不同产业中,尤其是作为保证晚清对外贸易处于顺差状态的第一产业——丝织行业,不但发展前景受阻,甚至影响到是否能够生存下去的攸关问题。但是,面对外国侵略势力的武力威胁,中国政府根本没有能力通过设置高额的关税以禁止或者限制质优价廉的进口商品,所以只能以倡导国货、唤起民众爱国心的方式来提倡民族消费文化,国货运动应运而生。在这场旷日持久的运动中,学生,尤其是女学生的服饰受到了严密的监控,“国货”成为官方设计的不二选择,而女学生也自觉地将服饰进行“本国”与“外国”的区分,从而有效地生产出“爱国的产品”与“叛国的产品”两个概念,以自身对于国货的支持行为将民族主义的发展落实到消费主义的基本形态之中,这是此时期女学生展示其“国女”身份最直接,也是最明显的表征。

尽管新装的潮流在女学生的世界里不断蔓延,并成为一种不可逆转的趋势,但它的更新仍然需要一定的经济基础作为保证。因此,没有收入来源的女学生不可能迅速完成全部西化的着装方式。另外,着装的改革又会对国内经济产生明显的影响,尤其是在盛产丝织绸缎的江南地区,盲目西化的穿衣方式也引起了商人们的担心,“女学生布服制不适体无论矣,而对于国产之绸纱罗缎,亦以其花样不新、颜色不齐,非购自舶来者不可,长此以往,则丝绸产销之家由衰而败也”。② 因此,在“爱国”思想与经济发展的共同诉求中,“穿国货、用国货”的呼声日益高涨。

① 孙增大:《中国女子教育之主张》,《教育周报》1914 年 2 月 15 日。

② 沈伯尘:《老上海女子风情画》,齐鲁书社 2012 年版,第 206 页。

随着“国货”运动的深入推进，一个新的问题出现了：带有明显传统色彩的“国货”，比如长袍、马褂，是否与“辫子”一样，是一种封建与落后的代表呢？这关系到“国货”概念是否合理的关键问题。最初以沿海丝绸产业商人为主要组成部分的中华国货维持会对此问题进行了解释，他们通过一系列的政治上书，将辫子与服装的政治含义分离开来：长辫子是落后的象征，而以国产原料制成的长袍却具有爱国的意义，它仍然是忠于政府的。① 这样的重新阐释消除了统治者的顾虑，不仅确保了中国本土服装业得以生存下去，而且也建构了民族消费主义的行为准则，从而为“易服不易料”的服饰改革思路奠定了基础。

民国元年，政府开始酝酿定礼服方案的制定，以西服为定式的倾向引起丝绸行业的忧虑：“我国衣服向用丝绸，冠履亦皆用缎，倘改易西装，衣帽用呢，靴鞋用革，则中国不及改制呢革，势必购进外货，利源外溢。故必亿兆民用愈匮，国货愈困也……故此，不如暂仍旧制。”② 这些言论所言非虚，但“暂行旧制”的主张显然难获支持。在此背景下，“易服不易料”的折中思想出现，“我国同胞而欲国之富也，则宜爱用国货。用国货则改易西服宜尽以国货为之，不必用西人之呢羽”，③ 从此，“装可改，服可易，外国货不可用，国货不可废除”④ 的着装改革思想存续下去。在此背景下，1912 年底，教育部公布的《学校制服规程令》中，学生的制服样式明显虽有西化色彩，但“制服料质以本国制造品之坚固、朴素者为主”。⑤ 在男性精英知识分子所塑造的理想之女学生形象中，“国货”也成为其中的必备因素。⑥

除了对于着装质地的“国货”要求，女学生着装中的很多配饰本身也带有极深的“国女”特色，“爱国礼帽”就是其中的一种表征。1915 年，丧权辱国的《二十一条》签署之后，天津实业家宋则久在市场上出售完全国货“爱国布”，从此，“完全国货”的布匹均被冠

---

① 伍廷芳：《奏请剪辫不易服折》，《东方杂志》1910 年 8 月 25 日。

② 《服饰刍议》，《申报》1912 年 1 月 7 日。

③ 《易服以保存国货为要义》，《大公报》1912 年 1 月 12 日。

④ 《维持国货以兴商业说》，《申报》1912 年 6 月 13 日。

⑤ 《教育部公布学校制服规程令》，《教育杂志》1912 年第 4 卷第 7 号。

⑥ 飘萍女史：《理想之女学生》，《妇女杂志》1915 年第 3 期。

以“爱国布”的名称。仿照这种思路，在原料、资金、劳动力方面同样“完全国货”的“爱国礼帽”成为女学生配饰中的重要组成部分。就样式而言，“爱国礼帽”与一般西式小礼帽并没有太大的不同，但在迎合女性爱美心理的同时，它却为自己冠上了“爱国”的头衔，因此一经投放出售，就有“应付不暇之势”。[①] 由于“爱国帽”为质地较薄的夏季礼帽，寒冷的东北地区便相应出现了专为女学生冬季佩戴的“和平帽”，和平帽“帽檐可宽可紧，缺口开在帽的左边，即使头大头小都可以佩戴，又可加上流苏，以显须眉之气”。[②] 与“爱国帽”相似，“和平帽”也是“拥护国家”的一种表征。

为支持国货的推行，女学生们还在抵抗《二十一条》的运动中上演了抵制日货的罗曼史。1914 年，上海十四女校的学生亲手以“爱国布”制成了 20000 顶白色礼帽以表达她们对于日本草帽的抗议；[③] 上海学生联合会和上海工业学院发表宣言呼吁中国制造商生产便宜、时髦、优质的物品来代替日货，女生亲自生产像布伞、手绢、书袋和儿童玩具这样的物件，在这些物品上，她们还加上诸如“抵制日货”“立雪国耻”的标语；[④] 在镇江，女学生们专门创建了“国货负贩团”，纷纷走上街头，在城市和乡村售卖自己亲手制作的国货商品。[⑤] 一些学校的女学生还走上街头，向群众分发各种抵制日货的宣传单，“同胞”“国货”“国耻日”成为她们的宣讲主题。可见，女学生在抵制外货的运动中扮演重要且显眼角色，这迎合了国人及女性本身对于“国女”形象的心理期盼。

不良商贩与机会主义的流氓有时会利用学生们盲目的爱国心来对那些拒绝抵制洋货的外国人施与暴力。20 世纪 20 年代末，福州南部沿海城市有位美国领事下结论说：“国货运动组织经常是对敲诈团伙的一种委婉说法。”[⑥] 在一个声名狼藉的案例里，一个大学的学生组织领袖利用自身的

---

① 《最新发明：爱国女帽》，《神州女报月刊》1915 年第 2 期。

② 《女子服装改良的讨论》，《妇女杂志》1921 年第 7 卷第 11 期。

③ 《自力更生，抵制日货》，《申报》1914 年 7 月 21 日。

④ 《学生界抵日活动日渐高涨》，《申报》1914 年 9 月 17 日。

⑤ 《镇江女生组织国货负贩团》，《申报》1919 年 8 月 5 日。

⑥ 《福州领事给美国国务卿的报告》，1928 年 8 月 21 日，国家档案馆中心记录，档案号：FILES893. 504/62。

地位与资源，通过向商人敲诈钱财，使自己和自己的同伙获得金钱，一个更为激进的学生团体——铁血团——被他的背叛激怒了，"代表我们四万万同胞"将他暗杀了。[①] 可以说，某些负面的行为玷污了运动的声誉，但是巩固了这些概念的话语霸权：即产品具有民族性与国家性，民族国家的公民必须忠诚于自己国家的产品。

三 女学生着装中"国货"之制度化

尽管民国元年国民政府已经把"国货"视为女学生着装的一种要求，但内忧外患不断交加的北洋政府根本难以实现从上到下的严密统治与管理，因此在实践层面上，"完全国货"的目标无法达成，任何关于国货标准的相关规定甚至也没有出台。直到 1927 年南京国民政府建立后，随着党化教育的不断深入与新生活运动的开展，女学生不但在着装上严格遵循"国货"之要求，更深入到各种活动中积极宣扬"使用国货""支持国货"的口号。

早期阶段，政府并没有简明的定义与确切的国货识别方法，随着商业的迅速发展与抵制外货的日益强化，人们开始对单一的国货认证标准有所诉求，因为人们需要使用一种统一的标准来精确地鉴别哪一种产品是国货，而哪一种产品又不是国货。1928 年，南京国民政府正式颁布了《中国国货暂定标准案》。在该案中，资金、经营、原料、劳动力被视为评定国货的四大因素：就资金而言，创办企业的本金必须全部为国人资金，虽可利用外资为流动资金，但却控制在一定比例内，必须满足国人为最大控股者的条件；就经营而言，企业之经营权、管理权、经济调动权必须由国人掌控，但技术权可在必要时容许西人参与；就原料而言，必须充分采用国内生产的材料，只有当国内没有原料可以使用时，才能适当使用外国生产之原料；就劳动力而言，必须雇用本国工人为企业员工之主体，虽可聘用一定的外国技师，却不能凭此参与到经营权的运行当中。根据这四大原则，国货被确定为七个等级，一等最为纯正，七等最不纯正，政府还对符合标准的生产厂家发放了国货证明书。

---

① 饶训进：《提倡国货》，载马崇淦编《全国现代高中作文精华》第 2 册，勤奋书局 1936 年版，第 37 页。

第一等：国人资本，国人经营，完全本国原料，国人工作。

第二等：国人资本，国人经营，大部分本国原料，国人工作。

国人资本，国人经营，大部分本国原料，外国技师。

第三等：国人股本，借用外款，国人经营，完全本国原料，国人工作。

国人股本，借用外款，国人经营，完全本国原料，外国技师。

第四等：国人资本，国人经营，大部分外国原料，国人工作。

国人资本，国人经营，大部分外国原料，外国技师。

第五等：国人股本，借用外款，国人经营，大部分本国原料，国人工作。

国人股本，借用外款，国人经营，大部分本国原料，外国技师。

第六等：国人股本，借用外款，国人经营，大部分外国原料，国人工作。

国人股本，借用外款，国人经营，大部分外国原料，外国技师。

第七等：国人资本，国人经营，完全外国原料，国人工作。

国人资本，国人经营，完全外国原料，外国技师。①

在厘清国货概念的过程中，“国人经营”的概念获得了极大的强调，成为界定国货的基本标准，而资金、原料、劳动力在不妨碍“国人主权经营”的前提下都可以有所调节。从表面上看，这是一种“经济主权”的观念，但进一步来讲，这种国货标准的制定与表述方式更使得“产品的民族性优先”这一观念完成了官方法规化的进程，更以书面形式解决了“把‘消费’定义为抵抗帝国主义的方式”这个时代的中心问题。

厘清国货标准后，各地区政府陆续将“使用国货”纳入进对学生服饰的管理体系中。故都北平行风气之先，1928 年，北平市教育局规定，“学生鞋袜颜色由各校自定之，但衣物不论内外，均以本国制品为限”；②

① 《工商部为中国国货暂定标准致国民政府呈》，载《中华民国史档案资料汇编》第五辑第一编·财政经济（八），江苏古籍出版社 1994 年版，第 742—744 页。

② 《京师中等以下学校学生制服规则》，《京师教育月刊》1928 年专载刊物。

除此之外，北平市政府还要求，党化教育中的重要组成部分——童子军（不论男女）——的服饰，帽、衫、裤等也均要求为“国产斜纹布”。[①] 1930年春，南京教育部在查处奇装异服的同时，规定全国教育机构必须命令学生，不论所在地区与所在学校，必须穿着由本国布料制成的制服。[②] 此令一出，各地纷纷承办：河北省教育厅规定“凡属公用物品应尽先购用国货，饬即遵照办理并转饬所属，一体遵办……应请转饬所属各学校所有制服、制帽以及一切公用物品一律尽先购用国货，以资提倡，自于国货前途裨益匪浅”；[③] 在奇装异服较为盛行的广东省，省长林云陔亲自签署《布告制服限用国货案》，要求学校、政府、社会对此应“务须函复，致力执行”；[④] 而在“多妖娆艳丽之女性”的上海，当局对学生制服的国货要求更为严格与周密，“学生制服质料，春冬用国产呢或国产布，夏秋用国产布，女生之裙用国产绸，但须全校一律”。[⑤]

管理相对松散的大学也将“国货”纳入到本学校的管理章程中：厦门大学规定学生衣着、物品“材料须用完全国货”；[⑥] 集美大学不但要求女学生的服饰俱“用完全国货”，还特别指定陈嘉庚制衣公司来完成学生制服的制作，“以振地方经济”；[⑦] 国立浙江大学“决定采用三友实业社之浅蓝色大众布为校服布料……以制美观耐久之国货校服”；[⑧] 私立岭南大学同样“特规定一种校服，以昭划一，其式样为白色短袖雪衣黄斜裤，衣料俱用完全国货，皆以徒步为之”。[⑨] 南京金陵大学因本校女生较多，在规定学生不得着奇装异服的同时，也规定“本校女教员同样须穿本国粗布衣物”。[⑩]

---

① 《中国国民党童子军徽章制服样式及佩戴法》，《党童子军司令部月刊》1929年专载刊物。

② 部令—教育部训令：《各级学校遵着制服》，《北京大学日刊》1930年第2526期。

③ 《河北省教育厅公函第一三零号》，《河北省政府公报》1930年第2卷第7期。

④ 《布告制服限用国货案》，《广东省市政公报》1930年第354期。

⑤ 《上海市中小学学生制服统一办法》，《上海市政府公报》1931年第149期。

⑥ 《学生应一律遵着制服之部令》，《厦大周刊》1931年第10卷第18期。

⑦ 《规定女生制服材料》，《集美周刊》1932年第11卷第11期。

⑧ 《女生春季校服规定用国货》，《国立浙江大学校刊》1934年第168期。

⑨ 《规定学生日常校服》，《私立岭南大学校报》1934年第7卷第3期。

⑩ 《女教员当为学生之表率》，《摄影画报》1934年第10卷第29期。

从国家到地方再到学校的层级管理中，本属于个人选择的女学生服饰在“救亡”的时代命题下被赋予“国家”的头衔，这样强制、硬性的管理也使得“支持国货”的观念得到了有效的内化。女学生金芷馥主动将使用国货与爱国联系起来，而不穿着国布者则“有叛国心”，她称：“我的母亲，是以纺织为业的，因此，我们一家数口，都穿老布衣。有人说我们是太朴素，其实是荣耀的，试想纨绔子弟，摩登女郎，他们喜穿洋绸洋布，简直是洋货的推销者，又何尝有些爱国心呢?”[①]《机联会刊》中所讲述的一个故事则透过细密的内心挣扎体现了“国家”的完全胜利：一个寄宿在学校中的年轻女孩收到母亲的来信，母亲告诉她已经从家中寄出了亲手制做的长袖内衣裤。严冬来临，母亲的来信让女孩顿感温暖。然而，当衣服快要寄到的时候，女孩开始变得不安，甚至开始失眠，她在担忧一个问题：母亲明白使用国产布料以及避免使用外国进口布料的重要性吗?当内衣寄来的时候，衣服内缝上的商标显示出令人沮丧的坏消息：她母亲使用的是日本丝绸。布料的产地使这个年轻的学生左右为难：一方面，老师已经教育他们要拒绝消费进口产品，尤其是日本产品，以此作为参与反帝斗争的一种形式；另一方面，不穿母亲缝制的衣服是对于孝道的不敬，这在传统的人伦道德中是最大的罪过。最后，小女孩还是决定把民族国家放在第一位。尽管她不停地打着寒战，但她的“心是热的!”故事到此并没有截止，为了防止寒冷，她坚持跑步，当春天来临时，她已经成为一名优秀的长跑选手，并在田径比赛中战胜了来自日本的学生，获得了冠军。[②] 在这篇名为《游子》的故事中，作者明确地表征出了这样一种信息：即使远离家乡，但心中有国的学生并不是孤独的游子，这使得“国家”跳出宏大的诉说，而具有细密、温暖的情感。

四 女学生着装中“国货”之内在激发

1933 年至 1935 年的一系列主题国货年成为宣扬爱国意识的制造工厂，它们将女学生着装中的“国货”因素带入到一个更为深入的阶段，女性成为宣扬穿着国货的主力。站在实然的角度上，就整个国货运动的推

---

① 金芷馥:《把国绸国布提倡起来》,《女子月刊》1935 年第 3 卷第 10 期。

② 佚名:《游子》,《机联会刊》1934 年 4 月 1 日。

进程度而言，它并没有一个倡导实施的主体，商人、官员等不同社会阶层都在运动中扮演着重要的角色。尽管如此，与任何社会改革活动一致，学生仍然在倡导国货的运动中起到先锋作用，“为什么提倡国货，先要从学生做起呢？因为学生是社会的中坚，国家的柱石，他的知识是丰富的，他的心地是纯洁的，他的情感是热烈的，他的行动是勇敢的，社会国家之所期望于学生者，也是非常恳切，提倡国货，如果能委诸青年学生，我想，一定能有相当的成绩表现出来”。①

就服饰而言，女学生的角色则是复杂的，一方面，她们是在国货运动中被迫改革的对象，侯婉如的回忆验证了这一点，“青布衣服本来是乡下大妈穿的，城市中的小姐是绝对不愿把青布作为衣料，尽管是国货，但也不免寒酸。因此，当这种青布被学校当局定为校服时，学生们有反对，尤其以爱美的女学生居多。我那时还在中学读书，记得有许多同学，联合起来正式对训育主任提出抗议说：‘我们不赞成穿青布衫黑裙，这样像卖鱼婆；我们也不愿穿青布长衫，这样像裁缝师父。’但学校当局没有答应，且有‘不穿校服即作旷课论’的规定，于是，学生们只得恨恨地穿上了这样以土为美的国货。时候一久，社会上的女人，都穿起青布衫来，渐渐地，青布衫简直变了顶摩登的衣服，国货的魅力大了起来呢”。② 另一方面，女学生又是这项改革主题中的主要力量，“女学生素为社会重视，在许多场合上，常为风气的先导者，这是事实的表现，十分肯定的证明，往前一切新异的装束，不大半都从女学生的身上，而推行模仿到整个妇女界吗？所以‘系铃解铃’，女学生们在这个时候，若能以身作则，切实服用国货，那么，事半功倍，自可预料；并且，她们在学生时代，倘可建筑起一层提倡国产的念头，将来脱离学校生活后，在社会、在工作、在家庭，都能随时宣传，且是终身不忘的”。③ 因此，教育界中的女学生以身作则，不仅服饰衣着均用国货，一切物品也以力求国货为己任，“教育界应……自为表率，平时服装，常穿国货材料制成的制服，一切谈话、行动，所用物件，务必均以提倡国货为原则，然后再将学校中一切的建筑、设备、文

① 巴玲：《学生国货年的学生》，《申报·国货周刊》1935 年 2 月 28 日。

② 侯婉如女士：《献给全国大学中的女同学们》，《申报·国货周刊》1935 年 1 月 10 日。

③ 肖白：《“学生国货年”中希望于女学生者》，《申报·国货周刊》1935 年 3 月 14 日。

具、用具，尽量采用国货，使整个的学校中，无洋货存留，而成为纯粹的国产销费场所……在这学生国货年中，女学生必须责有攸归，义不容辞，自更应站在男学生的前面，为国货前途而努力"！①

这种高昂的爱国激情不仅展现在学生着装的自我要求中，更落实在各种不同的活动展示中。福州第二女校的学生编写了国货展览会歌，大声疾呼使用国货的迫切："兴起，兴起，中华民族快兴起！国货大家不注意，洋货充斥损权利。我们的钱袋裂了缝，我们的银箱漏了底；富翁渐渐变穷人，穷人哪有立足地？努力，努力，愿同胞兴起。兴起，兴起，中华民族快兴起！中华物产本富有，国货不比洋货低。趁这次展览好时机，快些来研究和设计。人人立志用国货，洋货怎能攘权利？努力，努力，愿同胞兴起。"② 上海的女学生提醒市民要细心留意那些出售假冒国货的投机商人，"一般丧心病狂的商人，从中取利，将此种蓝布改头换面，或先进白疋，加以印染，于市上出售，充作完全国货。孜其原坯，尽皆劣品，若欲购真正之国产，绝无仅有，一般购用者，都堕入彀中"；③ 进德女子学校的女生们就在中华国货展览会上演出了《奸商末路》的喜剧，以抨击那些以洋货营利的不良商贩；④ 北京国货展览会期间拍摄的一张照片更说明了学生投入国货运动中所具备的"积极改造"的特性：来自北京二十多所学校的学生们在展览会的入口处整齐地列队等候进入会场，这里不乏如北京女子师范学校等女校的学生们，她们通过观看的方式来亲身明晰"国货"的概念，当她们走过展览国货区时，通过切实的接触与了解，一种民族经济融合、自力更生以及反对帝国主义的叙述话语浸入她们年轻的心灵。

在这场声势浩大的国货运动中，那些爱美的女性则成为"无爱国情怀"的代表，她们的行为不但使国家的经济受到影响，更愧对于男性于战场上的牺牲，"妇女已不宜效力疆场，自应今理应倡导国货，以告慰护国之英灵"！⑤ 所以，诸多男性，包括女性自身都在不断地奉劝女性抛弃这种低俗的爱好，"斗艳竞靡的太太，花枝招展的小姐，稍微牺牲一点美

① 玄万：《教育界与"学生国货年"》，《申报·国货周刊》1935 年 2 月 21 日。

② 《女子提倡购置国货歌曲》，《福建教育厅周刊》1935 年 2 月 20 日。

③ 仁孚：《女学生们注意》，《申报·国货周刊》1935 年 6 月 20 日。

④ 《中华国货展览会中的演出》，《申报》1928 年 12 月 2 日。

⑤ 《妇女国货年之口号》，《国货半月刊》1934 年第 1 卷第 3 期。

观吧！这既可救国，又可救人，这是多么伟大的行为啊！[①] 但是，一些女学生对这种批判持有不同的看法，她们在积极倡导国货的同时，也极力反对着“女子破坏国货运动”的观点。1934 年 5 月，南京妇女国货促进联合会在金陵大学的校园中主办了一场宣传妇女年的演讲比赛，超过八百名女学生参加了这场宏大的辩论赛。在大多数演讲畅言女学生应顺应时代、放弃爱美之心的主流话语中，高中女学生吴锦云走得更远，一方面，她承认国货运动的重要性；另一方面她也认为，国货运动将女人描绘成只会盲目消费的动物是对女人极大的侮辱，因为国货运动是女人和男人共同的责任，那些指责妇女“破坏国家、丧失领土，并导致运动失败”的男权论调无疑是在掩盖“男性的审美心理在间接作怪”的本质原因，因此，女性“以赎罪的形式来参加国货运动无疑是无辜的受害者”，她们不应该在受到男人批判的同时又独自扛起推行国货的大旗。[②] 同样，一些女性一针见血地指责男性将国货问题推卸到女性身上是一种懦弱无能却又卑鄙可耻的表现：“（男性）何不把刀锋儿向外，偏要在我们女人身上大作其文章，从头发梢儿上起到脚底为止，今天取缔这，明天取缔那，真是一点儿都不知害羞！……男人也不要动不动就拿海关进口数字来吓唬我们，要知道，在中国的妖艳外国女人，也是同中国爱美的女子一样的涂、抹、搽、洒呢。这一页糊涂账，请你们男人造账时笔下留情，再慎重核算一下，不要瞎开账单，随便什么都向女人身上一推！”[③] 这种酣畅淋漓的反击所道出的正是对女界不平的呐喊，这既是女性于反抗中的自觉，更是在对整个近代社会女性形象设计的本质揭露中对于男权的高声控诉！这一点，在近代社会的充满压迫与反抗的历史环境中，恐怕也只有先进的女学生才能想得出、做得好、办得到。

第四节 女性自我的觉醒:女学生对“英雌”的极力模仿

当女学生于“国货”中体现她们的“国女”本色时，“英雌”的塑

① 慧英:《学生国货年学生们应有的认识》,《国货半月刊》1935 年第 2 卷第 1 期。

② 吴锦云:《对于国货运动应有的认识》,《妇女共鸣月报》1934 年第 3 卷 61 期。

③ 佚名:《勿再在女人身上做文章》,《玲珑》1934 年第 154 期。

造也在紧张地进行着，此时的女学生在模仿男性的同时，又充分发挥自身的能动性，试图完成对男性话语的超越，所以，一方面，她们以身着男装的行为来抹杀女性的性别特征，以求获得与男性一致的身份认同；另一方面，她们又极力投身于革命的洪流中，将男性性格中的“刚”与女性形象中的“美”结合起来，从而制造出“美女英雌”的形象。正是在这不可分割的形象塑造中，女学生对于“英雌”的向往与身份认同被极大地激发着。

一 “英雌”之出现

随着革命的日益深入，“国女”的塑造走上了一个更为内化的进程，作为“英雄国女”的“英雌”形象开始出现。海天独啸子在《女娲石》中将那些“我以我血荐轩辕”的革命女性称为“英雌”，它全能地包含“雄、豪、侠”等不同方面的内容。1906 年，杭州旗城女学校校长惠兴因办学经费遇困而以身殉学，一时间全国轰动，《大公报》专门撰文称其“英雌虽死，尤为荣光”以示纪念，并激愤地叹息，“呜呼！学校成矣乎？曰成矣。学校成而女杰死。呜呼！女杰死乎？曰死矣。女杰死而学校兴，学校兴，女杰虽死犹生”。[①] 此文一出，惠兴的故事便急速传播，成为各方，尤其是学界注目的热点。一年后，女英雄秋瑾用肉体的牺牲践行了她的革命誓言，成为女界革命第一人。从此，“英雌”话语活跃于女学界之中，成为自中国女权运动兴起以来女性追求理想形象的极致性旋律，女学生更是其中的重要参与者。这其中既有“斯巴达魂今来”“立志愿作女英雄”[②] 的壮志，也有“共事铁血，今宁独让须眉?”[③] 的豪情，香山女学校的立学约定中更不断出现诸如“尔当勉为世界之女豪”的“警女”训言。[④]

女性学生不仅仅在言语上诉说其对于“英雌”的向往，更以实际的行动来实践这些壮志豪言：湖南女子师范一年级学生曹道新弃文习武，开

---

① 三多：《记惠兴女杰为学殉身事》，《大公报》1906 年 3 月 14 日。

② 金一：《女学生入学歌》，《女子世界》1904 年 12 月第 10 期。

③ 《女子学校军事团宣传单》，《民立报》1911 年 6 月 19 日。

④ 《香山女学校学约》，《女子世界》1904 年 7 月第 7 期。

辛亥革命以来女子弃笔从戎之风气，江西都阳竟成女学教员周其永因组织女子军事协进会而扩大了女性投身军事的范围，宗孟女学校校长陈婉衍以炮轰上海司令部而名闻国内……可见，学界女性正是以行动诠释着“英雌”的主张。作为身份符号的服饰也同样表征着“英雌”的女性形象，女扮男装是女性进行自我英雌塑造的重要环节。

二 “英雌”之形象：女扮男装的服饰风格

女扮男装的现象由来已早，善于骑射的满族女子开辟了有清一代女子穿着男装的风气，北京肃亲王善耆的大格格“马上往来，喜着男儿装束”；[①] 也有青楼女子出于追寻新颖、吸引眼球的心理穿着男装，一些上海歌妓眼戴墨镜，身着宽袍大袖，引得“各路看官，趋之若鹜”。[②] 但总体来讲，这时的效仿多为女性或于便利，或于情趣上带有偏好色彩的选择，尚未与宏观的“国难”话语建立联系。带有近代“英雌”意义上的女扮男装是伴随着民族危机的深入展开的，“光宣之间，女子为自强之意而竞效男装……戴猎帽、着西式大衣之女子徒步而走，几不辨其为女矣”。[③] 几乎在同一时间，作为优秀的进步女性，女学生也成为“女扮男装”的带头人，她们“头戴瓜皮小帽，上钉披霞，身穿京式之元绉棉袍，竹根青马甲，足穿旗装青黑镶边鞋，飒飒然尽须眉之气也”。[④] 一时间，与“救赎国家”相联系的“女扮男装”成为女性争相相仿的风气。小说《文明小史》中，尽管作者批判了“女扮男装”的风气，但作为上层社会的有闲阶级，学堂出身的少奶奶仍旧紧紧追随这股潮流，“足登外国尖头皮鞋，身套深色对襟大褂，却拖着一条长长黑黑的辫子在背后，真是弄不懂这股男不男、女不女的潮流究竟有何好处?”[⑤]

榜样的力量是伟大的，在近代这样一个尤为需要榜样力量的年代中，革命女战士秋瑾就是女学生效仿的一大榜样。爱好男装的秋瑾极为厌恶女性穿着符合男性审美意愿的华衣锦服，并以此为耻，“作男子之玩物、奴

---

① 转引自吕美颐《中国近代女子服饰的变迁》，《史学月刊》1994 年第 6 期。

② 《妖服论》，《申报》1872 年 9 月 18 日。

③ 徐珂：《清稗类钞》（第四册讥讽类），中华书局 2010 年版，第 61 页。

④ 张志瀛绘：《不甘雌伏》，《点石斋画报》1889 年第 206 号。

⑤ 李伯元：《文明小史》，熊飞校勘，江西人民出版社 1983 年版，第 258 页。

隶而不知耻,受万重之压制而不知痛,受凌虐折辱而不知羞,奴颜婢膝,靦颜不以为耻辱”。[①] 同时,喜着男装,长于饮酒、舞剑,自号“竞雄”的秋瑾在不同学校任教时就给各位女学生留下了较为深刻的“男性”印象,朱赞卿在回忆秋瑾在大通师范任教时的装扮时说“她着男装是到底的”;[②] 而执教于豫教女学堂的日本教员服部繁子对于秋瑾男装的打扮印象更为深刻,“穿着西式裤子,茶色的皮鞋,蓝色的鸭舌帽,露出披散蓬乱的黑发……总之,完全是一副男士的、而且摩登的打扮”。[③] 身着男装的秋瑾还极为尚武,陶成章回忆秋瑾时称其曾亲自带领学堂女学生练习兵式体操,并常常身穿黑色洋服,率领学生骑马到野外进行打靶演练,[④] 这种女扮男装的行为和尚武的观念必然会给学生带来更为直观的感受,从而产生较大的影响。

需要指出的是,女扮男装的现象并不是个人的爱好或迷恋,在很大程度上,这种选择与学堂一些隐而不彰的培养目的相互联系,九江女校章程中便含蓄地表达了要培养“与男子一样的女子”的观念,有“女子身份自与男子无异,学生不得涂脂抹粉,致堕取媚男子之恋习”的说法。[⑤] 金天翮在中国的第一本本土女权理论著作《女界钟》中,则直接明确地表达了要将女子培养成为“思想发达、具有男性之人”的形象。[⑥]

新兴现象的发展并不是一帆风顺的,它们总会受到批判。当一些群体将女扮男装者视为“新女性”的同时,另一些群体则对这种现象进行了言论上的非议与道德上的攻击。《未来世界》的作者借小说人物韩京兆之口也对女学生的这种行为表达了否定的看法,甚至对“男女平等”的说法不屑一顾:“近来的女子,只一进学堂,无论学习好坏、识字与否,都能学得个满身刁气,开口闭口不离男女一样,夫妻平等。这话虽不能成为错,却也失掉了女子的身份,难道那些不男不女的着装也可以听任小妮子

① 郭延礼选注:《秋瑾选集》,人民文学出版社2004年版,第181页。

② 中国人民政治协商会议全国委员会文史资料研究委员会编:《辛亥革命回忆录》(第四集),中华书局1963年版,第143—149页。

③ 郑云山:《秋瑾》,上海人民出版社1980年版,第27页。

④ 陶成章:《浙案纪略》,载中国史学会主编《中国近代史资料丛刊〈辛亥革命〉》(第3册),上海人民出版社1957年版,第31页。

⑤ 《九江民立女校章程》,《女子杂志》1904年第9期。

⑥ 金天翮:《女界钟》,上海古籍出版社2003年版,第38页。

们的自由么?”[①] 革命小说《黄绣球》中，一位接受过西式教育、以医生为职业、热心兴办学堂的新式女性也对女扮男装者嗤之以鼻：“她们（指代女学生与女革命者）的装束，只像个放荡的公子，浮薄的少爷，上海话里的‘滑头’，这样的装束也被推行，岂不是怪哉怪哉?”[②] 不知此番言论是真的表达了这位“开明”女性的真正思想，还只是充当了为男性代言的传声工具而已?

但是，这些女扮男装者也只是在着装上追求男性化的表现方式，她们的容貌依然是极具女性特质的，“美貌”的塑造也是宣扬英雌形象的惯用手段，理想的“英雌”，不能仅有松柏之气，更应被设计为美艳绝伦的。一向被压抑、被控制的女性，突然间以妖娆的姿态开始活跃在国家的舞台上，甚至成为护国的主力，这种极具浪漫特色的想象在保持女性自身性别特质的同时，也将女性卷入错综复杂的政治格局中。海上独啸子在《女娲石》中塑造了接受新式教育的英雌女性——十八岁女学生的钱挹芳，此女得“雪肤、红唇、柳叶眉、丹凤眼”,[③] 这种描写的方法不过是沿用了古代文章中描绘美女容貌的陈词滥调，却仍使读者觉得趣味盎然。同时，这些美女不但容貌娇艳，更是酷爱史书、参讲政治、忧心国事、担心时局，她们竞相以女子之身，以或暗杀，或行刺，或枪战的方式担当起拯救天下的重任。秋瑾就义后，几乎所有关于秋瑾的小说都将她的形象进行了“美女化”的处理：“陈生正听着，忽然发觉眼前一道绮丽的明光，仔细一看，却是一位二十来岁、极为标致的女人（指代秋瑾），身上穿黑衣裤，头戴棉小帽，虽颜色暗沉，但那白白的脸、黑黑的眼、弯弯的眉、细细的腰，却也是一位美妙的仕女。”[④]

为何要在将英雌的衣着去性别化的同时又对英雌的容貌加强固有的女性特质呢？这种将女革命者的外貌夸张为天仙的笔法并非仅仅是一场旨趣

---

① 春帆：《未来世界》，载董文成、李勤学编《中国近代珍稀本小说》（拾），春风文艺出版社 1997 年版，第 458 页。

② 颐琐：《黄绣球》，载阿英编《晚清文学丛钞》（小说一卷上册），中华书局 1960 年版，第 233 页。

③ 海上独啸子《女娲石》的相关文字均选自章培恒、王继权编《中国近代小说大系》卷 25，百花洲文艺出版社 1991 年版。

④ 无生：《轩亭复活记》，《女子世界》（刊印本）1907 年，第 6 页。

的狂想，更是一种符合时代需求的造神运动。实际上，在近代的很多文章中，关于女性的改革都处在一种极度夸张的状态里：废缠足运动时，天足、放足的女性成为中国得救的一大法宝；广兴女学时，书卷、学堂中的女性成为中国强盛的一种力量；“军国民”口号中，女性又被视为整个国民与民族的拯救者、再塑者；到了呼唤英雌的时代，那些极具牺牲精神的女战士自然成为美貌与美德的代表。这与其说是在尊重女性，还不如说是在满足男性于政治失败中所极力寻求的臆想与愿望，也正是借助于这样的臆想，男性缓释了他们内心的焦虑，重振了他们斗争的信心。

三 “英雌”之行动：为革命而献身

“英雌”不但刺激着学生于形象上的模仿，更成为学生行为上的榜样。女学生吴淑卿组建了汉阳的首支女子军队，她个人也因在历次战斗中作战勇敢，甚至屡次负伤而被冠以“首领义侠”的荣誉；武昌首义后，在校读书的女学生张昭汉迅速加入到光复事业中，早年她为革命奔走不停，在上海坚持斗争，“数挟炸弹出入端氏之内宅”。后来，已经回归到圣约翰大学英语系读书的张昭汉再次毅然退学，组织上海女子军事团，“其豪侠勇敢之慨，足以光中国而愧须眉矣”。① 相比于有能力投身于革命的英雌来说，那些尚未以“英雌”行动的女学生同样不甘于“出师未捷身先死”的命运，上海学生丁淑仪立志于成为“女杰”而改名“志先”，却不幸身患重病，愤恨不得救国之志，临终前痛诉：“最不能忘者，国事耳。此生不能死国，死实有憾！”②

实际上，无论是“国女”还是“英雌”，此两者的存在语境，从一开始就处在一种矛盾之中。一方面，她们不断挑战男权政治与男权统治；另一方面，她们也不得不对男性进行退让与屈服。她们在跨越性别界限以争取与男性一致权力的同时，也不断放弃自身的女性特征来成为男性的摹版，这样的女性运动是否达到真正的平等？又是否能被称为真正的成功？在整个近代中国的自我救赎中，“人”的培养，无论是国民、党民还是新民，其所建构出的“人”的形象始终是男性化的，这种服从于整个民族

① 陈鸿璧：《光复时代女界活动史》，《神州女报》1912 年 12 月第 1—2 期。

② 《〈少年歌〉及〈世态〉诗末之记者识》，《女子世界》1904 年 2 月第 2 期。

复兴与国家建设需要所设计出的大写的“人”很少考虑从女性的实体中汲取营养。因此，女性所要成为的“人”也要具备与男人一致的性别特质。以此逻辑继续推演，若想要参与到男人的活动中，如救国、革命与战争，女人就必须成为与男人一样的角色，至少要以男性的标准在社会环境中生存、抉择。所以，无论是女扮男装的易装行为，还是抛颅洒血的革命活动，都是这种挑战与屈服的双重展现。

第 四 章

“前台”的表演：层次分离中的学校仪式转变

> 我们从仪式与象征入手探讨社会与文化及其变迁，实在是由于它们原本是人类思维与行动的本质体现，而却经常被视作当然甚至被视而不见的存在于社会生活与政治生活之中……仪式、神化、信仰体系并非源于政治真空的环境中，它们反映、增强并弥漫于政治权力中。[①]
>
> ——郭于华

历史学家钱穆指出，“要了解中国的文化就必须站到更高的位置上看到中国之心，中国的核心思想就是‘礼’”[②]。随着与西方接触的增多，近代中国似乎在一夜之间便由封闭走向了开放，在这突如其来的“新世界”中，作为“中国之心”的“礼”也要不断面对“新”“旧”的摩擦与碰撞，“传统”“现代”的排斥与融合。学校教育中，传统的教化功能使得“礼”一直处在一个十分重要位置上，作为“礼”之传授载体，学校仪式[③]在受到传统文化影响的同时，也须直面西方政治文化的震荡。在这或被迫接受，或主动迎合的新陈代谢里，一方面，学校仪式要承担起现代化转型的重任，从而成为国家意识形态控制教育领域的途径；另一方面，在

---

① 郭于华：《导论：仪式——社会生活极其变迁的文化人类学视角》，载郭于华主编《仪式与社会变迁》，社会科学文献出版社 2000 年版，第 1—2 页。

② ［美］邓尔麟：《钱穆与七房桥世界》，蓝桦译，社会科学文献出版社 1998 年版，第 9 页。

③ 本章所探讨的仪式概念借用了郭于华的观点：“我们对仪式这一概念采取了广义的理解，它可以是特殊场合下庄严生生的典礼，也可以是世俗功利性的礼仪与做法。”（郭于华：《导论：仪式——社会生活极其变迁的文化人类学视角》，载郭于华主编《仪式与社会变迁》，社会科学文献出版社 2000 年版，第 3 页。）

以民主和自由为口号的自我解放运动中，师生交往中的仪式却又不断打破传统“仪礼”的束缚，使得学生不断挑战教师权威，以此成为学生追求个人权利的表征。近代学校中的仪式正是在这“宏观国家意图控制”与“微观个人努力反抗”的两极化走向中被不断分离开来。

第一节 国家仪式的初现:万寿圣节中的仪式操演

一 国家仪式的兴起

所谓国家仪式，是指“由国家正式主导或派员参加，出于某种原因，周期性或指向性进行的程式化活动”,[①] 因其所具备的国家主导性与政治凝聚功能而被视为近代国家的社会产物。尽管近代中国的国家仪式是在西方政治文化的影响下产生的，但却不能简单地仅仅将其归结为对近代西方国家仪式的单纯模仿，因为中国古代的礼仪与节日同样与“国”有着密切的联系，正所谓“国之大事，惟祀与戎”[②]，且相比于西方国家仪式而言，这些内容更与中国传统文化的内核相呼应，对社会与民众的影响也更为深刻。但是，中西仪式的相似性在很大程度上仅仅是一种巧遇的“貌合”，两者对于“国”之概念的界定有着完全不同的理解，这种“神离”恰恰是中西之间“现代性与非现代性”差异的主要表征。正是在中西文化的共同作用下，近代国家仪式开始走上历史舞台。

（一）中国传统礼仪的影响

虽然仪式是全部人类社会文明中所共有的现象，但“礼”却是中国传统儒家文化之独有特征。“礼”，繁体写作“禮”，“示”部表意，“示，天垂象见凶吉所以示人也……禮，履也，所以事神致福也”。[③] 很明显，所谓“礼”，就是以身体践行奉神之事以纳福。虽然“礼”“仪”二字紧密相连，但其内涵也并不完全一致，唐初儒学大师孔颖达便对两者的关系

---

① 郭辉:《民国国家仪式研究》，博士学位论文，华中师范大学，2012 年。

② 《左传・成公十四年》。

③ 许慎:《说文解字》卷一上，中华书局1985 年版，第2 页。

进行了辩证的描述，“礼是仪之心，仪是礼之貌。……行礼必为仪，为仪未是礼。故云仪，非礼也”，[①] 可见，“仪”乃是表征行为规范的外在形式，而“礼”则指向真正的精神实质。此后，历朝历代均以《周礼》中所归纳的“五礼”——“吉、凶、宾、车、嘉”——作为国家礼仪的标准分类。至清军入关时，为保证自身的统治权力，清政府立即编写了《清会典》《清通礼》等一系列官方典籍来重整、规范礼仪制度，从而构建起少数民族统治中原的合法性。实际上，礼仪与政治的关系一直非常密切，传统政治所奉行的“礼治”之道实际上就是在强调权力上的等级秩序与伦理上的亲疏关系，“祭政合一”就是国家仪式与政治统治中不可或缺的运行机制，仪礼与政治本身就有着不可分割的紧密联系。

同样，“礼”也作为一种文化存在于民间的节日中，并潜移默化地渗透到百姓的日常生活里。最早的古代节日一般与图腾崇拜、占卜禁忌相关，包含了宗教、历史人物、传奇故事等元素在内。到唐朝中期，节日已经从这些带有原始神秘的色彩中解脱出来，变身为一种娱乐性的大众狂欢仪式。传统礼仪大多与古代天文历法所划分出来的“节气”相关，多以“饮食歌舞”为主题，以“集体参与”为形式，彰显出“农耕文化”的节日氛围，体现出“追求圆满”的民族情怀。[②] 可见，这种与中国特殊自然环境、历史因素、社会文化相关的文化属性才是中国礼仪所具有的独特特质。

虽然历史走过了辛亥革命、五四运动、抗日战争、中华人民共和国成立、“文化大革命”等多个具有政治意义或文化意义的时间节点，但“内在”的中国依然在这些礼仪与节日中延续着旺盛的生命力，这包括“外”与“内”两个方面。就外在而言，中国传统的礼仪对象与礼仪形式一直被保留下来，如祭天、祭神、祭孔等；就内在而言，“礼”一直是影响各种国家仪式的核心思想，比如，孙中山的诞辰与逝世纪念日被纳入“吉礼”中，总统就职典礼被纳入“嘉礼”中，阅兵仪式被纳入“军礼”中，这些行为都表示了仪式为政治服务的目的。这是中国传统礼仪中早已包含的精神内核。

---

① 《春秋左传正义·卷五十一昭二十四年》。

② 房泽庆：《中西传统节日文化的比较》，硕士学位论文，山东大学，2008年。

（二）西方国家仪式的传入

相比于中国自春秋时代就已兴起的对“礼仪”的探讨，西方现代意义上的国家仪式产生的时间已经相当晚近，霍布斯鲍姆在研究中称，直到“第一次世界大战爆发前的三四十年，欧洲才开始大量涌现出公共节日与仪式”。[①] 但是，这些新近产生的西方国家仪式，却在武力入侵和知识传播的过程中对近代中国的仪式变迁产生了巨大影响。

晚清的外交官员成为最早目睹西方国家仪式的亲历者。1866 年，时任光绪帝英文教师的张德彝随中国海关总税务司赫德到欧洲考察，他在日记中记载了英国民众庆祝英王诞辰的情形，“英国君主诞辰，各处悬灯结彩，夜晚不禁，胜似元宵”。[②] 在此记录中，张德彝以“元宵”比附英国的君主诞辰日，似乎展现出了中西节日的相通之处。但是，同在此次出行中的斌椿在记录法国国王生辰时，则展现出了另一番不同的情景：“法国国王生辰，街市、铺面皆树旗帜，玻璃灯数百万盏，电气灯灯火通宵不灭，光彩异常。”[③] 在这里，玻璃灯、电气灯等代表西方先进技术的新鲜元素开始出现，而民众参与皇室事件、君主诞生纪念日的开放性和普天同庆的盛大场面才是引起中国外交官不断称奇的深层原因。

相比于这些仅供皇帝参考的外交官日记而言，媒体对于西方仪式的知识传播则更为广泛和深远。梁启超在《清议报》上以美、法两国国庆庆典为例，分析了西方国家仪式的意义，“祝典呜乎起？所以纪念旧事业而奖励新事业也。凡天下一事之成，每不易易，恒历许多曲折，经许多忍耐，费许多价值，而后仅乃得之，故虽过其时，不忘其劳，于是乎有以祝之。……要之，（仪式）借已往之感情，作方新旨元气，其用意至深且美”。[④] 如果说此时的介绍还仅仅是先锋知识分子的“开眼看世界”，到了

---

① ［英］埃里克·霍布斯鲍姆：《大规模生产传统：1870—1914 年的欧洲》，载［英］埃里克·霍布斯鲍姆编《传统的发明》，顾杭、庞冠群译，译林出版社 2004 年版，第 338—339 页。

② 张德彝：《航海述奇》，湖南人民出版社 1981 年版，第 71 页。

③ 斌椿：《乘槎笔记》，湖南人民出版社 1981 年版，第 47 页。

④ 任公：《本馆第一百册祝辞并论报馆之责任及本馆之经历》，《清议报》1901 年 11 月 11 日。

1905 年法国国庆日之时,《大公报》在头版发出庆贺之词——“恭贺大法民主国令节”[①] ——则彰显出其影响的再次深入。这一天,天津法租界内一片热闹的景象,不仅悬挂旗帜、燃放烟火,甚至直隶总督政袁世凯也在上午十点钟亲率天津城内各府、道官员赴法国领事官员署局内进行拜访,以示祝贺。[②] 媒体对于西式国家仪式的介绍使得国人对于西方纪念日的文化获得了更为广泛、普遍的认识。

从以上材料中我们能够看到,西方国家仪式的进入和传播已经引起中国传统“仪式”概念的变迁,并在一定程度上动摇、冲击着国人特别是先进知识分子的观念,西方仪式知识开始在中国的内生环境中落地、开花。但是,任何新事物的接受与移植都需要时间的酝酿,这些改变并不能彻底颠覆传统价值观念与习俗的存在土壤,中国传统礼仪、节日、庆祝方式中的不同因素依然在近代中国的国家仪式中发挥着不可忽略的作用。在中西文化交织影响的背景下,晚清国家仪式已经开始带有现代国家仪式的特点,清末皇帝与皇太后的万寿圣节正是其中的一个代表。

二 万寿圣节:国家仪式的初现

(一)目的:皇帝拥护与立宪准备

万寿为人君之始,明清之际皇帝诞生之日被称为“万寿圣节”,与元旦[③]、冬至并称为“三大节”,至清中期,更与“朝岁”“祭天”等节日并列起来,成为皇家颇为重视的节日。逢万寿圣节,朝廷前后三日不理刑名,万寿圣节当日,皇帝先行拜谒太庙行祭祀礼,次诣皇太后处行礼后,于太和殿受百官朝贺,午时设万寿宴。逢皇帝诞辰举行十年大庆之年,则先派遣礼部官员祭告天地、太庙、奉先殿、社稷坛,一月内不予办理刑事案件。万寿当日,王公百官皆衣蟒袍,各省官员、进士、举人、贡生、监生、耆老等,俱于午门及天安门外排班行礼;各省府、州、道、县官员,则于衙署大堂内设龙牌拜贺。

至清朝末年,在西方节日庆祝方式的影响下,皇帝万寿圣节从原本的

---

① 《恭贺大法民主国令节》,《大公报》1905 年 7 月 14 日。

② 《法租界庆贺事》,《大公报》1905 年 7 月 15 日。

③ 这里指农历一月一日。

“皇家私事”与“官方朝贺”转变为举国同欢、万民同庆的集体性狂欢。但是，娱乐并不是目的，国家将民众纳入万寿圣节庆祝体系的原因是出于对“新政”的标榜，是动荡中的清王朝力图挽救国家统治的政治策略，美化皇帝形象、进而为“立宪”做准备才是此时大力宣扬万寿圣节的主要目的。1902 年，《大公报》在发表《万寿祝辞》时赫然将光绪皇帝比作西汉武帝、俄国彼得大帝与日本明治天皇，称：“我皇上忠于国事也，戊戌事变之际，臣下阻扰，变幻百出，而我皇上惟毅然决然，尽取中国之弊政……其英断实超越乎汉之孝武。虽俄之大彼得，日本之明治，不过是也。”① 一些文章甚至借用国人的学习对象——洋人——之口对光绪皇帝极尽赞颂，“予尝见倭人而问之：我皇帝何如也？曰：中国之明治也；又尝见西人而问之：我皇帝何如也？曰：东方之大彼得也”。② 作为国人效仿与崇拜之对象，洋人对于皇帝的赞颂无疑是可信的，可见文章作者的良苦用心。

可惜，如此明智之君却始终是个没有实权的傀儡皇帝，无实权又怎能有大作为？随着国家危机的加深，国民普遍希望能够出现一位强势的君主来挽救国家的颓势，一时间，“亲政”也成为庆祝万寿圣节中的一个主题。“皇上不亲政则无实权，无实权则不能大有所为。不能大有所为，则虽亦名为变法、号曰维新，然所改革之事，终属枝枝节节，无补于国家全局。”③ 实际上，亲政的背后是推行立宪的改革目的，详述立宪政体强国势、振国威的口号构成此时万寿圣节的另一关键话语，手握权力的年轻皇帝不但拥有施行立宪的主观意愿，更具备立宪成功的客观能力，这些关于“立宪”的文字宣传，万寿圣节成为宣扬君主统治、完成皇权操演的仪式象征。在这种新、旧的交替中，“万寿圣节”同样显示出与此相互照应的特征，一方面，在西方仪式文化的影响下，某些具有现代气息的元素被移植到这一传统节日中，万寿圣节的祝词中对国家、国民的彰显与强调是在旧式帝制时期所无法看到的；另一方面，作为国家仪式的万寿圣节虽然由皇家节日走向社会节日，却始终没有对西方国家仪式进行全盘的接受，其

① 《万寿祝辞》，《大公报》1902 年 7 月 30 日。

② 《本日庆贺万寿之感情》，《大公报》1903 年 8 月 18 日。

③ 《今上皇帝万寿祝辞》，《大公报》1904 年 8 月 7 日。

背后所隐含的支配力量仍然是皇权、王朝、帝王等封建因素，这些政治内核虽然身着带有“现代”苗头的外衣，却始终很难完全等同于具备现代意义的西方国家仪式。

（二）学生在万寿圣节中的仪式表演

我国著名社会学家费孝通在描述近代以前的中国社会时曾这样讲：“如果我们能想象一个完全由传统所规定下的社会生活，这社会可以说是政治的，有的只是教化。事实上，固然并没有这种社会，但是乡土社会却是靠近这种标准的社会。”① 但是，20 世纪初的中国已经在动荡中被迫迎来了一个新世界，曾经被视为需要共同遵守的传统社会规范开始遭受怀疑、否定、批判，在特定场域进行强力的政治推行成为树立新规的主要手段，学校自然是这种推行的施行场所。

20 世纪初，近代第一个具有现代萌芽意识的新型学制《钦定学堂章程》由学部颁定并在全国施行，此章程在建立起六级贯通学制的同时，也首次明确提出了“义务教育”的观念，这意味着儿童的教育权在获得国家保障的同时，其所享有的受教育权也开始由家长、家族转移到国家手中。可见，即便是当时已经处在式微状态中的清政府，也力求通过各层机构与精密手段来对民众进行彻底的行为控制，仪礼教育同样开始接受由国家完成的各种设计。袁世凯所筹建的山东大学堂首先将“尊君”列在学生仪礼的首位，“每年恭逢皇太后万寿、皇上万寿、皇后千秋节，均由总办率同中教习暨堂内学生，齐班行礼”。② 在《钦定学堂章程》所涉及的各级各类学校中，“仪礼”部分更将万寿圣节与孔子诞辰日、春秋丁祭日这两种传统学校礼仪提升到同一高度，政治力量开始挤入到教育纪念仪式中，并获得了首要的地位：“每岁恭逢皇太后、皇上万寿圣节，皇后千秋节，至圣先师诞日，春秋丁祭日，均有教习率领学生行跪拜礼。”③ 同样，在直隶师范小学堂的规程中，逢皇太后万寿、皇上万寿、皇后千秋节，各学校均休课一天，并通过“拜北”的仪式表达对于皇帝的祝福与忠诚，

---

① 费孝通：《乡土中国》，北京出版社 2005 年版，第 96 页。

② 袁世凯：《奏办山东大学堂折》，载璩鑫圭、唐良炎编《中国近代教育史资料汇编：学制演变》，上海教育出版社 2007 年版，第 50 页。

③ 张百熙：《钦定蒙学堂章程》，载舒新城编《中国近代教育史资料》中册，人民教育出版社 1981 年版，第 395 页。

“由总办率同中教习暨堂内学生，齐班北向行礼”。①

1904 年，关于学生管理的专门性章程《奏定各学堂管理通则》出现，它将学校行礼日按照级别的重要程度分为三类，其中，万寿圣节为首，其次为“开学、散学、毕业日”，再次为“元旦及每月朔日”。② 该通则还对万寿圣节的仪式步骤进行了细致的限定，“堂中各员整齐衣冠，学生服本堂所定服式，戴大帽，至万岁排前或圣人位前肃立，率先生行三跪九叩之礼。毕，各员西向立，学生向各员行三揖礼，散。如是日备有宴会，由各员或学生恭敬致辞，宣讲尊崇孔教、爱戴大清国之义”。③ 通过这些文字的描述我们可以看到，在这所谓的新式学堂中，万寿圣节的仪式进行似乎与家族祭祀或私塾行礼并无二样，均是以“弟子”的身份，在教师的带领下，至代表着皇太后与皇帝的牌位前庄重、肃立，行三跪九叩之礼，在“尊上”和“尚孔”的表演中强化“忠君爱国”的理念。在这样的仪式环境下，“皇帝”与“大清王朝”已经不是一个遥远且抽象的符号，而是在学校这一作为政治权力象征的场域中具体且真实的实践载体，在尊敬师长的仪式演练中不断强化对于皇权与秩序的遵从，这种安静的教化正是当时政府惧怕变革、培养顺民的具体体现。

第二节 国家仪式党派化：总理纪念周中的仪式操演

辛亥革命使得中国社会经年积累的各种力量得到了总的喷发与释放，革命派、立宪派、残余的保皇派等各种政治力量全部被归于“中华民国”的大旗之下，新成立的国民政府动用一切仪式力量——如总统就职仪式、南北统一大典、黄花岗七十二烈士纪念日、“双十”国庆纪念日等——来塑造具有政治合法性的现代意义上的国家形象，昭示、标榜“共和”的新政府与新政权的建立与稳固。但是，“平静”的政治表象背后暗藏着波

① 袁世凯：《奏办直隶师范学堂暨小学堂折》，载璩鑫圭、唐良炎编《中国近代教育史资料汇编：学制演变》，上海教育出版社 2007 年版，第 82 页。

② 张百熙、荣庆、张之洞：《奏定各学堂管理通则》，载璩鑫圭、唐良炎编《中国近代教育史资料汇编：学制演变》，上海教育出版社 2007 年版，第 480 页。

③ 同上。

涛汹涌的暗流，尽管这些仪式对于凝聚人心有着短暂的效力，但随着袁世凯的复辟、北洋军阀的混战，于民国元年间建立起来的这一系列国家仪式并没有得到长久的维持，处于动乱社会中的学校与学生既没有机会，也没有愿望参与到这样的仪式之中，直到1926年国民党取得全国政权并完成形式上的国家统一后，学生才在一个相对稳定的社会环境中重新得到参与国家仪式的机会。作为国民党统治时期最为重要的纪念仪式，总理纪念周成为学生积极参与国家仪式的重要代表。

一　作为制度仪式的总理纪念周

孙中山对中国近代政治走向和社会发展的影响是巨大且深远的。作为国民党的组建者，国民党组织一直致力于其形象的维护与提升：在其革命生涯初期不断塑造其政治权威，在1924年“南北易势”时期不断提升其政治地位，在其去世后不断神化其已经具有的精神领袖符号。当这位“揭竿而起”的有识之士由最初的革命先行者被赋予“总理”“国父”等不同尊称的同时，国民党也完成了由“在野”到“执政”，再到“专政”的政治表达。

“孙中山”是一种符号，而符号则是一种隐喻，它充斥了人们的想象与情感，代表了不同利益群体的价值与需求，具有整合群体、聚合团队的功能，是完成社会认同与社会动员的最主要方式，因此，国家一直在不遗余力地利用符号来完成自己的言说。一方面，国家运用已经存在的、传统的“魅化”形象，如先代始祖、传说故事、民族英雄等符号来进行社会动员；另一方面，国家与统治当局也会根据现实的需求创造新的意义符号来进行意识形态的宣传，作为符号的“孙中山”正是权力创造的结果。当然，孤立、静止的符号是不能表达出完整意义的，只有当其被赋予动态的形象并与具体的时间、空间、事件相结合的时候，符号才能够被赋予生动的解读，继而加强自身的意义，发挥应有的作用。感同身受的情境是发挥符号功能的最重要一步，1925年孙中山逝世后，国民党便立即着手创造出一系列活动来致力于情境的打造，根据孙中山的人生轨迹，国民政府方面制定出了总理诞辰日、总理蒙难日、总理就职日、总理逝世日等连续的仪式符号，但这其中，只有总理纪念周最终完成了由“单纯纪念活动”转向“制度仪式操演”的转变，并成为众多仪式中推行范围最广、参与人数最多、出现频率最高、影响程度最深的仪式操演。

最开始出现的总理纪念周并非制度性的，它仅仅指孙中山逝世后一周内所出现的一系列纪念活动，学校是这种带有时段性自发纪念活动的起点。1925 年 3 月 23 日，孙中山逝世 10 天后，徐州市第十中学召开纪念孙总理纪念追思会，并将这种追思活动持续了一周以示悲痛，“本周特为中山先生之纪念周，多以先生之主义及学说为讲义，俾我们能继承先生之志”。[①] 上海第二师范学校附属小学同样举行“孙公纪念周”，其形式丰富多样，不但包括演讲等活动，还将收集总理纪念物、研究总理生平事迹及学说等纳入到纪念周体系中来。[②] 但是，此时学校对于孙中山的纪念活动虽然在字面上同样表达为“总理纪念周”，但与南京政府统治时期所言说的“总理纪念周”在性质上并不相同。政府言说中的纪念周是一种制度性仪式，是指每周一上午各政府机关、军队单位、社会团体、学校组织等在相同时刻、相似空间、相近情境中参与的制度化、流程性的仪式。作为一种符号的“孙中山”正是通过这种国家层面的仪式操演而被引入到民众的一般生活中，并对政治权力的认同与构建产生重要的作用。

作为国家最为重要的暴力机关与统治机器，军队是总理纪念周制度性仪式操演的第一现场。1925 年 4 月初，孙中山逝世不到一个月的时间里，广东陆军总部便迅速出台了《总理纪念周条例》，在这种仪式的首创中，仪式的步骤获得了明确且固定的表达，“上午十时向孙大元帅像行三鞠躬礼，在战地者无帅像时则向青天白日旗行礼”，随后，“默哀三分钟，宣读孙大元帅遗嘱”，并“由官兵解释其意义”，最后“言说孙大元帅主义及革命历史”，[③] 仪式完成。这一条例关于仪式流程的规定成为日后总理纪念周仪式程序的蓝本与雏形。1926 年初，国民党第二次全国代表大会将“海内外各级党部及国民政府所属各机关、各军队均应于每星期一上午九时至十二时举行纪念周一次”[④] 的决议写入《中国国民党党章》，并明确规定纪念周之举行目的、举行时间、举行地点与流程规制。[⑤] 同年 5

---

① 孙中山先生葬事筹备处：《哀思录》第三编第四卷，上海国民党宣传部，1926 年，第 32 页。

② 《二师范附小之孙公纪念周》，《申报》1925 年 3 月 25 日。

③ 《建国粤军纪念孙大元帅》，《广州民国日报》1925 年 4 月 27 日。

④ 中国国民党浙江省党务指导委员会训练部：《总理纪念周详解》，1929 年，第 3 页。

⑤ 同上。

月，制度性的纪念周活动突破政府机关的范畴，成为所有国民党党员所共同参与、遵循的活动，“各机关团体人员均须参加”。[①] 至此，作为一种制度性仪式活动的纪念周基本上成为一种与南京国民政府统治相共存、相始终的持续活动。

二 仪式操演：学校场域内的总理纪念周

为确保总理纪念周的顺利推行，国民党政府相应地施行了细微、严密的措施对此进行保证，《孙中山主义读本》等小册子成为各学校举行纪念周纪念仪式的标准模本。各地教育部门也被纳入到总理纪念周完善体系之内，它们负责检查、督促各级学校按时、有质地举行纪念周活动，并专门设立了“纪念周军训，纪念周中学生纪律，应由各军训教官负责，以维庄严”。[②] 当然，一项制度的推行仅靠从上到下的强制执行是很难获得保证的，下层执行者是否能够贯彻执行更是决定其是否成功的重要方面，各级学校的积极配合无疑是纪念周之所以能在全国范围内生根、发芽、播种的重要原因。浙江省职业学校在总理纪念周的过程中施行点名制度，并将学生的出席情况视为评定其操行成绩的一大标准；[③] 江苏省南通中学专门制定了《总理纪念周处罚则例》，并将其明列于《学则》之中，不能按时参加纪念周活动，甚至在纪念仪式中表情不庄重、肃穆者都会受到通报批评，乃至降级、退学的惩罚；[④] 私立学校对于总理纪念周的规定同样严格，苏州私立美术学校将总理纪念周纳入到学校训育中来，并将其作为评定训育成绩的重要标准，“纪念周会无故不到者……以情结轻重，分别给予口头训诫、记过在案、剥夺权利、强制停课、开除学籍或禁止毕业”[⑤] 的惩罚。除此之外，一些学校还结合学生的身心特点赋予纪念周活动更为灵活、有效的表现方式，国立中山大学附属实验学校便主动缩短三分钟的

---

① 中国国民党浙江省党务指导委员会训练部：《总理纪念周详解》，1929 年，第 3 页。

② 《广州国民日报》1934 年 11 月 11 日。

③ 《浙江省职业学校训育纲要中之操行成绩考查办法》，载中国历史档案馆《中华民国史档案资料汇编》（第五辑第一编教育 · 二），凤凰出版社 2010 年版，第 1068 页。

④ 《中央大学区立南通中学学校规则》，江苏省南通中学网，2014 年 7 月访问（http://www.ntzx.cn/xsg/pp4_11_main.htm）。

⑤ 《苏州私立美术专科学校训育纲要中的惩戒规则》，载中国历史档案馆《中华民国史档案资料汇编》（第五辑第一编教育 · 二），凤凰出版社 2010 年版，第 1066 页。

静默时间至一分钟以适应于小学生好动、难以集中精神的年龄特征，并将相对枯燥、深奥的总理遗嘱与三民主义演讲编写为特定的国语故事与歌曲音乐，以保证、加深学生参与总理纪念周仪式的“切身感受”，这种学校层面的主动迎合才是纪念周制度一直存在于国民党执政时期的重要根源。

美国人类学家安乐哲在分析仪式与社会文化的联系时曾这样讲：“任何一种特殊的仪式只能通过一套形式化了的身体动作与在特定环境中的重复操演，才能使社会文化能够被理解；同样，也只有通过仪式的具体化，文化的传统意义与社会价值才能被真实地揭示出来。”① 作为总理纪念周这一仪式操演发生的重要场域，学校在塑造和强化未来国民——学生——的国家认同与党化认同的机制中发挥了重要的作用。学校在纪念周的实践过程中，尤其重视仪式流程的规范问题，以此表明总理纪念周之重大、庄严、神圣。在这里，仪式目的、仪式时间、仪式空间、仪式步骤构成了纪念周仪式的重要元素，其间既充满各种带有不同含义的象征符号，又容纳着不同人员的心理活动，这都是我们认识学生于总理纪念周仪式中进行操演的重要组成部分。

（一）仪式目的

仪式的目的是仪式的灵魂，爱国的精神、革命的理想、高尚的德行、改造社会的能力都是总理纪念周诉诸实施的目的，“总理纪念周的目的有四：1. 使儿童了解总理伟大的革命精神，培养爱护国家的志向及愿望。2. 使儿童了解革命主义的策略和内容，培养努力革命建设的理想和兴趣。3. 使儿童知道自身和社会的关系，培养勇敢、互助、博爱、自由、平等、勤劳各种高尚的道德和品性。4. 使儿童洞悉现代社会的实际状况，启发其改造社会，为社会谋福利的志向”。②

（二）仪式时间

就仪式时间而言，总理纪念周的施行均安排在每周一的上午十点，其目的在于“将总理的主义和总理指示我们工作的标准应用到默察过去一周工作和预计未来一周的工作上，使我们做事，处处能依着总理所指示我

---

① ［美］安乐哲：《古典中国哲学中身体的意义》，陈霞等译，《世界哲学》2006 年第 5 期。

② 刘百川：《总理纪念周》，载刘百川《一个小学校长的日记》，华文出版社 2012 年版，第 111 页。

们的路而前进”。[①] 尽管整个过程只占用一个小时的时间，但“不但在纪念周一小时以内，就是我辈之一生，也该时时遵循总理之遗嘱”，[②] 可见，短暂的仪式时间背后所影响和映射的是学生们的整个人生旅程。

（三）仪式空间

就仪式举办的空间而言，无论是身处国民党权力控制中心的广州第一中学，还是地处云南边陲的怒江州中山小学[③]；无论是在公办的浙江省职业学校[④]，还是在私立的苏州私立美术专科学校[⑤]，抑或是在教会学校的金陵大学[⑥]……在不同地区、不同类型、不同层级的学校中都可以见到总理纪念周的仪式操演。无论是密闭型的礼堂，还是开放型的操场，肃穆的空间布置都是必备的元素。凡举行纪念周的地方，空间上方的正中央首先需要悬挂交叉相连的党旗与国旗，旗下则高悬总理遗像与“天下为公”的标语，这些明显的政治符号在紧凑的布局中为学生参与总理纪念周仪式营造出强烈、肃穆、神圣的崇拜气息。

（四）仪式流程

就仪式流程而言，学校总理纪念周的举行步骤一般分为七个步骤，分别是：“1. 全体肃立；2. 唱党歌；3. 向总理遗像行最敬礼；4. 校长恭读总理遗嘱，全体师生随校长集体朗读；5. 向总理遗像俯首、静默、哀悼三分钟；6. 报告或演说；7. 礼成。”[⑦] 这其中的每一环节都包含针对儿童教化的集体规训与深刻内涵：

（1）全体肃立是一种行为上的准备和情绪上的萌发，身体的紧张促使学生快速进入庄严、肃穆的精神境界，“肃立是表示尊敬总理，永久纪

---

① 中国国民党浙江省党务指导委员会训练部：《总理纪念周详解》，1929 年，第 7 页。

② 《阅读总理遗教办法》，《中央周报》1930 年 12 月 15 日。

③ 《邹平乡村教育实施鸟瞰》，《教育与中国》1935 年 3 月刊；《卯照镇中山小学简况》，载云南省怒江政协文史资料研究委员会《怒江文史资料选辑》第 9 辑，云南人民出版社 1988 年版，第 143 页。

④ 《浙江省职业学校训育纲要中之操行成绩考查办法》，载中国历史档案馆《中华民国史档案资料汇编》（第五辑第一编教育 · 二），凤凰出版社 2010 年版，第 1068 页。

⑤ 《苏州私立美术专科学校训育纲要中的惩戒规则》，载中国历史档案馆《中华民国史档案资料汇编》（第五辑第一编教育二），凤凰出版社 2010 年版，第 1066 页。

⑥ 《金大周刊》（第 2 辑）1929 年 11 月 20 日。

⑦ 刘百川：《总理纪念周》，载刘百川《一个小学校长的日记》，华文出版社 2012 年版，第 111—113 页。

念的意思。所以当肃立的时候，应该训练儿童要严肃、要敦睦，要表示一种淬砺奋发的精神。肃立的时候，目光前视，头部端正，胸部挺直，肩膀平，不要谈话，不要咳嗽，全堂要一点声音也没有”①。

（2）原始仪式本身便是音乐的变体，音乐在仪式的进行中能够发挥制造气氛、加强感染的效果，“三民主义，吾党所宗，以建民国，以建大同，咨尔多士，为民先锋，夙夜匪懈，主义是从，矢勤矢勇，必信必忠，一心一德，贯彻始终”，朗朗上口的歌词韵律使得党歌的演唱饱含着对于三民主义的崇敬、高亢之情，这要求教师“要训练儿童肃穆沉毅地唱，必须志切神驰，心到口到；并庄严和平地唱，必须身体力行”②，这才能使学生快速投入到仪式的气氛之中。

（3）所谓“最敬礼”，是指废除跪拜礼之后的三鞠躬礼，“对总理遗像行礼，表示我们对于总理大无畏的精神，智、仁、勇兼备的人格，是无限的敬仰。所以当行礼的时候，应该训练儿童整齐严肃，鞠躬一定要到九十度”③，通过这样严格的动作设计与身体规训，必然会使学生对总理产生敬意并印象深刻。

（4）恭读总理遗嘱是总理纪念仪式中最重要的环节，其全文如下：“余致力国民革命，凡四十年，其目的在求中国之自由平等。积四十年之经验，深知欲达到此目的，必须唤起民众，及联合世界上以平等待我之民族，共同奋斗。现在革命尚未成功。凡我同志，务须依照余所著《建国方略》、《建国大纲》、《三民主义》及《第一次全国代表大会宣言》，继续努力，以求贯彻。最近主张开国民会议及废除不平等条约，尤须于最短期间，促其实现。是所至嘱！”④ 这种以白话文为主，以文言文为辅的文字构成言简意赅却震撼心灵，不断诵读的形式更加强化了对于文本的记忆，所以，“我们读总理遗嘱，一方面是追思总理，另一方面是表示我们愿意遵循总理的遗嘱去努力。读的时候，句读不能读错，字音要读得清

① 刘百川：《总理纪念周》，载刘百川《一个小学校长的日记》，华文出版社2012年版，第111页。

② 同上书，第112页。

③ 同上。

④ 《汪主席报告接受〈总理遗嘱〉经过》，《中国国民党第二次全国代表大会日刊》1926年第8期。

楚，读的态度要端正，并默想如何遵循总理遗嘱”①。

（5）向总理默哀三分钟也是一项重要的环节，这短暂的三分钟既是相互联系，又是相互分割的，第一分钟在于训导学生思考“总理遗教我已经知道了什么？还有什么是不知道的”？第二分钟在于训导学生思考“在总理遗教中不知道或不明白的部分又怎样才能补充”？第三分钟在于训导学生思考“在总理遗教中我所知道的部分又该怎样的努力施行”？②在这三分钟的时间里，学生所完成的是和总理灵魂的对话、是对自身思想与行为的反思，从某种意义上说，它已经与那些带有忏悔色彩的宗教仪式十分相似。

（6）“报告或演说”是总理纪念周中最后的一项重要步骤，报告的主题力求精准，报告的方式更要庄重而不失掉针对儿童的趣味性，其范围一般不外乎以下几个方面：“（甲）总理的革命故事；（乙）总理一生的历史；（丙）总理遗教的要义；（丁）总理遗训的解释；（戊）；特殊纪念日的史料；（己）革命烈士的传略；（庚）中华国民党革命方略；（辛）重要时事评述；（壬）生活指导”③ 等。

（7）礼成。在演讲或报告之后，以“礼成”而非“散会”来表征结束是为了凸显纪念周的政治特性，表明这并非一场普通的会议，而是隆重的礼节。同时达到训导儿童知道“礼成是努力的起点，是奋斗的开始”的目的。

在整个国民党执政期间，学校总理纪念周的仪式流程大致是以此步骤为蓝本而持续展开的，这些繁复的规定，表现出国民政府对于总理纪念周的高度重视，它竭尽全力地将这些具体而微小的细节全面地操演出来，从而达到圣化孙中山符号的政治象征功能、接受孙中山崇拜的权力规训、维护国民党统治的合法性的最终目的。学生，就是在获得庄严、神圣感受的同时，完成了对于国民政府的认同仪式。

---

① 刘百川：《总理纪念周》，载刘百川《一个小学校长的日记》，华文出版社2012年版，第113页。

② 同上。

③ 同上。

三 仪式背后：学生对于总理纪念周的反思

这场持续时间较长、参与人数众多的总理纪念周仪式无疑给当时的学生留下了深刻的印象，邓亚曾在回忆其在20世纪30年代于重庆念书的时候称自己仍然对学校专门设计的《总理纪念周仪式歌曲》存有记忆，并能顺畅背诵出《总理遗嘱》的全部内容：“总理纪念周，如周一清晨无雨，全校分班列队操场，升旗，行注目礼，唱‘看国旗，在空中，飘飘荡荡乘长风。颜色丽，气度宏，扬国威，壮军容，飞翻南北与西东，为我中华民族争光荣’。升旗毕，由主持值周仪式的教师领诵全体师生恭读《总理遗嘱》：‘余致力国民革命凡四十年，深知欲达到此目的，必须唤起民众，及联合世界上以平等待我之民族。’”[①] 袁鹰对总理纪念周的记忆同样深刻，“30年代进入小学堂，每星期一早晨必有全校师生参加的总理纪念周，也必定跟随台上的主持者恭读总理遗嘱，从那时起……（便）看熟了台上高悬遗像上方那‘天下为公’四个大字和遗像旁边那两句遗言”[②]。可见，彼时的学生已经完成了对于总理纪念周的共同记忆。

但是，一场集体行为是否具有仪式的意义，其决定性因素并不在于人们对它的记忆存留多少，而是在于这个集体在多大程度上能够构成共同的心理体验，这些集体的记忆更容易形成认同的态度。如果这样的表达过于概括的话，那么下面这位学生在其所做的一篇关于总理纪念周的作文中便对这种认同的感情融入进了细腻且慷慨的文字书写：“如果没有总理诞生，在这过去的六十年中，被各个帝国主义者惨无人道、四方八面的宰割，一直到今日，只怕我们的中国，也不是满清的国家，更没有中华民国的国家，早已成为列强帝国主义的所有物了。我们四万万中华民族的同胞，早已变为他国奴隶而无丝毫自由的民族了，过那些求生不得求死不能的亡国奴的悲惨生活罢了。大且弱的一个国家，多且穷的一个民族，将来销声匿迹于地球之上，安有今日伟大之三民主义，中华国民党，中华国民革命，青天白日旗呢？我们能有今日，饮水思源，却不能忘却总理的恩赐

① 邓亚曾：《七十沧桑忆协同》，载重庆市第二高级中学编《校友回忆录〈岁华有痕〉》，2014年12月访问（http：//blog. sina. com. cn/s/blog_ ec8f86cc0101p7va. html）。

② 袁鹰：《革命尚未成功》，《人民文学》1999年第9期。

了。……中华民国存在一日，中华四万万同胞存在一日，就应该永远纪念总理诞生的今日。我们要以诚挚的意志，去学习总理一生革命的精神，高尚的人格，宏大的怀抱，坚决的心志；更要以不断的努力，切切实实去施行三民主义及其全部的遗教，完成国民的革命，这样才算得上继承总理的遗志，这才是今日纪念总理诞辰的意义所在。"①

但是，在总理纪念周的仪式进程中，学生们需要遵循、恪守符合纪念周仪式的要求，内化国民党意识形态之熏陶，所以势必会在无形之中被要求改变，甚至放弃原有的思想。所以，从本质上讲，这种带有群体凝聚和社会化功能的仪式操演也是一种对人们思想产生规训与制约作用的政治工具。因此，一些学者和学生开始反对总理纪念周在教育场域内的施行。崇尚西方自由主义的胡适一直站在反对总理纪念周的前沿阵地上，在他看来，总理纪念周表面上是对孙中山个人的纪念活动，其背后所隐含的却是盲目的造神运动与专制的政治独裁，因此坚决反对，并在其所创办的上海公学中公开抵制总理纪念周的施行，胡适本人也因此被罢免了上海公学校长的职务。与胡适一致，一向追求"解放"的革命斗士鲁迅同样反对总理纪念周的实施，并将此举与军阀的压迫统治相关联，称："军阀从前是压迫民党的，后来北伐军势力一大，他也挂起了青天白日旗，说自己已经信仰三民主义了，是总理的信徒。这样竟还不够，他还要做总理的纪念周!"② 与胡适和鲁迅这样的激进派不同，一向以幽默著称的林语堂以一种缓慢的、消极的、抵制的方式表达了对于总理纪念周的不以为然的态度，"我自觉脑子不错，可以背过图书馆的全部书目与馆藏位置，却始终背不出完整的总理遗嘱，在三分钟静默的时候也止不住的脑子里的胡思乱想，在耳朵中随处乱听，在眼神中失焦迷茫"。③

国民党设计、施行总理纪念周的根本目的在于推行孙中山的个人崇拜，从而获取、稳固自身的统治权威。在这个仪式的操演过程中，国民党具备了强大的社会动员能力，凡能够被利用起来的社会组织，包括政府、团体、学校等均被纳入到其操作权力技术的体系之内，使得作为政治符号

---

① 《总理诞辰》，载董志坚编《民国小学生日记》，九州出版社 2012 年版，第 54 页。
② 鲁迅：《魏晋风度及文章与药及酒的关系》，《北新》（半月刊）1927 年 11 月 16 日。
③ 林语堂：《有不为斋解》，《论语》1933 年 12 月刊。

与精神象征的孙中山快速、广泛地获得了集体的记忆，并形成普遍的认同，这彰显了作为执政党的国民政府在由传统国家治理方式转向现代国家治理方式的成功。但是，这种转型并不是一个单向度的传递过程，在总理纪念周的仪式操演中，来自民间的活动力量，尤其是来自学校场域与学者群体的反对力量仍然不容小觑，因为他们直接揭示出了这种仪式操演背后的政治因素，这种“直达病灶”的透彻分析无疑是一种源自社会力量的、对于政府一元政治统治意识形态的有力消解，这是近代学生超前性与先进性的体现。

第三节 国家仪式外的学生解放：近代师生礼仪的变迁

虽然国家以极大的力量来努力实现对于教育仪式的普遍控制，但当我们深入到师生交往礼仪这一更为微观的层面上时就会发现，这种控制虽然广泛，但仍难以称为“彻底”。儒家文化倡导“百善孝为先”，以“孝”为核心的伦理思想使得长幼礼仪成为保证社会稳定的重要因素。世代相传的师生礼仪正是维持这种长幼秩序的组成部分，从《礼记》到《小学》，再到《弟子规》，教师一直是中国文化中除“天地”“国君”“父母”外的最受敬重者。但是，随着近代中国民族危机的日益加深，传统的权威知识受到挑战，再加之西方平等、自由观念的输入，师生间之长幼秩序遭受到严重的挑战，师道尊严日益式微，师生之间无论是在日常交往方面，还是学术感情方面，都呈现出一种偏离、疏远甚至对抗、仇视的状态，这种变化更为直接地体现在师生交往的礼仪变迁中。

一 师道尊严的式微：跪拜礼的废除

（一）跪拜礼与师生长幼秩序

儒家礼仪的核心精神体现在“尊先祖而隆君师”的跪拜礼中，跪拜的时间、场合、姿态与对象不但能清晰地表现出施礼者与受礼者的尊卑关系，更是维护社会秩序的重要途径。学校自然也是这种儒家礼仪的重要承载者，利用传统道德人伦教育族内的子孙、维护家族内的伦常秩序的家塾是行跪拜礼最盛的场所，龙启端在记录家塾课程的同时便描述了这种师生间的日常礼仪,“早起,少长以序,入塾拜先师神座,毕,叩拜师长,请安毕……功课做完,跪叩先师神座前,叩师长毕,命之退,乃退”①。这些仪礼同样也是教师随时教授、熏陶学生的主要内容,“随时教以礼仪揖让,以长幼为次序。出话不准高声,行坐不准搀越。奉先生之命唯谨,即佳弟子也,亦先生之善教也”②;而在一些偏远乡村的“义塾”,这种礼仪规矩同样被写在学校的规程中,“每日入塾,即向圣前焚香叩拜,屈膝施礼于先生”③。可见,塾中弟子与塾师之间的长幼礼仪与家族内部的长幼礼仪如出一辙,跪拜礼就在塾师的规训和家族长辈的凝视中成为维护秩序的保证。

到1902年,近代第一个由国家颁布的学堂章程《钦定中学堂章程》更将跪拜礼纳入到新式教育之中,“学生平日遇总理教习皆执弟子礼,遇其他官员及上等执事人,皆一揖首致敬”,④ 到1904年所颁布的《奏定各学堂管理通则》中,“一揖首致敬”的礼仪再次提升,礼仪的划分也更为明确,规定“学生到堂时,初见监督、提调、教员,行一跪三叩礼,初见堂中各员行三揖礼”。⑤ 在这里,虽然政府所颁布的新学制很难对社会起到切实的主导作用,但学校依然通过国家行政的高压渗透成为高于家族权力的教育主体,以彰显其于混乱社会中的权威性,其跪拜礼所施行的程度也更为明显。

日常交往中的师生礼仪已然受到如此的关注,遇到一些特殊的日期,这种体现更为明显,拜师日便是这种师生礼仪更为隆重的体现,“开塾第一日,圣位前宜遵行释菜礼,即可教习拜献之仪。塾师及董事各肃衣冠拈香,依次行三跪九叩首礼,生徒肃立其旁观,献茶一,酒饭各三。献毕,

---

① 龙启端:《家塾课程》,载舒新城编《中国近代教育史资料》上册,人民教育出版社1981年版,第85页。

② 蒋纯焦:《一个阶层的消失——晚清以降塾师研究》,上海世纪出版集团2007年版,第45页。

③ 佚名:《小学义塾启》,载舒新城编《中国近代教育史资料》上册,人民教育出版社1981年版,第86页。

④ 张百熙:《钦定中学堂章程》,载舒新城编《中国近代教育史资料》中册,人民教育出版社1981年版,第492页。

⑤ 张百熙、荣庆、张之洞:《奏定各学堂管理通则》,载璩鑫圭、唐良炎编《中国近代教育史资料汇编:学制演变》,上海教育出版社2007年版,第480页。

然后令各生徒行礼（不能行三跪九叩礼，即用四拜礼即可），地方士民有愿与行礼者，亦各衣冠行礼，礼毕茶叙片刻，各相揖首而退”。[①] 郁达夫同样描述了他初上学堂时的拜师细节：“记得有一年冬天的深夜，在烧年纸的时候，我已经有点朦胧想睡了，尽在擦眼睛，打呵欠，忽而门外来了一位提着灯笼的老先生，说是来替我开笔的。我跟着他上了香，对孔子的神位行了三跪九叩之礼，之后又由父亲带着，向这位老先生行了四拜之礼；立起来就在香案前面的一张桌上写了一张上大人的红字，念了四句‘人之初，性本善’的《三字经》。”[②] 可见，无论是在晚清的新式学堂或乡村义塾中，甚至是在家塾之中，凡遇到重大的学校仪式，最表尊敬的跪拜礼依然是学生、家长与学校的自然选择，历史的惯性在此获得彰显。

（二）跪拜礼的废除与师生礼仪冲突的初现

改进礼仪的契机是从与西方交往最为密切的外交领域展开的。清朝前期，马戛尔尼与阿美士德分别觐见乾隆、嘉庆两位皇帝，希望开通贸易往来。但大清皇帝视英国为中国的番邦属国，要求使臣行三跪九叩之礼进行拜谒，却遭到拒绝。为彰显政治形象而注重礼仪的清王朝与追求商业利益而寻求平等交往的英国不能在“跪拜”的礼仪形式上寻求到合适的角色，短暂的外交交流无法持续下去，清王朝便以强大的国力作为支撑“遣返”来华商团。但是，近代以来的局势变迁使得“遣返”的处理方式不复存在。1873 年，西方驻大清帝国使团以皇帝亲政为理由再次以“公使来访”的名义提出觐见请求，一面是要保全国体和政治权威的清廷，一面是充满商业欲望和企图霸占中国的西方，觐见的礼仪再次成为两者争执的关键。清廷坚持“跪拜之礼，最关中国国体”，而西方公使则将屈膝跪拜视为放弃独立人格的表现。在坚船利炮的威吓之下，中国政府不得不做出妥协，总理衙门在关于西方公使的《觐见礼单》中明确表明，公使“在中国请觐，改为五鞠躬，以昭格外敬诚”。[③] 这不但改变了自大清建国以来相袭两百余年的祖宗旧例，也在中华礼仪数千年的历史上落下沉重的一笔。这

① 佚名：《小学义塾启》，载舒新城编《中国近代教育史资料》上册，人民教育出版社 1981 年版，第 86 页。

② 《郁达夫自传》，江苏文艺出版社 1996 年版，第 12 页。

③ 宝鋆：《同治朝肘板夷务始末》卷九十，故宫博物院抄本影印，1930 年，第 24 页。

些未来中国的入侵者仅仅向皇帝鞠躬行礼的事实，如同一个微小却又强有力的楔子，一下子扎入中华儒家礼仪的根基之中。

实际上，中国最先接触到国外社会的官员也以亲身的经历记录着西方礼仪的不同之处，派遣海外的各位官员在第一次亲自了解西方国家的外交礼仪后，便开始潜意识地将其与中国传统的跪拜礼进行比较。第二次鸦片战争失败后，随斌椿游历英法等国的京师同文馆学生张德彝以其敏锐的笔触记录下英国的外交礼仪，“其君臣相见，无山呼跪拜礼，只垂手、免冠而已”。[①] 这种真实的记录在使国人获得焕然一新的认知的同时，也使得改革不畅的中国陷入了极度的自我否定之中，跪拜礼也因此被赋予了诸如丑陋、奴性、愚忠愚孝等各种刺眼的标签，“西人行路，身无不直行者，头无不高昂者。吾中国则一命而伛，再命而偻，三命而俯，真自惭形秽”[②]，这种“俯身”“卑颜”的形态与积贫积弱的国民形象开始与跪拜礼背后的封建秩序联系在一起，成为新式学堂不断否定、批判、鞭挞的主题，梁启超首倡去除师生之间的跪拜礼仪：“今日欲求变法，必自天子降尊始，不先变去跪拜之礼，上下仍习虚文，所以动为外人讪笑也!”[③]

但是，晚清的统治者们对于新鲜事物的恐惧使得仓促之中形成的学堂规训更多地守护着旧有的师道尊严，张在新在记录梅溪学堂中教师对于学生的管理理念时仍将学生视为与士兵一样的“被规训者”:“(教师)治生当如治兵，终日之间，自晨动以至晦休，无不监督、看管。……即使游息时，令学长、斋长、班长递相监督，而统一于教员，以养成学生之服从心”，[④] 这种带有监视色彩与压迫性质的管理理念无疑将教师群体推置于与开始接受民主启蒙的学生相互对立的位置上，反而引发起学生对带有专制色彩的传统师道的彻底颠覆，从“遵从的极端‘走向’反叛的极端”。在带有纪实性质的清末教育小说中，《学究新谈》中的叙述就是学生反抗的一个代表，而其事发的导火索就是由学生阅读带有“异端”性质的

---

① 张德彝:《航海述志》，岳麓出版社1985年版，第546页。

② 梁启超:《新大陆游记》，社会科学文献出版社2007年版，第37页。

③ 沈云龙:《中国近代史资料丛刊〈戊戌变法〉》第2册，文海出版社1966年版，第548页。

④ 张在新:《先君兴办梅溪学堂事略》，载陈学恂编《中国近代教育史教学参考资料》上册，人民教育出版社1986年版，第241页。

《新民丛报》开始：先生没收了一位同学在教室中阅读的民主刊物——《新民丛报》，从而引发了学生不满：“二三十个学生，涌到学监处申冤，‘胡先生把徐同学的报纸抢了去，就未到课堂，这样的教员，我们一班人是不能承认的，请学监先生将其另派他班吧！’”① 在此后的几天里，学生不再上课，而是终日聚在教室里进行演说，那位胡先生恐怕遭到学生的殴打而始终没有再露面了。至此，虽然事件的最终处理结果带有一些不了了之的色彩，但却始终是一种学生群体对于师生秩序与教化权力的反抗。这种反抗并不是一个特例，而是相当普遍地存在于清末的教育场域中，根据桑兵的不完全统计，从1902年《钦定学堂章程》颁布到清朝灭亡短短十年左右的时间里，全国有所记录的学潮便爆发了五百余次，范围波及京城和全国各地二十多个省份的不同学堂，② 虽然这些哄堂、罢课、退学事件并未形成不同地区间的串联，然而颇具规模的群体反抗秩序却是以往社会道德约束中从未出现过的，师生间所遵循的礼仪规范与传统秩序由此崩塌。

虽然清末时期学生对于传统礼教的不满心理是普遍存在的，但其表示的方式却始终是温和的，多半的退学、罢课事件是“相戒无嚣张”，学生们或以“冷静”的方式进行悄然的抵抗，他们安静地排列整齐，以集体向孔子像行礼的方式与学校和校长辞别，“这种高度的‘自律’表现，以‘文明’、‘秩序’、‘不过火’等作为自我行为律则的举动，以及其中所隐含的对旧有仪礼与戒律的遵从，都使得身体可能具有的张力受到无形的压抑，无法变成一个颠覆既有机制的力量”。③ 清末学生反抗学堂秩序的另一面则是对现存秩序的默认与接受，他们的行为始终没有溢出传统礼仪规训的范围。从形式上而言，跪拜礼仪已被废除，但新的礼仪又尚未建立，长幼间的互动一下子陷落进迷茫的真空之中，这使得幼者的反抗也只能与遵守秩序的礼仪形式相互结合。这虽然在一定程度上表征出学生明显的心理惰性或身体惰性，但相互关联、丝丝入扣的秩序体系已经被打开缺

① 吴蒙：《学究新谈》，载董文成、李学勤编《中国近代珍稀本小说》，春风文艺出版社1997年版，第361页。

② 桑兵：《晚清学堂学生与社会变迁》，学林出版社1995年版，第5页。

③ 黄金麟：《历史、身体、国家——近代国家的身体形成（1895——1937）》，新星出版社2006年版，第197页。

口，师生间的传统秩序早已进入一种暗流涌动甚至一溃千里的危局之中，五四运动的爆发就是这种局势的集中体现。

二 平等关系的开始：鞠躬礼的兴起

西方日常生活批判理论学派认为，现代社会中，日常生活获得了越来越多的理性的认识，人们被抛弃在这个过于理性的日常世界中，成为一种不具有主体性的、庸碌无为的“常人”。面对这样的困境，日常生活批判学派给出的解决方法是将意义生活重新赋予日常生活，从而使人摆脱平庸化和平均化的困境。相比于现代人如此抽象的行为改造规训，儒家传统文化始终以一种更为具体的实践行为——礼仪——为开端，来在真实的生活中构建自己的理想世界，从而拒绝实用主义的倾向。民国时期，西方理性知识的传入使得原有价值观遭受否定与抨击，存在千年的传统礼仪体系开始松动，在重建幼者礼仪举止的规训体系中，鞠躬礼兴起。

（一）国家章程中的新礼仪

辛亥革命在终结清王朝封建统治的同时，也将传统道德模式与社会秩序推向了解体的进程。在此背景下，表征封建等级秩序的跪拜礼开始被象征民主与平等的鞠躬礼仪取代，而这种改变是从学校与国家中的祭孔礼仪开始的。

民国伊始，“忠君”遭到抛弃，与其相并列的“尊孔”同样饱受质疑，但人们对于祭祀孔子的态度也并不一致，革除论者认为这种带有封建性质的祭祀活动势必影响民主的进程，应立即废止；维护论者认为，尽管政权易主，但这种属于儒家传统文化的代表不可贸然取消，从文化存续的角度来看，它依享有存在的价值。面对这种对立的意见，时务部对各省祭孔礼仪问题进行了统一的答复，称“在（《民国通礼》）未颁布以前，文庙应暂时照旧致祭。惟除去跪拜之礼，改行三鞠躬”①。祭孔没有废止，但却将仪式中的跪拜礼改为鞠躬礼。历经半年的准备之后，南京临时政府终于在1912年夏天对外公布了民元《礼制》，鞠躬礼成为国家设计的法定礼仪。《礼制》共二章七条：

---

① 《丁祭除去跪拜》，《申报》1912年3月5日。

第一章:男子礼

第一节:男子礼为脱帽鞠躬;

第二节:庆典、祭典、婚礼、丧礼、聘问,用脱帽三鞠躬礼;

第三节:公宴、公礼及寻常庆吊、交际宴会用脱帽一鞠躬礼;

第四节:寻常相见,用脱帽礼;

第五条:军人警察有特别规定者,不适用本制;

第二章:女子礼

第六条:女子礼适用第二条、第三条之规定,但不脱帽。寻常相见,用一鞠躬礼;

第七条:本制度自公布日起施行。①

以此开始,鞠躬礼仪开始代替跪拜礼仪逐渐拓展开来。北京附近的房山县,学校等公共领域内的鞠躬礼仪成为普遍的现象:"凡弟子见师长,初见通名帖,师长出见,免冠再鞠躬,师长答礼;及退,一鞠躬,师长答礼送于门外。若师长来见弟子,迎送于门外如前仪。凡常见,免冠一鞠躬,师长答礼亦如之。"② 可见,这种以平等秩序为基础的交往礼仪已经渗透到民众的公共生活之中,它不但较跪拜礼简单、便利,更在一定程度上废除了旧礼仪中所带有的等级色彩。但是,作为西洋礼节中的一种,鞠躬礼虽经政府大力推广,但尚且难以在社会上完全普及,在偏僻的农村地区,旧式跪拜礼仍然存有很大的生存空间,四川涪陵地区就依然行走在旧例的轨道上,"民国成立改为脱帽鞠躬……仪既简易,惟于公会行之。乡人则循旧跪拜,即不跪亦必长揖,尚存恭敬卑让之遗教焉"。③ 据此可知,民国初年的相见礼仪仍然是新旧混杂的。

(二)学校系统内的鞠躬礼

跪拜礼的废除使得学校内原有的师生秩序被打破了,很多学校在此背

---

① 《礼制》,《东方杂志》1912年9月。

② 丁世良、赵放:《中国地方志民俗资料汇编》(华北卷),北京图书馆出版社1989年版,第35页。

③ 丁世良、赵放:《中国地方志民俗资料汇编》(中南卷上),北京图书馆出版社1991年版,第499页。

景下陷入了混乱之中，“近今学堂通弊，往往管理不得其法，礼仪衰，以致学生藐抗师长，蔑视学规，叫嚣放纵，秩序荡然”。[①] 尽管学校亟须建立新的仪式来恢复秩序，但民元学校系统内的礼仪设计同样经历了一个曲折、复杂的过程，在学校系统的初拟草案中，“不拜孔子”一项就引起了礼仪制定者们的热烈争论。蔡元培认为，儒教并非宗教，孔子也并非宗教领袖，即使将儒学视为宗教，宪法中规定的“信教自由”也否定了定孔子为一尊的观点，由此主张废除学校中的孔子祭祀，但是“经议员再三讨论，若将此案明白宣布，恐起社会上无谓之风潮；只需于学校管理规程内删除此节，则旧日仪式自可消灭于无形。遂议决此案不成立”。[②] 几经讨论，正式的《学校仪式规程令》终于出台，规定“元旦及民国纪念日，行祝贺礼；学年开始日，行始业礼；学生毕业时，行毕业礼；各种纪念日（如孔子诞生日、本校成立日等），行纪念会礼”，其中，“祝贺礼：立国旗于礼堂，职员、学生齐集，行三鞠躬礼；始业、毕业日，职员、学生齐集，行一鞠躬礼，校长致训词；毕业日并授以证书。始业、毕业式，均可设来宾席”。[③] 在这反复的讨论与修订之中，我们可以清晰地感受到学校关于礼仪的制定案极不成熟，一方面，关于学校的重大仪式，学者们争论不休；另一方面，关于学校日常生活中的礼仪确定，学者们也尚未做到真正的顾及，尽管存在这样的不足，“鞠躬礼”始终还是代替了跪拜礼而出现在国家层面的礼仪政策话语中。因此，即使在之后的袁世凯复辟时期，旧式的跪拜礼开始重新出现在祭孔典礼中，但其自一出现便受到社会精英与广大民众的普遍批判，有了觉醒意识的学生也不愿意跟随教员的引领再次进行偶像的跪拜，这种反抗压迫的心理反而加快了鞠躬礼的彻底推行。

同样，民国初年的小学修身教科书中也开始出现了以鞠躬礼取代跪拜礼的相关内容，这在由北京中华书局出版的《中华初等小学修身教科书》中便已经有所体现，图4—1中所示的内容明确要求学生在校内向老师行鞠躬礼，而在校外遇到老师则要立正以示尊敬，“跪拜礼”早已不见踪影。

---

① 《私塾改良会章程增补五条》，载舒新城编《中国近代教育史资料》上册，人民教育出版社1981年版，第107页。

② 我一：《临时教育会议》，载舒新城编《中国近代教育史资料》上册，人民教育出版社1981年版，第292页。

③ 同上。

图4—1 民初修身课本中的“敬师”仪礼[①]

除了图画的直观表达，文字中也有相关的内容，同样是在此套教科书的第三册第十课中，以“敬师”为题目的课文称：“先生训令，宜遵行之。先生禁戒，宜速止之。遇先生则鞠躬行礼，先行脱帽。”[②] 除了这种师生间的交往之外，学生也在学校其他相关活动详细的规范性描述中体现出了“敬师”的要求，这在对低年级学生的劝导中更为明显，如一年级学生要被训练如何端坐、站立、敬礼和行走，“端坐之姿势：胸需挺张，腹部当加以力……直立之姿势：肩平而胸胀……行敬礼时，亦当先正此姿势，随后敬礼”。[③] 这种身体行为的规训实际上仍然是晚清修身课程的延续，对于初进学堂的低年龄段的小学生而言，这样细致的动作描述不仅为其行为提供了规范性的依据，更为其获得自我角色的有效过渡提供了捷径。

---

① 张荫椿：《中华初等小学修身教科书》第三册，中华书局 1915 年版，第 37 页。

② 同上。

③ 贾丰臻：《修身做法教授谈》，《教育杂志》1912 年第 4 卷第 9 期。

很快，国家政策与权威教科书中的礼仪规训在学校领域内收到了实际的效果。1914 年，教育部开展了关于调查京师公私立学校的相关活动，很多观察者掩盖自己的身份，以田野调查的方式深入到学校中进行长期的观察。调查报告关于“礼仪”的观察结果很是一致，学生普遍能够做到尊敬师长、遵守礼仪：在京师公众第一初等小学中，“默察该校学生之动作，及内中遇见外宾多知肃然立正鞠躬行礼，可见平时对于礼仪作法尚能教导有方”，① 而在北京高等师范学校附属第一小学中，“每日到校及途遇本校职员或同学相见皆行敬礼、鞠躬”，② 观察者顾树森由此总结道，“学生富有顺从心，此为学生不可少之美德，即将来对于社会国家尤为必要者也……余观京津小学校中之学生，皆能遵守规律，服从命令，毫无嚣张凌乱之气，于此可知其富有服从心也”。③

但是，需要指出的是，这种新的相见礼仪大都仅仅是集中在学校这个极具纪律的组织内完成的，学校内以服从教师为目的的礼仪规训，与固定的学生和管理人员紧密相连，并以教科书、劝诫、褒奖、惩罚、命令等形式不断强化，使得学生不得不在这密闭的控制空间中对手握权力的教师相见行礼。这种在教师权威之下、由学生单方面被动施行而缺乏主体间互动的礼仪规训仍然属于传统的道德性规训，仅凭外力控制的社会规范是难以长久存在的，缺乏自我约束的条件下使自我角色不断找寻理想状态的现代理性规训势必会引起反抗。正当这种以压制为主的师生交往礼仪尚未找到立足的平衡点与稳固性的时候，五四运动爆发了，学生倡导的罢课、学潮、自治、与当局对立等一系列行为一方面可以视为民初学校礼仪教育中固有矛盾的体现，另一方面也变相为学校礼仪的改革注入了推进的力量。

三 幼者的反哺：童子军的礼仪及活动

1924 年春，广州国民政府正式建立，到北伐胜利后的 1927 年，全国教育行政委员会决定在全部学校中实行党化教育，尽管之后因“党化教

① 《1914 年教育部视察京师公私立各学校通告书》，载朱有瓛编《中国近代学制史料》第三辑上册，华东师范大学出版社 1992 年版，第 255 页。

② 顾树森：《京津小学参观记》，载朱有瓛编《中国近代学制史料》第三辑上册，华东师范大学出版社 1990 年版，第 265 页。

③ 同上。

育”包含过于强烈的政治色彩而改称“三民主义教育”，但以党治国、以党治校的理念内核依然延续下来。学校场域内引入的童子军规训模式便是以一种意识形态及国家强制力而实施的塑造国民运动，并在此运动中直接以国家权力将幼者的行为模式强力推行至全面社会中，学生开始成为社会改造的先锋力量。

（一）童子军及其礼仪

在近代的国民改造活动中，加强体质、锻炼意志、培养尚武精神一直是其中的重要主题，此时，由英国人贝登堡所创办的以野外训练的形式来培养体魄健康、意志坚强的社会公民的童子训练营恰好成为近代中国塑造“军国民”的一种路径。教会学校首先将这种训练形式进行了移植，湖北文人严家麟首先在自己的文华书院内创办了近代中国第一支童子军，力求服务社会与国家。此后，一系列非教会学校也陆续将这种学生培养方式进行了引进，各地方学校纷纷组建童子军，继而诞生了由许多不同力量支持或组织的童子军联合会，这一西式儿童组织受到了社会各界认识的广泛关注，从而将1916年至1925年之间的童子军组织发展带入到一个“发达期”。[①] 但是，在军阀割据、南北分裂的大背景下，全国教育联合会形同虚设，其关于童子军的推广决议案更是难以实施，所以，此时期的童子军发展虽然颇为迅速，但并没有获得串联式的大规模推进。但是，这种各自为政的童子军发展模式依然成果丰硕，教育部称赞它“愿以陶成其服从规律之习惯，涵养其坚韧勇武之德行，而发达其忠公爱国之精神，实为辅助青年教育之良法”。[②]

到20世纪20年代，童子军已经开始由零散的存在进入到串联式的大规模推进阶段。1926年，国民党中央青年部提出成立党童子军部的意见，并将其作为全国童子军运动的领导与推行机构，从此，童子军机构由零散的无组织状态开始过渡到由中央到地方的统一管理之中，这种集权式的规训模式有效提高了童子军的训练质量，从而加快了这一西式儿童组织的“中国化”步伐。就此发展模式而言，政党与童子军都是获利的：一方面，国民党干预、控制童子军的初级设想在于维护自身的统治，同时也可以通过对少年一代的政治训练来达到规训思想、控制意识的最终目的，从而培

① 杨品吉:《中国童子军史略》,《中国童子军总会筹备处汇报》1934年第16期。

② 《教育部注重童子军》,《教育杂志》1917年第9卷第7号。

养出效忠、服务国家与政党的下一代，将三民主义进行到底；另一方面，在复杂的时局影响下，年轻的童子军也只有依靠“政党化”的发展路线，才能生存、持续下去。从1928年正式在学校中建立起童子军制度起，到1934年，在册的童子军人数已经由最初的91人上涨到86536人，① 通过这种国家收编行为使得童子军在被赋予政治地位与意义的同时，也成为国家塑造、支配的对象，使得年轻的少年脱离家庭的血缘关系而成为直接被国家领导的国民，仪式中的国民培养也由此成为童子军训练的重要内容。

作为童子军颇为重要的仪式，入会宣誓充满了意识形态的直接灌输与隐性暗示。仪式开始后，学生列队入场，肃立后分别向党旗、国旗和孙中山遗像三鞠躬，随后跟随仪式主席大声诵读总理遗嘱，默哀三分钟，继而高声、整齐演唱党歌、国歌，并完成宣誓，“誓奉总理遗教，确守中国童子军之规律，终身奉行下列三事：励行忠孝仁爱、信义和平之教训，为中华民国忠诚之国民；随时随地服务他人，服务公众；力求自己智识、道德、体格之健全”②，紧接着是监誓人、证誓人等一系列的训词仪式。在这样的描述中，童子军简单却隆重的入团仪式与总理纪念周的仪式操演极为相似，政党与国家的因素或隐或显地处处存在着。与此一致，童子军大检阅活动的意识形态体现得更为明显，启蒙、塑造、维持童子军们的政治认同与党国信仰是其中的最主要精神。当第一次全国童子军总检阅仪式于1930年在政府所在地南京举行时，作为国民党领袖的蒋介石亲自与会检阅，并对全体童子军进行了历时两小时的训话活动，要求童子军中的每一个团员“思想要纯正，勿为三民主义以外的邪说所动摇”。③ 六年后，第二次全国童子军联合大检阅期间，各地童子军军营正门处均高悬“蒋委员长骑马之肖像”，营地内遍悬国旗、党旗，由此可见“党”之元素、“领袖”之精神于童子军运动中的崇高地位，从而强化了每个童子军心中对于政党与政党领导人的支持与认同。保罗·康纳顿曾提出，“仪式之所以被认为有意义，是因为它们对于一系列非仪式性行动以及整个社群的生

① 张洪波：《1927—1937中国童子军教育研究》，硕士学位论文，山东大学，2008年。

② 范晓六：《童子军三级课程教学法概要》，二二五童子军书包用品社，1936年，第3页。

③ 蒋中正：《中国童子军之精神与使命》，载中国童子军总会《会长副会长及各界理事长监事长对童子军教育之言论》，1945年，第1—4页。

活都是有意义的。仪式能够把价值和意义赋予那些操演者的全部生活”①。当然，仪式的功能并不仅仅限于仪式举行的时空之中，它也会无形地渗透进仪式参与者的心理、思维与行为模式之中，站在这个角度上，童子军的仪式、活动等都可能成为儿童们的集体记忆，并影响着他们日后的行为方式与心理状态。

欲以新观念来塑造中国未来公民的南京政府同样在童子军的见面礼仪中进行了精心、巧妙的设计，日常生活中，童子军向训导教师所施行的“三指礼”便是一种致力于恢复良好师生秩序的礼仪符号。实际上，自从20世纪20年代以来，个人主义思潮于社会泛滥，学生不断挑战权威，教师就常常是其进行论争的对象，从而严重影响学校的教学秩序，为时人担忧。为改善这种状态，国民党要求童子军相见行“三指礼”，这同样包括对训导教师的施礼方式。在这样的礼仪方式中，既包含了对训导教师的尊敬，也包含了对党与国家的尊敬，因此，从某种程度上讲，“训导教师”本身就是党与国家的代表。实际上，“三指礼”在贝登堡初设童子军时便已经存在，并拢的三指被赋予了“尊敬上帝”“扶助他人”以及“服从纪律”的三项诺言；而大拇指抵住小拇指，则象征着要“以强扶弱”“以大助小”的精神。严家麟将童子军训练引入国内以后，为了符合近代社会“开民智、鼓民力、新民德”的改革思路，重新将“三指”解释为“德、智、体”三项。到“中华童子军总会”建立时，“智、仁、勇”则又代替了“德、智、体”的意义，其行礼的规范动作为：右手做三指记号，食指和中指的指尖与右眉尖齐，掌心冲下微向前倾行礼；戴帽时，三指指尖与帽檐齐平；不戴帽时，食指端与右眉齐平，行注目礼。这些日常的礼貌行为，“就是童子军被教导在形式上规制自己的行为以使公共秩序走上正轨”。②

（二）童子军的日常活动：幼者对长者的改造

幼者对长者的影响，不仅仅体现在童子军与训导教师之间，它更广泛且

① ［美］保罗·康纳顿：《社会如何记忆》，纳日碧力戈译，上海人民出版社2000年版，第66页。

② 高一涵：《中国童子军——南京十年童子军手册中的公民训练和社会意识》，台湾《新史学》2000年第4期。

深刻地体现在童子军与整个社会的“长者”之间。从清末开始，社会改革者们就寄希望于教育来完成国民的塑造。但是，民主与自由的新观念在撼动了原有社会秩序的同时，也使年青一代获得了拒绝原有社会秩序中礼仪行为的合理性，在这种持续的否定与批判中，具有实践意义的新的秩序规范却始终没有出现，即使出现了一些观点，却也始终没有完成行为上的落实。从个人观念到普遍行为的生成，必须要经过“社会表演”的公众展示，意识形态层面的观念如何形成一种“存在”始终要经历一个由“精英展现”到“民众模仿”的过程，自康、梁时期就不断讨论的国民规训问题，直到童子军的训练中才获得一个明确且具体的规范文本，这个文本赋予幼者在改造国民运动中一个极高的地位，也使得童子军成为一个理想的国民形象，“青年儿童是准备着将来对于国家有所贡献的，思想是纯洁的，本性是天真的，他们最容易接受训练的，如若给他们一种相当的训练，一定能够收很大的效果”。①

作为自清末以来以教育改造国民的宏大工程中一个阶段性的成果，童子军的训练方法很快在政府的推动下成为改造社会民众的规训模式，“幼者规训”开始成为“长者规训”的样板。新生活运动期间，童子军便开始在日常生活的训导方面成为成人社会的教师。陈恕回忆自己在南开中学的童子军生活时称：“学生们首先要保持整洁的外表，清洁整齐的头发，每天至少梳两次发；还要了解刷牙的正确方法，要定期去牙医处检查牙齿，知道哪些食物对牙齿有益；不咬指甲，并注意修剪。”② 在细微的日常生活中，良好的卫生习惯也被赋予“强国强民”的宏大表述中。国家生活习惯规训下的童子军拥有新式的知识与良好的秩序，其所呈现给社会的风貌确实是一股新风，邓亚曾在回忆其于童子军军训期间的感受时称：“童子军着装齐整，精神奕奕……协同的童子军队伍，士气高昂，步法整齐；闹市行进，公园受阅，观者如堵，好评不断。”③

当年轻的童子军获得国家与社会极力赞赏的同时，长者的形象开始走向被丑化、被抨击的另一端，鲁迅就将中国传统社会视为行将就木的老

---

① 刘澄清：《中国童子军教育》，商务印书馆 1938 年版，第 3 页。

② 杨建恒编：《感悟南开——对重庆南开中学前期教育之思考》，重庆出版社 2006 年版，第 192 页。

③ 邓亚曾：《七十沧桑忆协同》，载重庆市第二高级中学编《校友回忆录〈岁华有痕〉》，新浪微博，2014 年 12 月访问（http：//blog. sina. com. cn/s/blog_ ec8f86cc0101p7va. html）。

人，“中国大约太老了，社会上事无大小，都恶劣不堪，像一只上了年岁的黑色染缸，无论加什么新东西进去，都变成漆黑”。[①] 而以童子军群体为代表的幼者以及其所具备的新知识、新习惯、新生活等，与长者所具备的旧文化、旧习气、旧状态等对立起来，这既是一个民族长久想象的实现，也是长者社会必须接纳和学习的内容。通过以童子军为代表的幼者对于长者的影响和改造，原有的社会长幼秩序获得了一定的翻转。陈肖贤在奉劝其父不要赌博时慷慨激昂：“我每每感觉到，如果他（指其父）将赌博的精神转移到国事上，那就好了！爱国并不是要他去当兵吃子弹才能称得上，只要肯提起精神去做事、肯负责，国虽不强也可自强了。曾为榜样的父亲啊，如今怎么成了愚笨的人？你还要沉迷于赌博而不自省吗？”[②] 作为童子军的儿子在此不仅仅只是家庭中带有血缘关系的“幼者”，而是社会中改造不良行为的“长者”；童子军团体作为社会中的年青一代，在国家话语的支撑中，开始被赋予改造长辈与社会的规训身份，从而实现幼者对长者的反哺。在这里，传统长幼秩序生活中“为人子”的角色观念暂时退居幕后，从公共环境中培养出的社会生活秩序走向前台，这是一种由公共群体秩序推衍至个人家庭生活的改造路径，是“公”对“私”的明显影响。

具备新形象的童子军已经不再以幼者的身份命名自己，他们不是受旧制度与旧秩序所控制的青年，他们以国父孙中山先生的名言——“人生以服务为目的”——作为自己的思想纲领与行动座右铭。在童子军个人服务与团体服务的两种不同方式中，既有尊敬父母、爱护弟妹等家庭方面服务内容，也有在图书馆服务、在运动会服务、在集会时负责纠察警卫之责等学校方面服务内容，更包括扶助老幼上车、指导流浪儿童、募集寒衣、赈济孤寡等社会方面服务内容，在这样的过程中，学生以个人的善行连接起家庭、学校、社会间的互动与交往，在完善自身行为的同时，培养了服务社会的精神，秉承了爱民救国的义务。《中国童子军日行一善歌》

---

① 鲁迅：《致许广平》（四），载鲁迅、许广平《两地书》，人民文学出版社 2006 年版，第 92 页。

② 上海私立崇德女中高中二年级陈肖贤：《赌博》，载马崇淦编，潘筱兰辑《民国中学生作文》，首都经济贸易大学出版社 2011 年版，第 177 页。

中的诺言正是这种行为的恰切表现：

公众的事，在前在后，等着我们去做！
一手一足，一生一世，做去，天天做去！
也不要人知，也不要人誉，
水里，水里去！火里，火里去！
革命青年当如是！
童子军，好同志，打起精神去做事！
水里，水里去！火里，火里去！①

① 《中国童子军日行一善歌》，《中央周刊》1931 年第 147 期。

第五章

“后台”的自我：丰富自由的学生课外活动

让我成为我自己：人的生活应是一个不断对世界开放的过程，开放意味着超越，人不断超越其身处的狭小的生活圈子，超越有限的生活经验，超越诸多偏见。在种种碎片式的生活片段与感受中，自由的活动渗透出一种整合大全的精神之光。①

——刘云杉

相对于学校内、课堂中的制度性活动而言，课堂之外的学生活动是丰富多彩的，仅就内容而言，它便已经涵盖了课外学习活动、课外政治活动、课外体育活动与课外文化娱乐活动等多个方面。在这丰富内容的背后，我们也可以看到学生课外活动外延之大，因此，如何对此问题进行归类便成为讨论的起点。在此，笔者认为，以学生角色为中心对学生课外活动进行划分是一个较为便捷的途径。所谓角色，“是指个体在特定的社会关系中的身份以及由此而规定的行为规范和行为模式的总和”，② 这种在微观教育场域中的仔细观察不但有利于我们真正理解“学生活动”与“学生角色”之间的互动关系，更为我们认识和梳理近代学生处理自身、家庭、社会、国家关系时所经历的选择、摩擦、挣扎提供了一个理想的视角。在本章中，笔者将近代学生角色划分为读书人、社会人、国家人与自由人，并以此为根据对学生课外活动进行讨论与分析。

① 刘云杉：《学校生活社会学》，南京师范大学出版社 2001 年版，第 379 页。

② 韦有华：《教师的心理素质》，东北师范大学出版社 2002 年版，第 76 页。

第一节 作为“读书人”的学生课外学习活动

作为学生，无论身处哪个时代，读书都是他们的本职工作，学习都是他们的天职任务，近代学生也不外于此。课外学习活动是指那些不以娱乐为目的、旨在增进儿童对学科知识理解的课外学习行为。它既是课堂教育的延伸与补充，也是课余生活中的重要组成部分，在反映着学生课外生活质量的同时，对学生的身心发展也具有重要的意义。伴随着近代新型教育观念的引入与传递，学生的学习方式与学习内容也随之发生了一些改变，心无旁骛地专注于经史文章与八股应试的时代已经过去，学生除了在由教师进行教育活动的课堂中完成对教科书的正式学习外，课外的新式学习活动，如阅读期刊等，也越来越广泛地渗透到普通学生的课余活动之中，本节将就课外学习形式、课外学习内容及其影响进行阐述。

一 丰富多元：课外学习形式

学习形式是学生学习活动的组织方法和表现形式，近代学生课余学习活动在形式上主要包括自修式学习、研究会学习与实践性学习三种形式。

（一）自修式学习

任何可以进行自我学习的地方都可以被视作自修的场所，如自修室、图书馆、阅览室、实验室等。在一些学生眼中，自修室是愉快、美好的天地，它既是获取知识的苗圃，又是修养心灵的乐土，“我欢甜的安乐乡，富厚的储藏所，就是我可爱的自修室，它如同绚烂的花园，鲜艳香甜的花卉都像锦圃般栽种着。我做了采花的蜜蜂，殷勤的、勤恳的、吸了各种的花液，做成了自家的蜂蜜，但追本溯源，我不会忘了这采集之地。我不知怎样的走进了自修室，一切的浮躁烦闷，都不敢近，无涯无底的学海里，我静心平气的航行”。[①] 但在另一些学生的心里，自习室却又是一个充满规矩与制约的所在，“（自习室）内过于寂静，室内的人都过上了‘学究’的生活……一入室内，目所见的，明窗、净儿、粉白的墙壁、油光的地板，都是永远不会变化的。两耳呢，简直没有可听的了。坐在一张九十度

---

① 《我们的自修室》，载董志坚《民国小学生日记》，九州出版社2012年版，第182页。

靠背的椅子上，不得不让人涤荡焦虑，只能道貌岸然的捧出书本，摇头晃脑的念起来了”。[①] 尽管存在这样的抵触，但多数学生在课余时间里还会是自修室内的常客，这一方面是繁重课业压力压迫的结果，另一方面也是学校封闭式管理中的无奈选择。

同为阅读，自修室内的研习多与课内知识相关，而报刊室内的翻阅则多了几分自在的情绪与味道，在相对封闭的学校环境与严格的课余管理中，阅读报纸成为这些“领风气之先”的学生的一大爱好。关注国家命运的学生大多注重报纸中的时政要闻，“我们学生，要在课余时间不断研读（报纸），因为国事日非，学生既是未来国家的主人，那么外交趋势、内政改革、世界格局，都是需要及时注意的”。[②] 而在种类繁多的报纸之中，学生们更以阅读权威性“大报”为潮流，在南洋大学，“（阅报）室中所置日报杂志，不下六七十种。阅报人数，以膳后午时为最多，但亦不超过二十余人。随意阅读者，尽有选择之余地。无奈大众对于架上之杂志、小报等，不肯争先枉顾，独钟情于《申报》、《新闻报》等，结果成了供过于求的现象”。[③] 在圣约翰大学里，尽管阅报室所订阅的报纸内容多为枯燥的财经报刊，但也被学生在晨间课前充斥得颇为拥挤、热闹异常，“因报纸初到，学经济的同学们省掉自己掏钱订报纸，到这里一看，色色都有，何乐而不为呢！所以趁着早晨有空课的时间或是自习的时间，赶紧过来快读一下子。等到夜间再去的，却见那报纸堆满了桌子，已经凌乱得非常了”。[④] 由此可见，报纸已是此时期学生在课外时间内获取知识与信息的重要来源。

相比于自修室内的“苦读”或报刊室中的“抢夺”，图书馆因丰富的藏书而使学生享有更大的选择余地，圣约翰大学的罗氏图书馆便因其颇为壮观的藏书量而备受学生们青睐。成立于 1888 年的罗氏图书馆得益于诸多名人与社会组织的捐赠活动，到 1904 年已发展成为藏书 13 万册、可供百余人共同在馆阅读的大型学校图书馆。[⑤] 一入学，林语堂就被这藏书量

---

① 何鸿业:《图书馆的生活》,《南洋大学生生活》, 1923 年，期数不详，第 2 页。

② 《阅报之益》，载董志坚编《民国小学生日记》，九州出版社 2012 年版，第 155 页。

③ 何鸿业:《图书馆里的生活》,《南洋大学学生生活》, 1923 年，期数不详，第 1—3 页。

④ 何瑞棠:《图书馆》,《约翰年刊》1927 年，第 26—29 页。

⑤ 施扣柱:《罗氏图书馆》，载施扣柱《青春飞扬：近代上海学生生活》，上海辞书出版社 2009 年版，第 83 页。

多质优的罗氏图书馆深深吸引，甚至不惜以逃课、受批、扣分、减假为代价而做一名浸泡在图书馆的书虫。

为了方便学生能够充分利用图书馆，各学校也普遍建立起方便学生看书的“开架”制度，吴大任在回忆自己于南开中学的读书经历时便称，“在南开中学的书库和阅览室部分，学生可以随意进出阅读。（中学）书不算多，却有一套完整的大英百科全书。大学书库藏书丰富，（南开中学的学生）也是可以自由出入的。这有很大的好处，可以让学生熟悉专业文献，又可以扩大视野即专业以外的各种科学文化知识。我记得理学院有一个阅览室，只放期刊，学生可以接触最新的科研成果”。[①] 罗氏图书馆更是自开馆以来便实行公开阅览制度，所有学生与教师都享有进入藏书馆随意浏览的权利；其开放时间几乎为全天候开放，工作日开放 8 小时，一般为上午 9 时至 12 时，下午 1 时至 5 时，晚间 7 时至 8 时开放；即使是在周末休息时间，星期日的图书馆也是全天向学生开放的。同时，学生不但可以在图书馆进行阅读，还可以进行图书外借，完成借阅手续后，他们便可以将外借的图书进行细致的阅读，这种零距离、全天候的阅读方式，在帮助学生拓展阅读面、加快阅读速度方面是很有价值的。

除此之外，图书馆也是放松身心、抖擞精神的好去处，“课余之暇，精神太疲惫了，可以到图书馆去看看甜蜜的小说，引导你入那若讲出若讲不出的情场世界中去；做运动之后，身体太累得乏了，也可以到图书馆找些悠闲的饶有兴致的书册，送到你那似看见似看不见的深邃的乐园里去作个精神上的休憩；神志昏迷了，图书馆里的 newspaper 在炮声隆隆似的打着你的精神，霹雳轰动似的击着你的耳鼓，你不得不清醒了。星期的日子，放假的日子，都可以到童叟无欺、一应俱全的图书馆去找点安慰或者消遣的材料，不得解决的问题，可以借许多书籍来参考，图书馆之于学生，简直就如同发动机之于机器”。[②]

当然，并不是所有阅读活动都是如此惬意的，大考之前的图书馆内人人紧张，多是人满为患的场景：“图书馆桌上满满的挤着人，大家苦眉皱

---

① 吴大任：《我所受的南开教育》，载梁吉生《张伯苓与南开大学》，山西教育出版社 1995 年版，第 197 页。

② 《学生和图书馆》，载董志坚编《民国小学生日记》，九州出版社 2012 年版，第 179 页。

眼，在这里生吞强记，他们何以不坐在房里的藤椅上，逍遥自在的读书呢？这里也有个缘故，因为宿舍里每每会有些‘拆烂屋’的朋友，大呼小叫，琴声沸腾，扰人清思，而且在这生死关头，岂能模糊过去？因此利用图书馆不准出声的条例，做些抱佛脚的功夫，所以图书馆里竟然大有应接不暇之势哩！”① 在这些于大考将届期间“恨不能把图书馆放大起来”②的学生中甚至还会有因为抢占考试参考书而爆发竞争，一时间，火药味四起，“最有趣的一件事情，便是抢参考书了，常常有一种书，备了七八本，还是不够用。因为临时抱佛脚的人太多，教员指定的参考书，非到急的时候是不会去看的，所以大家都不约而同的挤在一天，只等门一开，一个个都摩拳擦掌，大踏步上楼来。抢得锦标的，摇头摆尾，笑嘻嘻的夹着书去读；落伍失败的，蹙着眉头，抓着脑袋，望着那些不相干的书幽幽发怨”。③ 在这一幕幕生动的片段中，图书馆为我们呈现了学生于课外时间内的各种学习百态与趣味，从而勾勒出真实的学习写照。

相对于文科学生的读书生活而言，实验室则几乎充斥着理工科学生的全部课余生活，“三年里，除了早晨的漫步之外，就是上课与实验，似乎沉闷无聊，却也充实满足”。④ 实验室内的实验活动不断追求科学的前沿，这种研究与探索的精神使得学生逐步树立起“唯物与科学”的观念，“物物都是以前从未玩弄过的器具，静静地看着物质的变化，满意地看着自己所做的与前人所过的相符合。……我觉得只有从人力实验出来的理论，才是真正的学问；实验所不能做出来同样的结果的理论，只能是纸上空谈而无裨于实际的”。⑤ 但是，在科学的追求中又不仅仅充斥着冰冷的仪器，探索知识之余，温暖的场景不时出现，甚至带有几分美好的诗意，“当实验觉得疲惫的时候，开窗远眺，颇觉的有趣。物理试验室是在西院的楼下，生物实验室是在楼上，四周种满了青草、松柏和鲜花，在春天或是夏日里，窗前蝶儿飞舞，花间蜂儿嗡鸣，送给在里面做着实验的人们倦时的

① 何瑞棠:《图书馆》,《约翰年刊》1927 年，第 26—29 页。

② 钱行素:《本校概况》,《复旦大学毕业纪念刊》1930 年。

③ 颜敦建:《圣约翰学生生活的面面观》，载上海圣约翰学校《约翰年刊》1925 年，第 18—21 页。

④ 欧阳裕:《过去的三年》,《上海光华大学光华年刊》1936 年丙子级。

⑤ 同上。

一些娱乐；到了秋天或冬天，窗外仍然呈现出碧绿的颜色，当微风吹过或者大雪飘落的时候，更显出另一方无限的趣味”。①

（二）研究会学习

鼓励学生组建具有鲜明学科性质的研究组织是近代许多学校的共同选择。在特殊的国际时局与困难的国内环境中，人们普遍关心政治局势演进的最新动态，时事政治类研究团体由此成为最常见的学生社团。绥远第二中学的校长孙则让十分注重培养学生的政治分析能力，利用学生的寒暑假时间邀请本地政界、军界、外交界中的人物进行演讲，如邀请冯玉祥的高等幕僚王鸿业主讲《孟子·为政》说，邀请冯玉祥所属吏治研究所所长梁式堂主讲其所编纂的《左传·子产》篇等。② 这些以“政治”为主题而形成的学生研究会虽为学生表达个人政治观点、追求思想自由提供了机会，但由于其探讨的话题多涉及地方安定与国家统治等相关问题，所以一般会有教师、学校或地方教育行政部门进行影响与干预，“（学校政治兴趣小组）很多是在具有专门老师指导下进行的，学校并不是完全缺席的，他们或者利用职权之便先行建立起一个组织的基本框架，让学生根据各自的兴趣报名加入，或者对学生的自发组织进行奖励或批评，以实现间接的影响”。③

各类社会科学与自然科学的研究组织也在中学校园里广泛存在着。或同班，或跨班，或跨校的同学凭借共同的兴趣自发组建而成的研究会规模虽各有大小，但一般均多与教师的学术支持与技术指导密切相关，科学兴趣小组的实验环境与实验工具也十分完备（见表5—1）。一些学校还为学生社团的发展设立了专门性基金，刘半农就读的常州府立中学就利用学生膳食费用的结余筹建起来了各种兴趣小组，如图画组、昆曲组、军乐组、标本组、园艺组、地图绘制组、手工组、演说机械组、英语会话组、摄影组等，让学生根据自身的爱好，自由选择参与，兴趣广泛的同学在不影响正常教学进度的情况下还可以活跃于不同兴趣小组之间，“一时间，报名踊跃，活动频繁”，④ 刘半农自己还报名参加了摄影部，并节衣缩食地自

① 欧阳裕：《过去的三年》，《上海光华大学光华年刊》1936年丙子级。

② 包头市第一中学：《包头市第一中学校史》（1925—2005），2005年，第4页。

③ 北京市第一六六中学：《沃土百年育栋梁：北京市第一六六中学140周年校庆回忆录》，2004年。

④ 徐瑞岳：《刘半农年谱》，中国矿业大学出版社1989年版，第13页。

费购买了一个小镜箱做研究。

表 5—1　　　　南通中学科学兴趣小组实验配备统计表①

仪器室化学器具		实验室化学器具	
类别	件数	类别	件数
衡重器具	4	计算器具	1
容量分析器具	18	衡重器具	2
研榨器具	5	容量分析器具	130
挟持器具	33	研榨器具	19
加热器具	24	挟持器具	250
溶液器具	89	加热器具	109
过滤器具	5	溶液器具	410
蒸发器具	7	过滤器具	110
干燥器具	6	蒸发器具	184
蒸馏器具	8	蒸馏器具	44
制氧器具	47	制氧器具	252
体造器具		体造器具	
点解器具	5	吹管分析器具	550
吹管分析器具	64	瓶类	285
瓶类	73	管塞类	580
管塞类	80	普通用具	91
普通用具	25		
总计	493	总计	3017

相比于中学学生的研究会，大学中的学生研究会更具专业特色与学科特点，同时也更加具有学生的自发性与自主性。为中国大学之翘首的北京大学一直以其为数众多的学生社团著称，北大雄辩会由北京大学法科学生组成，正式成立于1917年12月，以“修缮辞会，发展思想为宗旨”，规定每一名会员都既要练习演说，也要练习辩论，并对具体的流程进行了细致的规定，以章程的形式呈现出来，“本部常会每两星期一次，每次常会以两小时为限，每人演说或辩论不得逾十五分钟”，“演说题目自选，但须报告温书；辩论题目一般由部长于辩论两周前请评判员制定，并及时公

① 表格来源于《江苏省立南通中学鸟瞰》，《江苏教育》1930年2月。

布。若辩论员自行定题，则须经评判员认可”。[①] 雄辩会进行的第一场辩论赛被安排在学会建立的一个月后，正反方各3名辩手，题目为“科学与宗教之消长”，正方以超越反方90分的成绩获得胜利，具体评分情况见表5—2所示。

表5—2　北京大学法科雄辩会过于辩论成绩表（1918年1月25日10点，法科第一教室）[②]

		姓名	理论	言词	态度	复辩	总计
正方	主辩	曹杰	75	60	25		505
	第一助辩	胡庆颐	40	35	20		
	第二助辩	徐望之	70	65	25	90	
反方	主辩	张云鹤	65	55	25		415
	第一助辩	鲍贞	40	25	15		
	第二助辩	耿钊彤	50	30	20	90	

在东吴大学，法学院学生组建的“型式法庭”以“与时政密切相关”而彰显名声。“型式法庭”于1921年出现，模仿真实法庭环境建立，一周活动一次，开审前全体起立，并由法庭职员用“古典英文”宣布：“Hear ye! Hear ye! Hear ye! The Moot Court of the Comparative Law School of China is now in session!”（中国比较法律学院型式法庭现在开庭!）开庭后，由学生轮流扮演辩护人、当事人、证人以及书记员的角色，而审判官及陪审团则由学校教师、真正的法官或具备资质的律师来担任。先期诉状、辩护材料与证据都是不可缺少的因素，审判的案件一般也都选择源于国内与国际上的真实案件。为迎合培养国际法律人才的需要，型式法庭还会不定期召开按照“英美法制”进行的庭审。久而久之，型式法庭开始形成气候，不但成为东吴大学法学院学生毕业典礼上的重要环节，甚至给予社会民众公开的司法咨询，并参与上海各级法庭的庭审过程，从而在上海法、政两界中产生一定程度的影响。

① 北京大学雄辩会国语第一支部：《北京大学雄辩会国语第一支部细则》，《北京大学日刊》1918年1月17日。

② 雄辩会：《雄辩会布告》，《北京大学日刊》1918年2月5日。

在以工科见长的北洋大学堂，为了更好地展开学术活动，矿冶系学生成立了自己的学术组织——采冶学会。采冶学会的发展经历了一个较为曲折的过程，初成立于1924年，"本力谋发展，成绩可观"，后因职员毕业，新人不足，致使会务停顿。此一停顿历经四年，1928年4月采冶系同学积极声言"非团结共同研究，不足以促进学术；非群力提倡矿冶，更难以语救国兴邦"，[①] 正式恢复北洋采冶学会。以"研究学术、发展中国矿冶事业并促进关于本校采冶学系事项"[②] 为宗旨的采冶学会会务广泛，研究矿冶问题及代为分析各种矿产、敦请本校教授暨校外采冶名人演讲、扩充采冶学系设备、调查及征求采冶工程事项、介绍会员赴矿场或工厂实习、出版矿冶刊物及书报等各个不同方面均被囊括进学会的一般会务之中。而在组织构成上，采冶学会则是一个完全由学生进行自我管理的研究性组织，由11名学生组成的干事会在获取资源、组织活动等方面发挥了重要作用。1931年，财务状况陷入困境的北洋大学堂难以对采冶学会进行资金支持，学会的干事们一方面积极与校友取得联系，向他们募捐、征集标本及稿件；另一方面也修订学会章程，定期召开干事会、学术研讨会，邀请校内外矿冶名人进行演讲、编辑出版《采冶年刊》，正是这种有效的干事会制度使得采冶学会成为北洋大学堂历史上影响最广、活动最多的学生组织。

当然，从事学术性质的研究活动，未必一定通过研究会这种正规、正式的学校组织来达成，学生们也可以联络少数志同道合的同学一起做短暂的不定期研究，以一种非正式的组织形式来进行学习。一些学生自发地在寒假期间组织起了读书会，并形成了一些松散的规约来进行约束，"目的：温习学校里的旧课，研究感兴趣的题目，以免荒废学业；日期：自本月二十一日起至三十一日的十天内，为研究日期；时间：每日上午九时至十一时，下午一时至三时；地点：本会会址定于同学汝勋家中；其他：本会如有疑难问题，应由各会员捐出若干钱，买参考书参考阅读"。[③] 还有

---

① 《采冶学会恢复》,《北洋周刊》1927年第1期。

② 《国立北洋大学采冶学会章程》,《北洋周刊》1932年第1期。

③ 《寒假内组织读书会》，载瞿世镇、董志坚编《民国小学生作文》第一辑，广西人民出版社2011年版，第145页。

一些学校会不定期地组织一些座谈会以激烈学生探索知识，学生自己就是这些座谈会中的报告人员，“人造雨”“留声电话机”“音频捕鱼法”[①] 等都是他们介绍、关心的内容。

（三）实践性学习

相比于学校内部的自修与研究小组，校外实践性学习更是一种注重直观体验的学习方式，它在注重学习过程的同时，以个体的主体体验为基础，通过作为个体而存在的学生与外部世界之间的关联、互动与冲突而产生交互的影响，从而达到构建个人知识的目的。就近代学校的不同阶段而言，学生的校外实践学习主要通过两种方式完成，其一是以参观为主要方式的中、小学生校外实践性学习，其二是以实习为主要方式的大学生研究型实践学习。

到实业工厂进行的参观活动是较为常见的，它常常是中小学生作文中的主要论题，王凤仙曾在老师的带领下参观了中国窑业公司[②]，蒋慧卿曾在校长的安排下参观了工业搪瓷制造厂[③]，郁元新曾在父亲的陪同下参观了新型纺纱制造厂[④]……在这样的参观中，学生们获得了关于科学与技术的直观认识，“面盆和痰盂，是用珐琅质涂了模型之后烧成的，用花时不用手慢慢的画，是用各种花样的框子套上去，然后用氧化铁等物质喷上去，再放在窑内烧制，就成为有画的瓷器了，这种既减少人工与成本，又增加速度和产量的方式很是值得我们钦佩”。[⑤] 同时，这些与经济密切相关的实业工厂也使得学生对于社会经济，乃至国际经济局势有了更为深刻的体会，“中国棉纱业的衰落，不仅表现在中国国民经济的破败，同时世界经济的恐慌也加深了中国棉纺织业的危机。殖民地

---

① 林君畴：《新发明》，载瞿世镇、董志坚编《民国小学生作文》第一辑，广西人民出版社 2011 年版，第 158 页。

② 王凤仙：《参观中国窑业公司》，载瞿世镇、董志坚编《民国小学生作文》第一辑，广西人民出版社 2011 年版，第 67—68 页。

③ 蒋慧卿：《参观工业搪瓷制造厂》，载瞿世镇、董志坚编《民国小学生作文》第一辑，广西人民出版社 2011 年版，第 68—69 页。

④ 郁元新：《申新纱厂参观记》，载马金淦编、潘筱兰辑《民国中学生作文》，首都经济贸易大学出版社 2011 年版，第 18—19 页。

⑤ 蒋慧卿：《参观工业搪瓷制造厂》，载瞿世镇、董志坚编《民国小学生作文》第一辑，广西人民出版社 2011 年版，第 68—69 页。

化的中国经济，在帝国主义加紧侵略下，它的崩溃，已是一种必然的命运！"①

与此一致，展览会的参观也在无形中激发了学生的学习热情与爱国情怀，广东东莞女子高小的学生杨觉明在展览会上第一次见到了以前只在书本中读过的"飞机"，"遥见一物，似舟而非舟，似车而非车，浮于水中，不知者，以为汽船焉。友人告余曰，此所谓飞机也。……其所以能操纵自如者，非此部分不能也。少焉，推进螺旋，干青云而直上。凭虚御风，或往或来，如倾听之点水，如鹰隼之摩空，如风筝之入耳。见所未见，喜可知也"。本来欣喜的情绪至此话锋一转，转向了对于战争的恐惧与国家前景的担忧，"此虽为新物，却为战争所用，毁物伤人，实为一害也；然为抵御敌人、保卫家国，又不得不进行自如操纵，余深以为虑也"。②

与作为外部观察者的参观者不同，高等教育中的学生在校外实践性学习中担任直接参与者的角色，"研究性"是其最为根本的属性。但在注重"西学"的晚清新式学堂中，实习成为一种绝对的新体验，从未经历过此种学习方式的学生一开始对此并不适应。"吃尽苦头""狼狈至极"可以成为邮传部高等实业铁路学堂铁路科学生第一次校外实习的真实写照，"雨天，路多低，田水积成潦，田垅之间稻草堆塞，跨越而过，袜履尽湿……首次校外实习着实令人劳累疲惫，此颇为意外"。③ 同样是在杭州，同样是进行铁路测量活动，同济大学的学生实习则与此形成鲜明对比，甚至是天壤之别，他们在测量实习之余，投身于自然怀抱，进行将体力上的辛苦抵消于无形中，"星期假日则与同学徜徉湖上，赛舟为乐，或结伴游灵隐、天竺、烟霞、云栖诸名声，无忧无虑，至今想起来真是乐哉悠哉无穷乐，始终犹有余味"。④

---

① 郁元新：《申新纱厂参观记》，载马崇淦编，潘筱兰辑《民国中学生作文》，首都经济贸易大学出版社 2011 年版，第 18—19 页。

② 杨觉明：《观飞机记》，载时毛主编《民国模范作文》，新星出版社 2011 年版，第 12 页。

③ 《旅杭测量日记》，载《交通大学校史资料选编》第 1 卷，西安交通大学出版社 1986 年版，第 179 页。

④ 沈怡：《转学上海》，载黄昌勇、干国华编《老同济的故事》，江苏文艺出版社 2007 年版，第 403—404 页。

当然，实习的首要目的既不在于“苦练身心”，也不在于“纵情山水”，获取丰富的实践知识才是校外实习的最重要目的，正所谓“授之于口，聆之于耳，求之于简篇，固亦可得梗概，究不如实地研讨之能宏造诣”。[①] 所以，实习制度很快在各学校传播开来。标榜“实事求是”的北洋大学规定，矿冶系学生在讲习之余，必须外出实习，或进行实地考察，或进入矿厂历练，以获得实际的经验，假期实习由此成为北洋校报上的一大亮点：1915 年，矿业教授亚当士带领北洋采矿冶金已班学生到山东东部地区考察地质，采集标本，“一以开豁襟怀，一以实事考求”。学生对参与这种极具实践色彩的学科考察活动兴趣甚高，“以世界最古地层所在，供我辈十日考求，其为乐又何如也”。[②] 同年暑假，采矿丁班学生在施勃理、张玉昆的率领下，赴湖北地区考察煤铁矿厂及铸铁工厂，并受到汉冶萍公司的热忱款待。[③] 当然，实习之后还会有所总结，每次实习归来，学生都要完成研究报告，并由领队教师或实习单位所派出的指导员认真评定成绩。因此，每次实习对学生来讲都是一次科学研究的机会，他们都悉心对待，细心观察，精心研究。长此以往，假期实习成为北洋大学的一项传统，并深深地融入北洋师生的科研血液之中。1932 年，北洋学校财政紧缺，“因为学校穷光蛋，所以每年一次由学校津贴旅费之春假实践，势必不能照章举行”，但学生“视旅行和实践参观为课外重要的工作”，[④] 自费前往距离天津较近的唐山进行学习。即使在后期因战事与经费问题，学校无力支持实习津贴，学生始终或组队，或独自前往各地工厂、矿山进行实践，这对于多出身于贫寒之家的北洋学子而言实属不易，却意义非凡。

校长的教育观念与思想同样指导着实习制度的落实情况。为了克服教育脱离实际的弊端，南开大学校长张伯苓特地开设了社会实践课程——社会观察。1926 年暑假期间，张伯苓专门召开教职员会议，集中研究“社会观察”的问题，认为“吾国学生最大之缺点，即平日除获得书本上知

① 王宪佑：《肄业北洋大学时生活之状况》，《北洋周刊》1936 年第 65 期。
② 《本校记事 · 记载五》，《北洋大学校季刊》1915 年第 1 期。
③ 同上。
④ 《南口游记》，《北洋周刊》1932 年第 40 期。

识外，鲜谙社会真实情况。故一旦出校执业，常觉与社会隔阂，诸事棘手。欲免此种弊病，最宜使学生与社会接近。若调查或视察各种问题，不特科培养学生实际上之观察力，亦可以换课堂生活之抑郁空气也”。[①] 经过讨论，学校在成立社会视察委员会的同时，专门制定了六项社会观察目标：（1）培养学生实际观察力；（2）谋学校生活与社会生活之联系；（3）注重客观的事实作为学术研究之基础；（4）做将来课程改造之科学的基础；（5）引起学生的兴趣并为未来择业做准备；（6）将研究视察结果，报告社会，供将来解决问题之参考。[②] 此后，社会观察被学校落实开来，言穆宾称“南开有个独特的教学计划值得一提，即主修工业管理和农业经济的学生，四年级时必须在河北定县实习一个学习，参与晏阳初举办的平民教育计划，以便使学生获得农村生活的实际经验”[③]；叶笃庄也对“社会观察”称赞不已，“对我的思想发展影响很深的有一门‘社会观察’课程，恒源纺纱厂棉屑弥漫的粗纱车间、西广开的贫民窟、关押政治犯的模范监狱等等，至今仍然鲜明地留在我的记忆中。通过这种与社会的接触，学生们直接或间接地对中国半封建半殖民地的社会性质多少有了些认识”。[④] 通过这样的社会实践活动，不仅增加了学生的感性知识，开阔了视野，同时也密切了学生与社会的联系，受到了生动且真切的思想教育。复旦大学校长李登辉同样以亲力亲为的方式支持学生通过校外实践活动进行学习，成立于1919年的复旦大学储蓄合作银行便是复旦大学商科学生实习的重要场所。为了办好这所银行，李登辉特地派遣该行副行长、复旦学生卞燕侯专程奔赴天津，悉心考察当地银行与钱庄。考虑到校内师生上课的时间，该行每天的营业时间是在下午4点到5点，届时，下了课的同学们纷纷前来，门庭若市，非常热闹。作为本校商科学生的实习基地，该行的各部职务，均由学生轮流担任，借以全面理解书本知识、熟悉银行各环节的一切业务。实践最终颇见成效，1936年，该校27名商科学

① 王文俊：《张伯苓教育言论选集》，南开大学出版社1984年版，第152页。

② 同上书，第153页。

③ 言穆宾：《张伯苓与南开》，载梁吉生《张伯苓与南开大学》，山西教育出版社1995年版，174页。

④ 叶笃庄：《怀念母校，感谢母校》，载南开中学校史处编《南开中学建校八十周年纪念专刊》，1999年。

生全部在此实习，并借此获得了极为实用的银行知识，从而在毕业之前就全部被上海的金融行业“抢购一空”。[①]

二 旧知与新学：课外学习内容

任何事物的发展都逃离不开时代的制约，变幻的时代主题同样影响着学生的课外学习活动。就内容而言，学生课外学习活动呈现出一种新旧杂陈的存在状态，传统旧学与西方科学比肩而立，它们共同出现在学生的课外学习活动中。

（一）传统旧学

在“中体西用”的社会改革背景中，源于西方的现代知识虽然来势凶猛，但传统的力量仍然不可小觑，旧学知识的存续既是传统教育内容的传递与遗留，也是抵制外来文化入侵的自发反应。

在东北大学国学系，黄季刚、林公绰、曾运乾等国学大师在小学、程朱理学、中国学术史等方面享有盛名，学生近水楼台先得月，在如此雄厚的师资支持下创办了夏声书院，以专门研究国学经、史、子、集四部为宗旨，“在此种有利形势下，（学生）莫不早乾文惕，刻苦钻研，或从事经、史研究，或努力子、集记诵，如十三经注疏、四史、九通、二十四史，小学名著等，无不自修阅读”。[②] 成员们在研习的过程中或向名师请教，或与同学讨论，知识储备获得不少提高。这样刻苦、热烈的研修使得学生的学术造诣不断发展，且获得诸多的裨益，曾受黄季刚指导的奉天省立甲种商业学校的学生李滋新便倾情于小学中之篆书，尤以秦篆为甚，后“被文化部聘请为秦篆研究小组成员，参加重刻泰山石的工作”。[③]

作为近代持续发行时间最为长久的学生期刊，《学生杂志》内极大部分内容都源于学生投稿，而在众多的学生稿件中，诗词歌赋、游记骈文、文史潜思都是较为常见的文章，尽管一些文章实际是在言说当时之救亡图存问题，但其表述方式与探讨内容仍以传统旧学为主体，《论东汉之灭

---

① 鄂基瑞、燕爽：《复旦的星空》，复旦大学出版社 2005 年版，第 486 页。

② 罗巨峰：《我所知道的东大文法学院》，载政协辽宁省委文史资料研究委员会编《辽宁文史资料》第三十三辑，辽宁人民出版社 1991 年版，第 75 页。

③ 吴建白：《奉天省立甲种商业学校》，载政协辽宁省委文史资料研究委员会编《辽宁文史资料》第十辑，辽宁人民出版社 1984 年版，第 71 页。

亡》《以经史为鉴说》《论国学之精髓》之类借古抒怀的文学作品经常出现在《学生杂志》之中，这当然在一定程度上反映了近代学校中“以中学为体”的教学模式。兼任《学生杂志》编审的沈雁冰在审核此类稿件时称“学生所投递的作品中多用古文骈体，可见当时学校中写作之主要格式。诗词注名虽似出自少年之手，但内容也颇多感伤牢骚，老气横秋，有些甚至满纸的悲怨”。[①] 不单单是这些游记类、文史类作品，即使是一些论说工艺、介绍科幻的作品也大都以骈文形式完成，沈雁冰自己就曾经从欧美报刊中以骈文的形式翻译了名为《两月中之建筑谈》的科学普及小说，可见中国传统知识内容于学生根深蒂固的影响。

（二）西方科学

新式学堂的创办理由之一就是要通过系统的教育组织来使学生快速接纳、理解、吸收西方科学，因此，源于西方的现代科学知识也成为学生课余学习生活中的重要内容。

就读于圣约翰大学的林语堂被同学们称为“图书人工索引员”，几乎所有的书籍都被他翻阅过，书籍的性质、内容、藏处等自然也是了然于胸的。但是，博览群书的林语堂更为西方科学所倾倒，最吸引他的还是《进化论》《宇宙之谜》《植物的全球分布》《神的破灭》等书籍。正是通过阅读这些自然科学方面的前沿知识，笃信宗教的林语堂开始质疑《圣经》中所宣扬的“肉体复活”“灵魂往生”“耶稣为女童所生”等陈词滥调，当从小形成的宗教信仰被动摇后，年轻的林语堂开始不抱偏见地广泛涉猎各种中西知识，最终成为“脚踏东西文化，品评宇宙文章”的文学巨擘。

当然，西方科学的学习也不单单只通过阅读来达成，实践也是其中的重要组成部分。北京育英中学的学生研究社团广泛地涉猎着西方科学，机械兴趣组、工业指导课、卫生训练班、航空研究会等都是十分活跃的社团；[②] 潘照梁在参观自然社会成绩展览会后呼吁同学们不要以为这种参观“为一种小事而轻视”，因为它关系到“科学救国”的重要道路，“市教育

---

① 茅盾：《我走过的道路》上册，人民文学出版社 1981 年版，第 123 页。

② 北京市第一六六中学：《沃土百年育栋梁：北京市第一六六中学 140 周年校庆回忆录》，2004 年。

局于五月十五六七日，为小学校开全市自然社会成绩展览会，它的用意，要使全市学校注意自然社会，互相观摩，挑起学生的兴趣。因为自然乃科学的根本，社会为强国的基础。要提倡科学，富强中国，不得不开这个会来起到一些导向的作用，引导学生上‘国强民智’的路上去”。[①] 不定期举办的演讲会与辩论比赛也是一种较为灵活的学习方式，邬翰芳就对这种形式的活动印象深刻，“民国六年正月，学校演讲会，除预备班可以自由演讲外，其余各级采用抽签法，抽得者即登台演讲，所以督促大多数人于平时准备；学生辩论会与演讲会相见举行，会中有会正、正辩员、反辩员即评判员之名号。论题由校中教职员于数日前拟定、发表”。[②] 尽管这些学习方式是以较为松散的形式进行的，但更赋予其灵活的时间安排与空间布置，参与的人员也更为广泛，这种行为同样能够激发学生的学习热情，小学生赵鑫山就在他的作文中立志要做一名科学家，以实现“科学救国”的理想：

我想做个科学家，
我要砍下大树做成米，
使那些饿着肚子的人，
不会再去啃树皮！
我想做个科学家，
我要用稻草做成丝绵，
使那些没有衣服穿的人，
不至再披着草荐！
我想做个科学家，
我要收集废物来造大厦，
使那些没有屋子住的人，
不再睡在富人的屋檐下！[③]

---

① 潘照梁：《参观本市自然社会成绩展览会以后》，载瞿世镇、董志坚编《民国小学生作文》第一辑，广西人民出版社 2011 年版，第 91 页。

② 浙江回浦中学校志编纂委员会：《回浦中学校志》，研究出版社 2002 年版，第 56 页。

③ 赵鑫山：《我要做个科学家》，载时毛主编《民国模范作文》，新星出版社 2011 年版，第 145 页。

笔者对《学生杂志》第一卷至第六卷上所刊登的科学文章所进行的分类统计同样能说明当时学生对于科学的崇尚，如表5—3所示，除科学知识与科学技术外，科学家精神同样是学生所推崇的内容。

表5—3 《学生杂志》第一卷至第六卷所刊登的科学文章篇数统计①

	科学家传记	数学	理化	天文	生物	地理	测绘	医学	工程技术	比例（%）
第一卷		14	9	1	3	1		1	1	41.2
第二卷	4	11	9	4	3	3	1	2	3	37.6
第三卷	3	16	10	3	4	5	1	2	6	52.1
第四卷	3	14	7	3	6	5	2	1	3	53.2
第五卷	1	19	5	3	5	6	1	5	2	47.9
第六卷		13	8	2	2	1	1	2	4	54.7

在近代中国迫切学习西方强国之术的时代背景中，科学知识的大量涌入是一种必然，其所占据的比例已经说明其发展的强势劲头。笔者所选取的这几种科学类学科（如数学、医学、测绘等）是在近代引进西方学科体系中的最主要内容，它们的普及程度最为广泛，占据了学生西学课程中的极大篇幅，因此受学生注目最多。同时，如表5—3所示，中国近代各门科学也正在各自学科的形成过程中不断向前发展，在走向精细化与专门化的同时，也为更多的学生群体所认识、接受，从而使得近代学生自一开始便接触到了相对发达、系统的西方科学学科体系。

第二节 作为"社会人"的学生课余服务生活

中国传统教育以"天下为己任"之精神一以贯之，这种情怀使得中国大学从一开始就不同于西方遗世独立的高等教育象牙塔。近代以来，救亡图存的历史使命使得救国成为教育领域与学生世界中压倒一切的第一使命，在此背景中，"为国家服务、为社会服务"的理念顺势而起，自现代

① 根据《学生杂志》第一卷至第六卷，1914年至1919年整理而来。

新式学校出现之日起，中国学生就被赋予承载民族、国家、社会的殷切期望。至20世纪20年代前后，作为国内教育争先学习的蓝本，“实用主义”在杜威、胡适、陶行知等人的推动下开始影响中国的近代教育，这种批判传统学校制度、反对教育脱离实际、主张学校适应社会的观点很快在中国的学校里扎根、生长，这使得教育获得了“为社会服务”的第三大职能。恰逢此时，中国的本土民族资本主义也迎来一个企盼已久的高速发展期，应用型人才的极大缺口在客观上不断促进教学、科研对社会与市场的迎合，即使是因一贯秉承德国大学“学术自由”而“重学轻术”的蔡元培，此时也不断强调“学校为社会开门，教授为社会服务”① 的观点，中国近代学生就是在这样的呼声中不断积极探索，通过开展社会调查、推广农业技术、进行扫盲活动和组织卫生教育等多种方式为社会发展与民众素质提升提供服务。

一 开展社会调查

五四运动之前，一些学校中已经出现了自发性的社会服务活动，但此时的社会服务活动多以零散、个别的状态呈现，且多为学术上对社会问题的研究，相对缺少切实的行动与实践。20世纪20年代起，各路学者纷纷为“教育脱离实践的问题”出谋划策、寻找出路，张国焘撰文称，既然只有通过实践获得的知识才是有效的，那么“如果要得到知识，便要是得到一种于民众有利的知识；要得到于民众有利的知识，只有在民众中间去活动才能得到这部分最重要的知识”。② 既如此，要怎样才能做到真正的到民众中间去呢？了解问题与熟悉问题才能有效地解决问题，社会调查是最为开始的关键步骤，它“是为中国民族找出路的先锋部队”，“是要实现以科学的程序来改造未来的社会”。③

学生开始加入社会调查的庞大队伍，并积极地投身于当时社会调查的热点区域——广袤却陌生的农村地区。生产模式和生活方式的差异使得城乡间的隔膜不言而喻，而隔膜所造成的漠不关心亦是一种意料之中的必

① 蔡建国:《蔡元培先生纪念集》，中华书局1984年版，第200页。

② 张国焘:《知识阶级在政治上的地位及其责任》，《向导》1912年12月6日。

③ 李景汉:《社会调查在今日中国之需要》，《清华周刊》1932年第38卷第7、8期合刊。

然，胡适曾说：“乡下人进城，也是莫名其妙。但是乡下人所不知道的，是繁华奢侈；我辈人到乡下所不知道的，乃是人类生活的根源。到底谁该打，且让良心去判断!”① 这样的话语背景中暗含着胡适的态度：研究中国问题的中国学者若不熟悉农村不仅是学理上的欠缺，更是道德上的忽视。鉴于此，胡适开出的药方是“少谈主义，多研究一点有用的科学。带了科学知识作工具，然后回到田间去，睁开眼睛看看民众的真痛苦、真问题”。② 所以，无论是学者还是学生，他们社会调查的对象十分一致地指向了与城市截然不同的农村地区。

以“允公允能”作为办学方针的南开大学强调塑造学生“爱国爱群之公德，服务社会之能力”。③ 秉承这种教育观点的校长张伯苓进一步提出“土货化”的办学方针，认为南开学校的教育必须要与中国社会中存在的实际问题相结合，“吾人为新南开所抱定之志愿，不外‘知中国’、‘服务中国’二语。吾人所谓‘土货化’南开，即以中国历史、中国社会为学术背景，以解决中国问题为教育目标的大学”。④ 在张伯苓看来，中国最大的问题乃是农村的贫穷，为此，南开大学经济研究所一直致力于农村地区的社会调查，曾先后在山东济宁以土地分配、乡村合作、地方政府与地方财政三个问题为中心进行专题调查。在此过程中，课堂教育被实地调研所取代，学生不仅要深入社会，还要深入最为广大的农村。当时担任经济研究所所长的何廉回忆称，学生在山东济宁县参加与自己专业相关的实习活动，为期半年，记入学分，到结束时必须提交一份立足于农村问题、带有学术色彩的调研报告，“这个报告要经过必要的润色，如果确实可行的话，就应当写成论文。论文经研究所鉴定后，该生即算完成研究实践的学业，以证明其具备了在农村建设实际工作中担任高级职务的能力”。⑤

在实施农村调查工作的学校中，教会学校的表现同样突出，在 20 年代“平信徒传教活动”的影响下，在政治形势的不稳定发展中，教会学

---

① 欧阳哲生编:《胡适文集》第 8 卷，北京大学出版社 1998 年版，第 400—402 页。

② 同上。

③ 张伯苓:《四十年南开学校之回顾》,《南开四十年纪念校庆特刊》, 1944 年。

④ 王文俊:《南开大学校史资料选》，南开大学出版社 1989 年版，第 38—39 页。

⑤ 《何廉回忆录》，朱佑慈译，中国文史出版社 1988 年版，第 64—65 页。

校普遍认识到，只有以切实的行动来迎合中国的需要，只有将“服务上帝”与“服务社会”联系起来，只有把基督教的奉献精神赋予世俗化的诠释，教会学校才不会在建设新社会的政治运动中遭到排斥。因此，教会学校开始放低姿态，走向民间，再次回归到传教士踏上中国土地并开始宗教历程的起点——农村地区。金陵大学一直都是教会大学中的表率与起势者，其在社会调查方面的表现同样可圈可点。从1929年始，金陵大学师生历经5年的时间，利用10个寒暑假，完成了包括辽宁、绥远、山西、陕西、河北、山东、河南、湖南、贵州、四川、安徽、浙江、福建、广东14个省份、3000多个村庄在内的人口调查。一所私立学校仅靠自身的力量，历时900多天所完成的涵盖大半个中国的人口大调查无疑可以被称为我国近代人口史研究中的创举。这次调查不仅所覆盖的样本量规模庞大，其调研结论也十分具有指导意义，调查结果表明：尽管中国政府为解决因战争引起的粮食供给问题而不断倡导农业机械化生产模式，但若在耕地有限、人口囤积、农种低产的情况下盲目推行，则势必会带来更为严重的社会问题，引起诸如农村劳动力过剩、人口大规模迁移以及城市人口失业等一系列连锁反应。[①] 除社会问题的调查外，金陵大学农学院师生针对“淮河—秦岭”一线的水土流失问题所完成的生态环境大调研更加发人深省。1932年起，农学院师生利用寒暑假深入山西南部、中部和北部的宽阔林区进行实地调研，围绕“森林面积与旱涝灾情的关系”和“淮河流域冲塌及淤塞原因”两大问题展开，得出的结论是：社会问题的存在，如人口的猛增、耕地的紧张、毁林开荒的行为、政府控制的失败已经体现在生态方面的问题之中，中部地区的森林蓄水能力较1900年前后已经丧失了近60%，而生态问题的出现又极易造成洪水泛滥或旱涝成灾的局面，从而再次引起灾荒、瘟疫、争抢、暴力等社会问题。因此，针对此区域的任何改革，都要同时兼顾自然与社会的共同利益。[②]

到20世纪30年代中后期，伴随着乡村建设运动的蓬勃发展，关于农村问题的调研更加多见。根据笔者的统计，从1932年初到1933年初为期一年的时间里，仅山东乡村建设研究院针对邹平县的调查就有4次，平均

---

① 金陵大学总务处：《私立金陵大学要览》，1947年，第47页。

② 《金陵大学农学院农业经济系调查统计视野概况》，《统计月报》1937年第33期。

3个月就有一次针对全县范围的社会调查，且每次参与的人数均不会少于30人，其基本情况如表5—4所示：

表5—4　　山东乡村建设研究院社会调查表（1932—1933）①

时间与范围	参与学生来源及人数	调查内容
1932年1月 邹平县全县	邹平籍寒假归家学生 40人	利用寒假时间，调查山东邹平县全部农户的经济情况，包括房屋、地亩、牲畜、作物、水井、大型劳动工具、家庭人口、收入等情况
1932年3月 邹平县全县	研究院训练部全体学生 约300人	利用两周时间，进行全县户口调查，尤其是针对已设有乡农学校的村庄进行调查
1932年9月 邹平县五村庄	研究院训练部学生 约35人	为补充和考证以上两次调查工作，进行包括郎君庄、李家庄、景家庄、抱印庄、崔家庄五庄的农户调查
1933年1月 邹平县全县	研究院训练部四、五班学生及寒假归家学生 百余人	对邹平县全县村庄进行撒网式调查，包括农村概况、农业概况、经济概况、学校、学生、商店、集市、会社等。其中，机关、学校及商店是其中的调查重点

在今人的认识中，这样的社会调查虽然具有明显的理论意义与实践价值，但早已不是一件“艰难”的事情，短时间内完成的大样本宏观调查已经是一些学校与研究机构基础性、常态化的研究手段，因此并不值得如此大书特书，甚至被冠以“中国社会调查运动”的头衔。但是，若置身于20世纪二三十年代的历史语境中，这样的社会调查的确可以用“万千磨砺”来形容，在那个物质匮乏、社会动荡、民众相对愚昧的特殊环境中，尚未真正踏足社会的莘莘学子以无畏的精神和严谨的学风积极投身到社会调查的学术洪流中，用精确的数字、丰富的文字与珍贵的图片记录下当时活生生的中国。对彼时投身于社会实践的学生们而言，此举也许只是

① 山东省邹平县地方史编纂委员会：《邹平县志・附录一：乡村建设运动》，中华书局1990年版，第9—11页。

他们了解社会、认识社会、改造社会的一项准备工作，但对于我们今天的后世者而言，这更是一种于艰难动荡之后保留下来的珍贵财富，它让一个已然逝去的时代再次获得鲜活展示的机会。仅此一点，我们便不能忽视民国学生社会调查运动所具备的重要意义。

二 推广农业技术

20世纪20年代末，英、美、法、日等发达资本主义国家爆发了严重的经济危机，为转嫁国内危机，帝国主义开始采取对内提高关税、对外廉价倾销的政策，致使我国生丝、茶叶、花生、大豆、棉花等传统农产品的市场大幅萎缩，生产一蹶不振。与之相对应的是，忙于应对经济危机的世界各国为解决国内银根缩紧的状态，争相对华抛售剩余农产品，从而加速了中国农村经济的颓势。同时，国内农业频遭天灾，兵匪祸患也造成了对农业生产的严重破坏，农村经济已经陷入崩溃之中。为解决农业危机，有识之士纷纷出谋划策，一些学者认为，农业技术既是制约中国传统农业的主要因素，也是相对于土地改革与市场控制更容易有所改观的有利条件，留美教育中的大批农科生回国、本土大学农科人才的培养等更为农业科技的引进、创新和推广提供了可能。在此背景下，“农技改革派”开始登场，各校学生成为实现农业技术变革的先行军。

身处南京的金陵大学一向重视农业的发展问题，1910年，国内大学之本土农科尚未兴建之时，金陵大学便已将“对中国农业和农村的研究、实验以及推广”界定为自身的发展诉求，并为农业学科的设立着手筹备；1914年，金陵大学以美国大学农科设计为标准，在全国范围内率先正式设立农科，此举为国内其他大学的农学发展提供了样板和示范作用；1920年，金陵大学成立棉种改良研究中心，将美国棉花品种的引进和研究提上日程；1924年，致力于服务农村的农业推广部终于成立，至此，包括“教学、科研、服务社会”三位一体的农科教育开始在金陵大学全面展开。自农业推广部成立以来，金陵大学农科将向各兄弟院校推广农业技术作为其固定的工作重点，在1925年到1935年连续十年时间里，金陵大学每年夏季与冬季都会举办农学理论及试验讨论会，以此开创了我国农作物研讨之先河。会议举办期间，参会者提交论文，阐明观点，和学界同人共同讨论，“因之所学得益新知，工作定有准绳，此利于各场进展”。[①]

在作为北方重要产粮基地的山东省境内，齐鲁大学同样集中力量为农业服务。除了与东南大学较为相似的推广良种等农业技术指导外，齐鲁大学非农科专业的学生也参与到服务农业的过程中，为推广农业技术奠定了良好的外围基础：经济系学生在济南东部的龙山镇建立了农村信用合作社，为农民购买良种、耕畜、工具、肥料等提供低息甚至无息的贷款；家政系学生与文学系学生联合出版了《田家》杂志，以通俗的文字、简单的图画、直观的数据来帮助农科学生推广农业知识，从而受到广大农户的热烈欢迎。

学生进行的农业技术推广活动不但内容广泛，且跟踪性强，一旦农民决定接受这些全新的农业技术，学生便会进行全程的指导工作。1931 年，山东邹平乡村研究院的学生在孙家店及附近村庄内推广美国出产棉花良种时采用的“表证农家法”就是一项小样本的全程跟踪过程。所谓“表证农家法”，指的是在每区选择乡农学校中成绩优良、家境殷实者为典型示范和观摩模板，作为初期实验的参与者，他们的工作是将技术推广中遇到的困难记录下来，并寻求解决的方法，以将推广的风险降到最低。因为参与的家庭相对较少，所以在“表证”的过程中，研究院派学生进行全程指导，并制订了从贷款良种到收获优棉的“一对一”指导计划，从分发棉种、指导种植、驱除虫害，到打尖整枝、估计产量、进行出售，每一环节都会有学生进行跟踪指导并悉心记录。经过两年的努力，美棉种子数量大幅增加，种植范围也迅速拓展，1932 年推广时只有实验面积 874. 2 亩，到 1933 年便已经增长到 23266 亩，到 1934 年则增长到 41283 亩，[②] 由此可见其影响之大。

三 进行扫盲与知识普及活动

识字教育是对农民实施的识字、写字和基本常识的教育，即从文字入

---

① 金陵大学农艺系：《金陵大学农学院总场分场及各合作试验场第十届讨论会报告》，金陵大学农学院，1936 年，第 1 页。

② 于鲁溪、乔礼卿：《本院农场二十一年棉业推广报告》，《乡村建设》1933 年第 2 卷第 24、25 期合刊。

手，使广大农民认识文字，扫除文盲，以获得求取知识的最基本能力。依照晏阳初的估计，在近代中国的四亿人口中，文盲比例约占 80%，其中以农村地区为甚，“吾国男女人民号称四万万，估计起来，至少就有大多数一个大字不识，像这样有眼不会识字的瞎民，怎能算做一健全的国民而监督政府呢？怎会不受一般政客官僚野心家的摧残蹂躏呢”？① 因此，扫除文盲、普及教育成为当时学生进行社会服务的一大内容。

1934 年，陶行知开创“小先生制”，这是一种运用小学生的力量普及识字运动的方法。它组织小学校三年级及以上学生，以小组、班级或学校为单位成立“小先生团”，每团通常配备一名教师进行活动指导，专门针对文盲者施教。小先生们利用课余时间开展教学活动，教授内容以识字、写字为主，以常识、时事为辅，采用的教学材料就是他们自己的国文课本。这种方法虽然是在“穷中国办教育的穷方法”，却也使得一批小先生不断成长起来。作为一名乡村小学生的承国新在课余时间里担任小先生的角色，教邻家的姐姐识字、教家里的姑母识字、教小伙伴的婶婶识字、教村里的瓦匠识字，甚至他七十多岁的老奶奶竟然也在入睡前努力背会当天学习的那一课文字。② 这个年幼的小先生在他的日记中写道：“个个小朋友，会做小先生。你教我，我教他，他又教别人，别人又教别人。越教越多，越多越教，越教越好，越好越教，越教越起劲，越起劲越教。”③ 这稚嫩又平白的文字恰恰说明了其对于扫盲运动所抱有的真挚热情。另一位名叫杭茂祥的小学生不但在作文中记录下了他担任小先生的感想，还将其教人识字的过程与方法详细地记录下来，“我是小学生中的一个分子，也是小先生中的一个。白天我要上学，空的时间只有晚上，因此只有晚上，我可有教人识字。每逢星期日，我就费上半天功夫去教人家，其余的时间，是温习自己的功课。起初，教人家识字似乎觉得很害羞，可是日子慢慢过去了，便渐渐不觉得什么，而且渐渐地高兴起来了。我到现在已经教了六个不认识字的人，都是我的邻居。我教人识字的方法，先把书里的字

---

① 宋恩荣编：《晏阳初文集》第 1 卷，教育科学出版社 1989 年版，第 31 页。

② 承国新：《睡着也念书》，载承国新、吴珮瑛等《民国乡村小学生的日记》，华文出版社 2012 年版，第 70 页。

③ 承国新：《会做小先生》，载承国新、吴珮瑛等《民国乡村小学生的日记》，华文出版社 2012 年版，第 75 页。

音和意思讲给他们听，同时又教导每一个字的笔画和写法，然后再教他们读熟几遍。他们都是大人，不像一般小孩子要强迫，他们都很用功，所以教起来也着实轻松。现在第一学期快要结束，将要开始第二学期的工作了。我以后要继续努力，并希望许多小朋友们一起努力，借以达到除掉文盲的目的”。[①] 可见，陶行知所创办“小先生制”的确是一种“即知即传人”的精神，即“小孩教小孩、教大孩、教青年、教老人、教一切只是落伍的前辈”[②] 的愿望与初衷。

相比于小学生而言，中学生的知识水平和表达方式都有所提高，在大多数成人都不具备听、读、写等基本技能的环境中，作为具有相当知识水准的群体，中学生同样常常自愿担负起启发民智、普及教育的重任。河北同仁中学的学生特意借来了四五架小型电影放映机组成了电影播放小队，以三人为单位，每个周末骑车轮流到学校周围的乡村进行电影放映活动，利用民众们的好奇心，通过感官上的刺激加深他们对于字形、字义的理解，更试图唤起他们的学习兴趣。为了顺利地完成放映活动，这些中学生还购买了自行车，以便能够到达较远的村庄进行电影播放。他们甚至还随身携带铁锹、镐头等劳动工具，若在途中遇到路况不好、难以运输放映设备的情况，便自行修路，以保证能够准时播放电影。[③] 北京育英中学的学生们专门设计了民众识字牌，他们在一块一尺一寸见方的黑底小木牌上用白色粉笔书写简单的汉字，做出解释，列举例句，竖立在学校或者各公共场所中，并定期更换，以普及文字的正确使用方法。[④] 镇江中学的学生们在午休和放学之后设立了民众问字处，既为不识字者提供咨询和帮助，还兼做代笔，替人完成一些诸如代写书信的工作。他们还设计了民众识字历，在类似于日历的图册中配上图片、生字、短文等栏目，在将看图、识字、会意相结合的同时，也完成了一些常识教育。[⑤]

---

① 杭茂祥:《教人识字》，载瞿世镇、董志坚编《民国小学生作文》第一辑，广西人民出版社 2011 年版，第 213 页。

② 陶行知:《小先生与民众教育》,《生活教育》1934 年第 18 期。

③ 郑新芳:《河北保定一中百年校史资料汇编》，天马图书有限公司 2006 年版，第 341 页。

④ 北京市第一六六中学:《沃土百年育栋梁：北京市第一六六中学 140 周年校庆回忆录》，2004 年。

⑤ 《省立镇江中学》,《江苏教育》1937 年第 6 卷第 1 期。

大学所进行的扫盲活动不但内容丰富，形式多样，其所面对的对象也更为广泛，并且大都成为稳定的制度性活动。金陵女子学校的学生们成立了星期日学校（见图5—1），利用休息时间对周围乡村的孩子进行识字教育，使那些由于贫困而无法上学的孩子获得受教育的机会，她们认为这是一种更为平实、真切的爱国主义；南洋大学学生侯绍裘看到徐汇区华工多为没有接受正规教育者，且人数众多，便主动开办暑期补习学校，每晚授课1个小时，专门教这些工人识字、念书，费用均免。开学后，南洋大学学生会听闻此举备受感动，立即将其定名为南洋大学学生分会附设义务学校。① 成立于五四运动之后的北京大学平民教育讲演团本着“增进平民智识、唤起平民之自觉心”的宗旨，广泛地开展各种讲演活动，其讲演内容对破除迷信、重视教育关注较多，仅1920年4月上旬的演讲中就涉及诸多关于破除迷信的演讲（见表5—5）。北洋大学更将知识普及的活动面向社会中的经济组织，“对于社会上所发生之困难问题应随时给予学理上之研究与指导”，并将“关于各学科之最新学理与最近历程，随时向社会加以介绍，俾校外一般人士的各取其与一己事业相关之点加以比较与采用”。② 在此背景下，学有所长的矿冶系学生利用学校优良的设备为实业

图5—1　金陵女子大学创办的星期日学校③

---

① 交通大学校史撰写组：《交通大学校史资料选编》（1896—1937）第1卷，西安交通大学出版社1986年版，第688页。

② 刘振华：《国立北洋大学季刊·序文》，载北洋大学—天津大学校史编辑室《北洋大学—天津大学校史资料选编》，天津大学出版社1991年版，第325页。

③ 图片来源：孙建秋：《金陵女大（1915—1951）：金陵女儿图片故事》，广西师范大学出版社2010年版。

界化验矿石、水质等，为冀北金矿化验数十种矿砂；为云南省临安市铁路总工程处化验矿砂，并代为研究炼制方法；为北宁路实验钢筋；为天津中国国货银行化验银质；代西北公司洋灰厂化验该厂所生产洋灰的化学成分及物理性质等。

表 5—5　北京大学平民教育演讲团农村演讲列举（1920 年 4 月）①

演讲人	题目
丁肇青	《迷信》
陈兴霸	《破除迷信》
汤炳荣	《科学可以破除迷信》
周长宪	《念书的利益》
郭衍盈	《为什么要读书》
朱自清	《我们为什么要求知识》

在一些乡村实验区，扫盲以及知识普及工作更为新颖。在河北定县同学会的召集下，“巡回文库”的产生使村民获得阅读书籍、学习文字的机会（见图 5—2）。巡回文库实际上就是十二个样式统一的木质箱子，其内分别放置不同种类的图书，由学生按照“按需分配”的原则进行管理，每个周末深入到各乡村之中供农民取阅。此外，学生们还带领民众阅读《农民报》，开展演讲会书法展览会，并为全村办无线电广播等。② 邹平试验区则利用冬天的农闲季节对农民进行扫盲活动，而担任教师者则多为放假归乡的大学学生，其所开设的课程主要有识字、唱歌、精神讲话等。识字以贴近农民真实生活的书籍为组要内容，每晚一课，至开春结束；唱歌也多与农村生活有关，《植树歌》《农夫歌》《吃饭歌》等流传较广；精神讲话大多涉及历史故事与英雄传说，以培养农民的国家认同感。

---

① 长辛店讲演组：《平民教育讲演团农村讲演的报告》，《北京大学日刊》1920 年 4 月 13 日。

② 殷子固、王仲元：《定县同学会管理下的巡回文库》，《民间》1935 年 6 月。

图5—2 定县同学会管理下的十二个图书巡回文库①

四 组织卫生宣讲队和诊疗室

近代社会，绝大多数民众对基本的卫生知识与卫生习惯缺乏认识，传染疫情时常暴发，贫苦之家即使患病也无钱到医院医治，因此，一些学生主动承担起宣传普及卫生知识、开展防病治病工作，并尽己可能地提供一些医疗救助，创设了卫生所和诊疗室。

妇幼卫生是民族健康的根本，但在近代中国，民众的妇幼健康知识普遍匮乏，农村地区的情况更是无法保障，妇女生产及婴儿的死亡率相当高。对此，一些学校学生，尤其是女校学生致力于此。金陵女子大学的学生们总利用休息时间走访学校附近的村民，发现并帮助他们解决一些生活上的难题。她们通过文艺演出的方式向南京市民筹集资金，为附近的妇女和儿童提供诊疗所和洗浴中心；她们在自身经济尚属困难的情况下于学校附近办理了“儿童营养站”（见图5—3），专门为儿童补充必要的营养；她们为妇女开办专门的生产知识训练班，专门宣传相关的生产知识，并对旧式“产婆”进行培训，传授她们学习新的接生方法，并注重个人卫生等。尽管这种行为受到男学生们的污蔑，称这些独身女性将这些“令人羞怯的敏感问题明目张胆地宣扬出来本来就是令人匪夷所思的事情”，甚至不知她们到底“抱有何种居心”?② 但这种活动直到1931年淞沪战争爆发之前仍然生机勃勃地存在着。北京大学的学生们则行走在提倡生育节制

① 殷子固、王仲元:《定县同学会管理下的巡回文库》,《民间》1935年6月。

② 金陵女儿编写组:《金陵女儿》,江苏教育出版社1995年版,第294页。

的道路上。1925年，美国节制生育创始人桑格夫人在北京大学进行了为期两周的演讲与参观活动，这使得北大学生率先建立起产儿限制研究会，致力于有关节育思想的研究和宣传。虽然他们“任凭人口无限繁殖，将来的结果，必至于无法求得生活的资料，以至于不是你我相互残杀以死，就是要一个个面黄枯槁，倒地而亡”① 的言论在近代固守“多子多福、传宗接代、香火旺盛”的中国社会激起不小的波澜，但学生们依然执着地行动着：他们设立了节育课程，深入到住户之中进行义务的宣传；他们安排了访导员，专门针对妇女进行一对一的劝告性节育；他们还配备了专门的节育药品，对那些能够接受节育观念的群众进行药品服用的指导。

图5—3　金陵女子大学创办的儿童营养站②

一些学校学生就疾病的防控工作展开了活动。沪江大学创立于1913年的沪江公社下设救济研究部，研究部中的学生会在每年春季深入到上海的弄堂之中展开种植牛痘的活动。开始时，种痘活动遇到很多困难，一些

① 《北京产儿制限研究会宣言书》，《时事新报·现代妇女》1922年第7期。

② 图片来源：孙建华：《金陵女大（1915—1951）：金陵女儿图片故事》，广西师范大学出版社2010年版。

民众认为在尚未传染的情况下进行的预防根本就是不必要的选择，妇女们更不愿意被一些男学生进行种痘。面对人们的消极反应，学生们利用各种形式，如宣讲大会、种痘展览、发放宣传图册等方法耐心地对民众进行种痘教育，并取得了很大的进步。[①] 除疾病防治外，在瘟疫横行期间，青年学生的身影也出现在危险的第一线。1919 年前后，东北地区盛行鼠疫，鼠疫横行时期，奉天医科学校的学生们不仅和青年会骨干一起"在小河沿讲棚及各关福音堂与公园讲道处派员演讲预防方法，务使家喻户晓人人知防范之必要"，[②] 更是参加到对感染者的抢救中去，一些学生甚至因鼠疫而引起肺部感染而去世或致残。这些努力对东北地区的疾病防治、疫情控制，以及近代西医知识及治疗方法从学生推广到民间起到不可忽视的作用。

建立起良好的医疗制度也是保障医疗服务的迫切问题，一些学校想方设法地筹集资金、招募人员、设立乡村卫生院来为农民看病治病。齐鲁大学医学院学生就在学校所创办的龙山镇服务农村服务社中探索出一套以学生为主要力量的乡村卫生保健制度。早期，齐鲁大学医学院设立起乡村卫生院，不过多为流动性质，较不稳定。到 1933 年，齐鲁大学医学院设立起"分区负责制度"，按照地区的人口与经济情况划分为 6 个不同的区域，每一区域设一个乡村卫生所，每个卫生所最少配备"乡村卫生指导员"1 名，"卫生助理员"3 名，专门从事医疗诊治工作，若无特殊情况，一般都在上午出诊、下午巡回问诊。同时，学生们还借鉴定县试验区的乡村医疗制度，在"分区负责制"的基础上建立起更为完善与细化的"保健员—保健所—保健院"乡村三级保健制度：第一级为保健员，负责村一级单位的卫生保健工作，其主要责任包括宣传卫生常识、报告本村人口出生死亡情况、实施牛痘以及常见疾病的救治工作；凡保健员不能医治的病人，将被转移到第二级的保健所之中，保健所配备医师 1 名，护士 1 名，其职责是训练和监督乡村保健员、接治病人等；第三级是保健院，作为全县最高的卫生机关，它统筹领导全县的卫生行政工作，并负责训练基

---

① 《沪江大学社会学系及社会服务情况回顾》，《社会建设》1948 年第 1 期。

② 《派员讲演防疫方法》，《盛京时报》1919 年 8 月 7 日。

层医务卫生人员。[①] 当然，这样较为详细的层级分化并不可能完全依赖医学院的学生完成，它是齐鲁医学院与地方乡学及县级医院共同努力的结果。

学生依托于学校，凭借自身具备的知识储备，持续地关注并深入研究当时的社会问题，利用各种多元化的普及方式来推广成果，不但直接提高了民众的一般素质，甚至间接促进了生产之提高与社会之发展。当然，通过这种社会服务的实践活动，学生们也突破自身的生存局限，与社会民众的生活直接接触，从而消除了作为中国预备精英知识分子与下层社会民众的距离，培养了作为未来国民的社会服务精神。但是，热衷于社会服务的学生们势必会影响自身的学习经历，一些大学过度强调社会服务的职能，甚至招致学科发展的失衡，使得一些基础学科与人文学科的地位受到影响，东南大学易长风波就是由此而来。可见，关于“教育是什么”“教育与社会的关系”问题一直是客观存在的，在回顾近代学生社会服务的同时，这也是当代教育需要注重与反思的。

第三节 作为“国家人”的学生课余政治生活

在内忧外患不断、国内政权频更的近代中国，青年学生作为一股社会的新兴力量崛起了。处于政治变迁、社会转型旋涡中的近代学生，既极具热忱的革命理想，又享有丰富的知识与一定的能力，因此肩负起唤醒民众的责任，充当起民众运动的先导，正如著名思想家胡适所言，“在变态的社会国家里，政治太卑劣腐败了，国民又没有正式的纠正机关，那时候干预政治的运动，一定是从青年的学生界发生的”。[②] 同时，尚未真正进入社会的学生群体并不存在与自身密切相关的主体利益，对于理想的纯粹追求使得血气方刚的学生成为中国社会里最前进、最奋斗、最牺牲的团体，

① 山东乡村建设研究院：《邹平县政建设实验区卫生院医院二十三年度工作概况》，《乡村建设》1935 年第 4 期。

② 胡适：《我们对于学生的希望》，载季羡林主编《胡适全集》第 21 卷，安徽教育出版社 2003 年版，第 219 页。

“只有他们是纯洁勇敢，没有其他目的，而旨在为正义呼号的团体……只有他们配举起第一块反抗的石头来”![①] 参与政治、投身运动，成为近代学生不可避免的历史使命。

一 学生政治运动之肇始：保满铁路与拒签《二十一条》

自清末开始，学生便参与到政治斗争之中，反对帝国主义的侵略是学生运动的一大任务，奉行军国主义的日本成为斗争的第一矛头。1904 年，日俄战争结束，觊觎中国铁路建设权的日本以武力胁迫满清政府签订了《新吉铁路协约》，形成所谓东北铁路“中日合办”的局面。消息一出，学界普遍不满，东北学生奋起保卫家园，东三省近百所学堂学生一齐联名上书，禀请将吉长铁路收归中国集款自修：“铁路所至之处，即兵威势力所至之处。……弥天铁轨，如镞如锥；蜿蜒纵横，贯我心腹；满洲大势，囊括一空；割地赔款，无此丧失！”“国家不幸，外患相乘，御难责任，官民各负其办。使政府有心提倡，而无民气以应之，则事不举。公民冒死抗争，而无政府以主之，则事仍不举。政府乃公民之首领，公民为政府之爪牙。政府去，而公民何存？公民无，而政府安在？”[②] 学生们忧愤难抑，痛陈利害，虽言辞之中存有对于政府之不满情绪，却也始终见其拳拳之心跃然纸上。由此拉开学生大规模集体参与政治斗争的序幕。之后，抵日运动不断扩展，南方各校纷纷表态：上海爱国学社召开抵日大会，并组织义勇军奔赴东北，保卫南满铁路；安徽各学堂学生群聚于藏书楼，并“联名抗阻，纷纷扰扰，相约不上讲堂”。[③] 尽管全国各地的学生对日本的劣行进行了抵制，但日本军方仍派兵强行修筑安奉铁路，至此时，限于传统上书模式之中的青年学生似乎已经无计可施，只能采取“推举代表，联络省城、近府乃至各地的学生发起抵制日货运动”[④] 的消极抵制。

① 郁达夫：《学生运动在中国》，载李杭春主编《郁达夫全集》第 8 卷，浙江大学出版社 2007 年版，第 55 页。

② 志新、桂冬：《吴景濂与奉天两级师范学堂》，载政协辽宁省委文史资料研究委员会《辽宁文史资料》第三十三辑，辽宁人民出版社 1991 年版，第 176 页。

③ 《目无师长》，《申报》光绪二十九年（1903）四月二十九日。

④ 《学生无状续闻》，《申报》光绪二十九年（1903）十一月二十八日。

到民国时期，随着现代政治运动形式由西方的传入，学生运动被赋予了更为丰富的形式，在“反对签订《二十一条》”的学生活动中，集会、游行、静坐、示威、宣讲等开始相互配合、集体亮相，由此展现出此阶段学生运动的新姿态。就读于宁乡县玉潭高等小学堂学生们歃血盟誓，他们刺破自己的手指，用鲜血在白纸上写下“誓雪国耻，勿忘国耻”八个大字，并联络县城中的其他学校，走出校门，走上街头，在民众中间开展声势浩大的爱国宣传活动。学生们手举“外抗强权、内除国贼”“不做亡国奴”等各色小旗有组织地行走在各校校旗的后面，沿途不断高呼“坚决取消《二十一条》”等口号，而玉檀高等小学校队伍最前面的开路者，就是身背“毋忘国耻”牌子的刘少奇。[①] 李志民在甸溪高等小学校读书期间，也跟随老师参加了反对《二十一条》的活动，“游行队伍前面高举着象征共和的红、黄、蓝、白、黑五色国旗和白色校旗；接着，是学校的军乐队和游行队伍。游行队伍沿途高唱学校音乐老师编写的《誓雪国耻》歌，并高呼‘打倒帝国主义!’、‘打倒军阀!’、‘打倒卖国贼!’、‘取消不平等条约!’、‘勿忘国耻，复兴中华!’、‘抵制日货!’等口号”。[②] 刘尚民也在写给父母的书信中描绘了本校师生“因反对山东直接交涉问题”而做出的努力，称学生“终日沿途演讲，不惮烦劳，虽饥寒交迫，风雨频侵，亦所不顾，真可谓热心国事也”![③] 奉天两级师范学校的学生听到袁世凯欲与日本签署《二十一条》的消息同样怒不可遏，尽管在张作霖的武力威胁下，他们未能公开掀起大规模游行示威活动，但也将斗争的战场转移到一般生活之中，从个人行为的点滴做起，在不触动学校当局、维持学业的前提下尽一切可能努力自觉开展抵制日货、爱国储金运动，甚至有学生“在年假与暑假中徒步回家，穿越东三省，坚决不坐南满的火车”。[④]

---

① 金冲及:《刘少奇传》上册，中央文献出版社 1998 年版，第 11 页。

② 《李志民回忆录》，解放军出版社 1993 年版，第 29 页。

③ 刘尚民:《禀父母在校近况》，载时毛主编《民国模范作文》第二辑，新星出版社 2011 年版，第 42 页。

④ 崔伯阜:《我所知道的奉天两级师范学校》，载政协辽宁省委文史资料研究委员会《辽宁文史资料》第五辑，辽宁人民出版社 1965 年版，第 150 页。

二 学生政治运动之顶峰：五四运动

虽然名义上的中华民国早在1912年就已经正式宣告建立了，但巴黎和会上所达成的《凡尔赛条约》却明证了一个事实，那就是中国并未取得彻底的独立，她仍然处于列强的环伺之下，尚未摆脱帝国主义的侵略与控制。为此，青年学生们再次走上街头，以他们自己的方式寻求公平与正义。五四运动爆发，这“乃是中国受过教育的青年儿女们第一次以鲜明而又秩然有序的方式公开表达他们对于祖国的热爱”①。高校大部分的爱国运动不再局限于单个学校的师生，而是发展成整个市、整个省、整个地区或者全国范围内学生或师生的汇集，甚至是与千里之外的留学生相联合：在运动的中心北京，革命思想的宣言无孔不入，学生们的心灵“已经整个地卷入那奔腾澎湃的新文化怒潮中，每天都可以读到许多有关新文化运动的报纸副刊，周期性的杂志，各色各样的小册子。每天都可以从这些精神粮食里得到一些新的刺激，一些新的鼓动。我们学习革命，学习反抗，学习破坏；我们也崇拜革命、崇拜反抗、崇拜破坏”！② 在常州，女子师范学校的学生们为了声援北京学生的爱国运动发起了规模浩大的罢课运动，担任常州全县学生联合会副会长的史良代表学生发表了罢课宣言，又组成了学生宣传队深入到工厂、乡镇、农村之中进行宣传。③ 当然，活动的范围早已不局限在校园之内，享有纯洁理想的学生群体开始主动联系其他的社会群体而共同完成现实中的政治斗争，学界、工界、商界开始联合。在哈尔滨，上千名学生、近三千名工人以及众多市民将爱国之大潮融合在一起，他们一起举行示威游行，并宣传和张贴北京爱国学生的宣言，在闹市、街头出演爱国新剧，还组成“救国十人团”，号召全面抵制外货。④

教会学校学生同样投身于这场影响广泛、声势浩大的学生运动中。五四运动爆发之前，教会学校常常因敏感的政治气氛与激烈的爱国情怀而遭

① C. Y. Cheng, “The Chinese Christian Church and National Movement”, *The Chinese Record*, Vol. 1, No. 7, July, 1919, p. 456.

② 《苏雪林自传》，江苏文艺出版社1997年版，第46页。

③ 《史良自述》，中国文史出版社1987年版，第4页。

④ 李鸿文、张本政：《东北大事记（1840—1949）》，吉林文史出版社1987年版，第578页。

到民族主义的抨击，“就读于外国人创办学校中的学生保守、怠惰、胆怯、没有行动，在民族国家危难之际丧失了自己的民族性，在洋人的保护下过着优越和平静的生活”① 的嘲讽之声不断，这种情况使得在教会大学就读的中国学生更渴望寻求到机会来证明自己所具备的拳拳之心。所以，在五四学生运动中，我们经常见到表现更为活跃、行动更为热烈的教会学校学生，女作家谢婉莹就是其中的一个代表。5 月 4 日，星期天，身为华北协和女子大学一年级学生的谢婉莹还只是一个 17 岁的女孩，她正在德国医院里照顾生病的二弟，前来探病的女佣张妈和在京汉医院任职的表兄向她诉说了五四运动的情形。当听闻学生们火烧赵家楼却遭军警逮捕的事情经过后，她辗转难眠，第二天一早便匆匆赶回学校。一进校园，谢婉莹便见昔日用功读书的同学们都站在院子里面红耳赤、神情激愤地大声谈论着最新发生的事情，不禁感慨道，“协和女大是个教会学校，对于时政潮流，一向不闻不问，但这次波澜壮阔的爱国力量，终于冲进了这个向来安静的校园，它也成为了女学界联合会代表们开会的所在了”。② 在这样热烈的政治氛围下，年轻的谢婉莹与她的同学们走上了街头，“三五成群地挥舞着旗帜，在街头宣传，沿门沿户地进入商店，对着怀疑而又热情的脸，劝说他们不要贩卖日货，讲着人民必须一致奋起，反对日本帝国主义的侵略压迫，反对军阀政府卖国行为的大道理”；③ 为了扩大宣传的效果，谢婉莹还央求在北京《晨报》任编辑的表哥给她们提供一些发表宣传文章的机会，结果表哥不仅十分痛快地答应了她的请求，还鼓励谢婉莹大胆创作，“多写一些关于现实的问题小说”、多读一些“关于新思潮的文章”。在表哥的鼓励下，谢婉莹在北京的各大报纸上频繁地发表自己抨击社会问题、声援五四运动的文章。8 月 21 日，受北京学生联合会的委派，作为女校代表的谢婉莹随同其他十名学生代表旁听了“北京法庭对被捕学生的审讯”，并以“二十一日听审的感想”为题发表在当月 25 日的《晨报日刊》上。这是谢婉莹正式发表的第一篇作品，她由此成为被五四

---

① 冰心：《回忆“五四”》，载《冰心全集》第 7 卷，海峡文艺出版社 1994 年版，第 25 页。

② 同上书，第 26 页。

③ 同上书，第 27 页。

运动推上文坛的著名作家。五四运动的经历使得谢婉莹获得了新生命的历练，正如她自己所言，像她这样一个出身官宦家族的娇弱闺秀，以其“软弱的本质”竟然也能够跨出狭小的家庭和学校的门槛投身到五四运动的伟大激流中去，说明“一个人不是生活在真空里，整个潮流在前进，决不容一朵小小的浪花，沉滞在中游”。[①]

三 学生政治运动之余波：五卅运动与“一二·九”运动中的学生

与谢婉莹一样，曹立瀛也利用自己的专业所长奉献于革命之中。1925 年，上海商科大学大四学生曹立瀛亲历五卅惨案，随即回校动员，发起组织了上海学生联合会，他本人瀛被推举为代表参与其中。在学联工作的曹立瀛意识到，学联收到的国内外捐款日增，支出的罢工费用等也在增多，而负责管理财会的两位女同学不懂会计，账目记录不清，因此他发挥自身的会计专业优势，帮助学联建立了正规的账册体系，避免落人口实，[②] 成为在校学生利用专业进行爱国运动的一个典型。在东北，学生们更是有策略、有组织、有计划地表达着对于五卅惨案的同情与支持，“非暴力不合作”是他们的一大抗争原则。奉天各中等以上之学生“联合结队在奉天省公署门前，即东西辕门中间的广场，集体列队举行请愿”，他们在统一的时间、统一的地点、统一的列队、身着同样的素色着装开始了请愿活动，“我们一师（奉天省第一师范学校）是第一整队入场的。不久之后，坤光女中也到。大约在这时，有关单位得知我们学生请愿举动，于是下令大门门紧闭，同时增派大批军警把守，明令禁止学生结对入城。在军警阻拦下，许多学校都被阻隔于外城，未能结对入城。当局派出军警将东西辕门把守得水泄不通，并架设机枪如临大敌。中间虽经教育厅长、教育会长、宪兵司令、警察厅长及政务厅长等讲话，学生始终坚持不散，不返校”。[③] 集聚

① 冰心:《回忆“五四”》，载《冰心全集》第 7 卷，海峡文艺出版社 1994 年版，第 25—28 页。

② 曹立瀛:《百载沉浮》，载上海财经大学校史研究室《郭秉文与上海商科大学》，上海财经大学出版社 2010 年版，第 262 页。

③ 罗巨峰:《奉天省第一师范纪要》，载政协辽宁省委文史资料研究委员会《辽宁文史资料》第十辑，辽宁人民出版社 1984 年版，第 166—167 页。

一处的学生们分批次、有秩序的挥旗呐喊，提出五项要求：“1. 通电援助并慰问沪上学生；2. 募款救济；3. 与英、日两国经济绝交；4. 请政府向外国交涉；5. 学生游行示威。”① 奉天警务处处长于珍代表王永江对学生讲话，但并未答复学生提出的五项要求，对此学生纷纷不满，却也始终席地而坐，静待满意答复。奉天当局害怕学生兴起更为激烈的运动遂强行提前让学校放假三天，而离校回家后的学生并没有放弃斗争，他们继续把油印宣传品，平民识字课本、募捐册子和演话剧本带回家乡，联合县、镇、街开展活动，宣传五卅惨案。

1935 年底，以青年学生为主体的“一二・九”爱国救亡运动在北京爆发，这是五四运动之后再一次以学生为运动主体的爱国运动，全国学生迅疾响应。在这场轰轰烈烈的爱国反日运动中，女学生的身影异常活跃，暨南大学的一些女学生曾穿着高跟鞋从真如校区步行一夜赶到上海市政府门前请愿，又冲破重重阻拦，加入到赴南京请愿的队伍中，唐蕙和朱冠坤同学还承担了夜间巡逻的任务，冒着纷飞大雪站在火车头上站岗。这些平时娇生惯养的女生不畏严寒，不怕艰苦，与请愿学生在铁路上共同坚持五昼夜，在国民政府破坏铁轨的情况下硬是坚持步行到无锡，成为“一二・九”运动中颇令人动容的一幕。集体的运动结束后，唐惠还参加了暨南大学救国会这一进步组织，继续积极参与爱国运动，因此曾受到程院长口头警告。1936 年下半年，为支持绥远抗战，唐蕙、朱冠坤、盛堤、吕月华和来自香港的会计银行系二年级女生凌碧文等又发起“每日一枚、劝募寒衣”运动，由女同学出面劝募，几个女同学每天早晨拿着一个铁筒先到校长处和教务长处各收取一枚铜板，然后再到各教授、教职员处劝捐，每天得到的铜板都将铁筒装得满满的。此活动也得到了何炳松校长等人的支持，并赞助不少，最后全校共捐款近千元，全部用来购买做棉衣的材料，唐惠等寒假留校的女同学亲手缝制 500 件丝绵背心送往抗日军中，女同学们的爱国热忱由此可见一斑。②

实际上，无论是东北学生在五卅运动中的平静抵抗，还是北京学生在

① 《两三日来学生行动详志》，《盛京时报》1925 年 6 月 13 日。

② 唐蕙：《“一二・九”运动的前后》，载暨南大学华侨研究所《暨南校史资料选辑》（1906—1949），1983 年，第 21—51 页。

五四运动中的激烈抗争；无论是教会学生的积极参与，还是女性学生的奔走动员，都在无形中强化了社会改革所必须具备的那种动荡却热烈的气氛。学生们凭借自身特殊的身份，在历次爱国民主运动中，以各种形式一次又一次地掀起民族思想的宣传热潮，将存在于精英知识分子范畴内的民主思潮推动为带有群众性的社会思潮，“救国不再是对先知先觉的呼唤和耶稣就难式的英雄主义”。[①] 在近代中国这样一个集体命运力压自由个体的历史语境中，学生群体凭借他们超轶于自身利益的高远理想成为点燃民众觉醒的火炬手。但同时，学生群体的诸多不足也暴露于爱国运动中，他们往往只能快速之奋起疾呼，却不能长久维持发展，因此很难达到彻底的胜利，这正是学生群体自身复杂性特征的一种体现。

第四节　作为“自由人”的学生课余休闲生活

社会通过制度化学校的种种途径来“模铸”个人，但人生来是向往自由的，即便是一个高度整合的人也需要“模铸”外的生存空间，只有在这种种控制中的缝隙中，个人的自我认同与自我认知才可能不再是凝固的客观事实，而是一个不断变化、不断发展、不断生成的过程。学生课余生活中同样存在诸多宏观话语（如国家与制度）之外的因素，在这里，学生可以根据自己的兴趣与喜好自由地徜徉，这既是一个探索的过程，也是一个人才能不断突破和不断发现新我的过程。

一　体育活动

玩耍是儿童的天性，游戏所具备的娱乐性成为培养学生课余体育爱好的起点。相对于课程而言，这种变化是自然而又潜移默化的。王选在南洋模范小学读书时的课余爱好是踢毽子和在泥地上玩玻璃弹球，初中时又爱上了乒乓球、足球、捉迷藏等，国民党军在上海七宝地区留下的碉堡成了他和同学玩耍游戏的好场所。[②] 张仲礼中学期间喜好踢足球，也强健了身体，“在育才中学初中的时候我比较喜欢玩，

---

① 桑兵：《清末兴学热潮与社会变迁》，《历史研究》1989 年第 6 期。

② 王选：《在南模的日子》，《中华读书报》1999 年 9 月 1 日第 6 版。

一放晚课就踢足球。不是在操场上，就是在家附近……喜欢玩有一个好处，就是身体比较好”。[①] 倪钜卿称自小玩耍的时间比较多，“好像小学到中学白相（吴语，玩耍的意思）的辰光蛮多，随便什么都可以白相的”，“在学堂里，踢小足球、踢大足球，都可以的。学堂操场很大，有一个足球场那么大。下了课就去白相，蛮开心的。有的同学家里还有脚踏车，也踏踏脚踏车玩，那个时候脚踏车还是蛮稀奇的。但是那时候白相最多的还是球类，打手球什么的也是经常有的”。[②] 在学生的课余游戏中，我们已经可以看到很多源于西方的游戏，如足球、乒乓球、脚踏车等，这些深入学生生活之中的西式游戏不但转变了传统学生“好静”的品性，更使他们在与同辈伙伴的玩耍过程中体会到了集体与合作的含义。

但是，并非所有的学生都喜好课外游戏活动，一些学生“每不喜脱去长袍，从事运动”，[③] 因此，强制性的制度成为保障学生课余活动时间的必要手段。在重视学生课外体育活动的潞河中学，“每天下午四点一刻，必为课外体育锻炼时间，教室和图书馆停止开放，学生们都涌进运动场，各就所好，各展所长。田径场上跑、跳、投、跨；球场上则是足、篮、棒、网，锻炼场面十分活跃，使人看到了生机、希望和力量”。[④] 在圣约翰大学读书的徐善祥同样清楚地记得，学校规定学生每天必须有固定的时间用于身体锻炼，午后 4 点钟下课以后的时间虽被称为“自由活动时间”，但实际上却是名副其实的“强制运动时间”，“一任学生自由，踢毽子、跳绳索、放纸鸢，皆为通常之游戏”，“凡遇星期一、三、五下午 4 时半至 5 时半，群至操场参加军式操演，只遇天雨才免”。[⑤] 而在上海工部局育才中学，即使在天气不好的日子里，学生也要保证一定的课外运动

---

① 《张仲礼回忆》，载施扣柱《青春飞扬：近代上海学生生活》，上海辞书出版社 2009 年版，第 45 页。

② 《倪钜卿回忆》，载施扣柱《青春飞扬：近代上海学生生活》，上海辞书出版社 2009 年版，第 46—47 页。

③ 《圣约翰大学运动概况》，载圣约翰大学《圣约翰大学 1879—1929 五十周年刊》，1929 年，第 43 页。

④ 王维屏：《潞洒中学的体育运动》，载北京市体育文史工作委员会《北京体育文史资料》第一辑，1984 年，第 94—95 页。

⑤ 徐善祥：《“约大”的回忆》，载圣约翰大学《圣约翰大学 1879—1929 五十周年刊》，1929 年，第 11 页。

时间，“所有课间休息时间，学生一律在室外活动，不管风雨下雪，日晒严寒，三四百学生均在操场运动，以训意志”。[①]

空间上的强制性同样弥补、加强了时间强制性的不足。南洋公学在初设时期便明确提倡要保证学生的课外游戏时间，活动期间，学生可以“游戏、欢呼、奔跃、为舒畅筋骨诸戏者”，但教室是被严令进入的空间，所有教室一律上锁，“西课堂钥匙由本教习收藏，无课时为锁，有欲入内者，允否，皆由主张”。[②] 一些学校还对学生课外游戏的空间进行了相关设计，圣芳济学院甚至对课外的游戏时间进行了设计：低年级的会打打玻璃弹子，他们一般处在操场的边缘，此处距离教室较近，便于教师照看；高年级的会自由组合，打打手球、垒球或者乒乓球，偶尔还会打打稍显激烈的橄榄球，他们一般处在操场的中心，此处相对宽敞，不会发生碰撞。而在北京育才中学里，即使是课余的运动时间，学生也要持有认真的态度，“午后四时许，学生各自进行游戏，于休息时间内使用已准备好之器具开展活动。期间不得私自出小门，不得心不在焉，不得往校门外眺望”。[③]

除了体育活动所具备的纯粹“游戏”精神之外，强身健体、报效国家等意识已经超越了单纯的娱乐性质而成为一些学生进行课外活动的目标。一向重视体育教育的圣约翰大学特别注重身体的强健与精神的锻炼。卜舫济规定，圣约翰学生每天早晨要完成15分钟的哑铃操，每逢周一、三、五还要进行军事体操练习。[④] 为保障每次早操集合的质量，学校还在操场地面上标有数字，以指示每一班级、年级或学生所站立的位置，恰如算数上一点之位置。早操前，学生能迅速且准确地站在自己的位置上，若有缺席或迟到者，教师不须点名便可以按图索骥，给予警告。[⑤] 对于那些

---

① 段力佩:《育才中学的历程》，载中国人民政治协商会议上海市委员会文史资料工作委员会《解放前的上海学校》，上海人民出版社1988年版，第255页。

② 何眉生:《南洋公学章程》，载交通大学校史撰写组编《交通大学校史资料选编》第1卷，西安交通大学出版社1986年版，第99页。

③ 国家体育文史工作委员会、中国体育史学会:《中国近代体育史》，北京体育学院出版社1989年版，第265页。

④ 王忠欣:《基督教与中国近代教育》，湖北教育出版社2000年版，第55页。

⑤ 中国人民政治协商会议上海市委员会文史资料工作委员会:《解放前的上海学校》，上海人民出版社1988年版，第198页。

不参加早操的学生，卜舫济也绝不姑息，他将学生出席早操的情况纳入到学期整体考评之中，对不出席者给予“割制”的惩罚，即扣除一定的分数，当扣除分数累积到一定程度时便除去其相应的权利，甚至直接折算成学分进行扣除，“学校深恐我们缺席早操，因此设计‘割制’，分别按照轻重情况‘割一’或者‘割半’……如果割到了十五分，那么非但出门的机会将要被剥夺，便是学分上，也会有很大的危险”。[①] 在这样严格的早操管理中，学生因惧怕被施行“割制”，也闹出过可笑的事情，“有某君者病近视，一日晨，好梦正浓，钟声叠起，急披衣奔赴操场，睡眼惺忪，择空而立。及操罢审视，恰立旁行，白吃西风，代人受割。冤哉！”[②]

而在饱受侵略之苦的东北地区，强身报国的思想更为明显。奉天省甲种商业学校很多学生在傍晚或是休息日“玩吊环、练单杠、登荡木、上虎伏，各取所好”，在这些带有军事色彩的游戏中，“锻炼身体，以报救国之志向”[③] 成为其中暗含的意义。在北洋水师学堂，曾与张伯苓、马寅初等同期学习的王恩溥称，北洋水师学堂在积极引进西方运动项目的同时，也将体育的联系与知识的应用结合起来，“我在水师学堂读书的时候，已经开始有了外来的体育活动……学校的体育活动非常丰富，有击剑、刺棍、木棒、拳击、哑铃、足球、跳栏比赛、三足竞走、羹匙托物竞走、跳远、跳高等项目……在这些运动中我比较擅长爬桅，因为这与我们所习的专业比较相关，练习较多，既锻炼了身体，也增加了关于船舶操作的实践”。[④] 而在小学生的作文中，即使是作为游戏的“拔河”也与“齐心协力”“共渡国难”等关键话语联系起来，“盖拔河虽角力，而合于左者恒助左，合于右者恒助右，则较力之外又有同心协力之效。故凡事欲有胜无负，必同心协力，国事与之同也”。[⑤] 可见，作为休闲方式的游戏，

---

① 陆以骏：《两个问题》，上海约翰大学《约翰年刊》1926 年第 30 期。

② 范宝华：《天放室随笔》，上海约翰大学《约翰年刊》1926 年第 28 期。

③ 吴建白：《奉天省立甲种商业学校》，载政协辽宁省委文史资料研究委员会编《辽宁文史资料》第十辑，辽宁人民出版社 1984 年版，第 71 页。

④ 王恩溥：《谈谈六十三年前的体育活动》，载《中国体育史参考资料》第 3 辑，人民体育出版社 1958 年版，第 121 页。

⑤ 《记拔河之戏》，载时毛主编《民国模范作文》，新星出版社 2011 年版，第 10 页。

"虽然持续的时间不长，但却可以消除脑部疲劳，养成正确的休息方式，更使学生获得良好的精神补充"。①

除游戏、运动外，相对激烈的竞技性比赛同样在学生课外活动中占有很大比例，教会学校是这方面的先驱。早期教会学校学生接受体育运动的原因并不在于其有助于健康的功效，而更多关注其所具备的娱乐性。1895年，当天津基督教青年会将篮球运动引入协会中时，其中的中国会员觉得这种新奇的运动方式十分有趣，而他们打篮球的情境也是趣味横生，"他们必须盘好自己的发辫，修短长长的指甲，把不便利的长袍脱去，一这样，他们就把书生的尊严放弃，而换上一副高兴活泼的姿态了"。② 1897年，一场别开生面的篮球比赛在山东登州文会馆举行，史料记载当时现场情况是"哨音响处，全场手忙脚乱，鞋飞辫舞，使得另一位充当裁判的美国教师一筹莫展"。③ 虽然样子稍显可笑、狼狈，但却吸引了周围民众的强烈围观与极大兴趣。可见，对于早期教会学校所引进的这类竞技性比赛，中国民众一开始也只是把它当作一种"西洋景"式的娱乐活动，其强健身体与锻炼精神的功效也是经过一段时间的实践后才被发现的。

在圣约翰大学，培养团队精神是提倡体育运动的最重要原因。卜舫济认为，大学存在的意义除了获得知识外，还要加强同辈团体之间的紧密关系，从而形成"一荣俱荣"的精神联系，而以团体竞争为特征的球类比赛则是培养这种精神的重要途径，与南洋大学的足球对抗赛是两校体育史上最为著名的篇章。1902年，上海稍具规模的竞赛场地只有铁路球场，由于两所学校都距离球场较远，上海铁路局特意为两校师生派出专车进行接送。比赛正式开始前，与赛双方举行简单却隆重的开赛仪式，两校校长亲自讲话，校友、代表、啦啦队代表随后致辞，最后随着两校校歌的响起，运动员宣誓要取得最后的胜利。比赛开始后，观众席上校歌嘹亮、彩旗招展，各方球迷士气冲天；球场中的球员更是极力争夺，毫不示弱。12级学生余日章正是在足球赛的抢夺中不幸负伤，结果高烧数周不退，还为

---

① Dr. J. H. Gray, "Physical Education", *Educational Review*, Vol. XV. April, No. 2, 1923, pp. 138－139.

② 赵晓阳整理:《中国基督教青年会初期史料选》，年份不详，总109号，第123页。

③ 《华北的传教士——路思义》，载魏外扬《宣教事业与近代中国》，台湾：宇宙光出版社1978年版，第118页。

此几乎失去右腿；有的时候，“胜利一方的欢呼和威力传播甚远，而且转成对败者的嘲弄，终于导致了一场两校学生之间的斗殴。胜利队处于巨大的危险当中，不得不招来警察护送他们出校”。① 激烈的比赛还吸引了众多民众的驻足，1919 年，比赛“男女来宾约有四千余人，公共租界的警察长白勒脱为保公平担任公证人，而唐绍仪同女公子亦在场观看”，这场“观众动辄万千，学校邻近，倾巷以赴……其情况无逊于裕佛节之静安寺庙会”② 的足球比赛俨然成为上海滩的一件大事。

表 5—6　圣约翰大学与南洋公学校际足球赛成绩表③

届次	年份	比赛结果	届次	年份	比赛结果
1	1902	圣约翰	11	1915—1916	南洋
2	1903	圣约翰	12	1916—1917	南洋
3	1904	圣约翰	13	1917—1918	南洋
4	1905	圣约翰	14	1918—1919	圣约翰
5	1906	圣约翰	15	1919—1920	南洋
6	1907	圣约翰	16	1920—1921	圣约翰
7	1908	圣约翰	17	1921—1922	圣约翰
8	1909	圣约翰	18	1922—1923	南洋
9	1910	南洋	19	1923—1924	圣约翰
10	1914—1915	南洋	20	1924—1925	圣约翰

在由国人创立的本土学校中，最早举办运动会的大学是标榜“西学体用”的北洋大学。担任北洋总教习的美国人丁家立一向注重体育的作用，认为体育“于游戏之中，仍寓习练之意，使其手足便捷，筋骸活动”，④ 而 1897 年北洋大学与第一届奥林匹克运动会失之交臂的经历促成

① 马约翰：《谈谈我的体育生涯》，载黄延复《马约翰体育言论集》，清华大学出版社 1986 年版，第 235—240 页。

② 《申报》1919 年 12 月 14 日。

③ 根据上海体育志编纂委员会《上海体育志》，上海社会科学院出版社 1996 年版整理。

④ 中国国家图书馆藏，孔祥吉、［日］村田熊二郎整理：篇名佚，《国闻报》1897 年 11 月 29 日。

了这场在丁氏指导下的田径赛事“模仿秀”。根据《国闻报》的记载，“初四日为赛跑之期，计头等、二等两学堂学生一百七十余人，于九点钟齐集该学堂围墙内之跑场，演赛各种奔跃之法。是日，天气清朗，日色晴和，各学生均兴高采烈，互献所长，至十二点钟始毕”[①]。虽仅有田径比赛一大类，但仍玩法众多，200码短跑、1000码长跑、800码接力跑、200码跨栏跑都在其中，投掷、跳远、跳高等项目也有所呈现。这场一百多年前的田径模拟运动会与现代体育的比赛规格十分相似，除少数球类、马术等不在其间外，其所囊括的赛事与现下奥林匹克的运动项目几乎无二。翌年，同样是在丁家立的建议下，北洋大学首次倡导了天津学堂联合运动会，北洋水师学堂、天津武备学堂、天津电报学堂均有代表参赛。由此，中国本土学校举行联合运动会的序幕正式拉开。

同由盛宣怀创办、与北洋大学遥相呼应的南洋公学同样注重体育的作用，校长唐文治虽因一向崇尚儒家经典且遵循孔教礼仪规范而看似守旧、古板，但依然对学校的各类比赛抱有极大热情。南洋公学学生参加每场比赛之前，唐校长不仅积极鼓舞士气，还亲自投身于比赛的战略部署之中，“遇有足球决赛，如对方适为劲敌，则于严密戒备迎战之余，并于比赛前期，集合与赛及助阵同学，于大礼堂，会商应战策略。唐校长务必亲临致辞，予以鼓励，名之曰誓师”。而在比赛之后，若南洋获胜而归，“当晚更聚于大礼堂，举行庆贺，唐校长亦必亲临大会，对与赛者致慰劳之词，名之曰庆功”；若南洋失败而返，“唐校长于勉励之外，更表惋惜之词。有时声泪俱下，认为此一失败，系属学校之耻辱，大有非昭雪、决不罢休之慨，此一机会名之曰雪耻。与会同学聆听校长慷慨激昂之词，莫不动容”。唐校长的举动，表面看来是为了激励学生在运动场上尽力博取冠军，而实质上则在于培养学生的奋斗精神和战斗意志，正所谓“以之作战，可以胜人；以之治学，可克困难”。[②]

---

① 中国国家图书馆藏，孔祥吉、[日]村田熊二郎整理：篇名佚，《国闻报》1897年11月29日。

② 于润生：《追忆交大崇文尚武的精神》，载黄昌勇、干国华编《老同济的故事》，江苏文艺出版社2007年版，第92—93页。

有记录以来最早的女学运动会则是1905年在务本女学举办的秋季运动会，担任大会干事的女学生屈蕴辉记录下了此次运动会的情形：

> 乙巳孟冬望日，本校举行运动大会，是日风和日暖，阳光和煦，足以壮人精神，增人兴会。当时余等于清晨五时钟起床，盥洗毕，即如膳堂早餐，上午无所事，惟诸教员补饰会场而已……但见松柏之牌楼巍然高耸于云间，五色之国旗拂然飘扬于四隅，诸同学演者演而歌者歌，众来宾望者望而笑者笑。全校同学乃皆集于小学课堂，列队入场，喝运动会歌，歌毕，肃然退至原所。既而每班依次运动。先缘绳次射的，次为各种之竞走，次跳舞，次演矫正术，更继以通信竞争，连球操，扎花竞争，木环操，进行竞算，运动种类共计二十……男女来宾，约千有余人，分坐四周，同学运动时，鼓掌声不绝于耳。①

在以上材料中，我们可以看到，首先，运动会开办的时间是在阳历11月11日星期六，休息日，这既不占用学生学习的教学时间，也考虑到来宾前往的方便因素。实际上，相比于男校的运动会，近代女子学校所举办的运动会更是博人眼球的新鲜事物，因此，来宾数量大多远远超过学生人数，学校也总要事先发放入场券以保证运动会的正常秩序。此次务本女学的运动会项目多达20多种，而女学堂人数本来就相对较少，再加上还有多各集体项目的比赛，可以想见，几乎所有女学生都参加到此次运动会的各项赛事之中，她们在竞技体育中所表现出来的积极性并不低于同一时期的男学生。

同样，尽管中学的体育竞技碍于资金、人员与场地的原因而稍逊于大学中的活动，但管理者们仍然积极地创造条件，以表支持。徐世蘅对于育英中学的李校长在体育活动上的评价是“肯于花钱的”，例如春秋两季全市运动会前一个月左右，允许运动员每天早餐免费吃鸡蛋、牛肉，喝豆浆；各运动队都有运动服，特别是篮球队还有一件毛线织的大毛衣，“这在当时来说是非常难得的”，“一次与志成中学足球赛，我到校集合晚了，

① 《务本运动会记事》，《女子世界》1905年第6期。

球队已出发，前门朱大爷赶紧给我叫辆小汽车，赶赴先农坛参赛”。[①] 上海南洋模范中学的朱锦云回忆称，学校教师对于学生参与竞技体育活动十分支持，“当时学校的贾桂芳老师、施懿德老师、沈同一校长对我们同学代表学校去参加全市田径运动会、中学生篮球赛、外省来沪的天津对抗比赛，以及全国第七届运动会都非常支持。不但给予经费上的资助，费老师还请陈陵老师来辅导我们的田径训练。当时南模在市内，不管是田径、足球、还是男、女篮球，都是榜上有名，名列前茅的。……这个光荣的传统一直在南模发扬光大”。[②]

二　音乐活动

教会学校一般都比较重视学生音乐活动的展开，其支持音乐活动的主要动机在于传播宗教的意识，因此，早期的教会学校大多以教授歌唱为主，圣诗、赞美诗都颇为流行，尤其重视宗教性的合唱活动。在教会学校的影响下，中国本土学校的音乐教育也在20世纪初起步，一时间，“办新学，唱乐歌，求新声于异邦”[③] 成为一种时髦。在北京育英小学的音乐课上，刘干卿老师则有选择性地教授笛、箫等乐器，以排练《金罗锁》《梅花三弄》等传统曲目，[④] 这些中国本土学校虽然也开始借鉴教会学校的音乐教学形式，但其初期主流的教授内容仍然是以传统的丝竹管弦之声为主，可见，本土学校音乐教学的社会性与教会音乐教学的宗教性大有不同。

正规课程的设置使得兴趣团体的建立成为可能，教会大学的学生乐团同样以宗教性而突出。1900年前后，在圣约翰大学的校园里，学生们不但自发地建立起合唱团，而且配备了包括五弦琴、小提琴、竖琴、钢琴、长笛、横笛等在内的乐队，乐队内甚至涌现出了众多音乐鉴赏家与演奏

---

① 北京二十五中校庆筹备组、北京育英中学校友：《美哉壮哉我育英：北京二十五中建校一百二十六周年纪念（1864—1990）》，1990年，第10—11页。

② 朱锦云：《忆》，载南洋模范中学校友会编写《我和南模》第三辑，上海南洋模范中学校史处，2003年，第28页。

③ 竹庄：《论音乐的关系》，《女子世界》1904年第8期。

④ 祝伯权：《回忆育英生活》，载北京二十五中校庆筹备组、北京育英中学校友会《美哉壮哉我育英：北京二十五中建校一百二十六周年纪念（1864—1990）》，1990年，第2页。

者：邱培珣，21 级政治学学士，擅长长笛和横笛，是沉浸于音乐之中的“伟大的音乐家”；俞鸿润，22 级经济学学士，“他的心永远被周六和周日的日场招待会的音乐和歌声所吸引”；顾森柏，22 级理学学士，一位“强健而快乐的绅士，唱歌像云雀一样的动听”，当他在舞台上用假声延长的时候，“你一定会被他的独唱迷住”！[①] 1921 年 12 月 20 日和 21 日两晚，圣约翰大学合唱队在奥林匹克剧院上演了两场精彩的音乐会，乐团委员王君记录道，“我们不但为学校场地的扩大募集了资金，展现了我们对圣约翰的爱”，更使学生们“认识到音乐的价值是生活之美的基本保证之一”的真谛。[②] 相比于普遍重视音乐教育的教会学校而言，北京大学的音乐活动似乎稍显平淡，但其起步时间并不滞后，服务社会的作用也更加明显。1916 年秋天，周文燮、林士模等北大文学系的十多人以“探究音乐、熏冶性情”为理念建立起了北大音乐团，设西乐、国乐二部，成立两月后，便接受北京青年会的邀请参加演出，至 1917 年春又应邀代表中国大学生参加在英国举办的万国音乐节；1918 年京畿发生水灾，该会还与新剧团联合演剧于青年会及中央公园，为水灾募款。[③]

值得一提的是，在众多的音乐活动中，女学生的音乐天赋表现得更为抢眼，音乐为她们开辟了一个与众不同的新天地，使得她们站在了一个更高的平台上展现自己。在这个狭小的舞台空间上，女学生们以音乐为载体，为真正的主体自我插上飞翔的翅膀，超越男性规约的世俗社会，开始走向独立、自主、自信的新女性形象，正是音乐的力量使得这些年轻的女子完成了华丽的蜕变与新生。在上海中西女塾，两名琴科毕业生——夏路得和曹淑贞——不但获得了国人的赞许，更得到了外国记者的钦佩，1918 年，美国记者登特（R. Vdell）在欣赏完她们的美妙表演后写下了这样的评论：

> 通过聆听这场经过高水平训练的中国女孩的音乐会，使西方人知道了迄今为止尚不知道的一点，那就是中国女孩所具有的内在的技术能力，她们能够演奏出相当有难度的钢琴作品。……我们必须承认，

---

① 上海约翰大学：《约翰年刊》1922 年，第 43、56 页。

② 同上书，第 60 页。

③ 《集会一览》，北京大学二十周年纪念册（影印本），1918 年，第 186 页。

> 这两个年轻女孩在西方人眼中制造了不一样的音乐效果。……曹淑贞演奏的《夜曲》，这是整晚音乐会中，演奏者倾注了最多音乐感情的作品；夏路得演奏的《肖邦练习曲》则是一首对任何演奏家来讲都很有难度的作品。我们知道这个小女孩还不满16岁，然而在这个作品的演奏上，她却表现的像一个音乐家。①

民国初期的中国音乐基本上处于拓荒阶段，在这样一个时代，恰恰是两个年仅16岁的女学生将她们所弹奏的钢琴声传递给社会、传递给世界，这不仅是中西女塾的荣光，更是中国教育的荣光。到1929年，音乐会的形式并不仅仅局限于钢琴表演中，其演出形式、演出内容更加丰富，声乐、舞蹈、乐器三大部分全部出现：声乐有独唱歌曲《瓶花》，合唱有歌曲《采茶歌》，重唱有歌曲《海韵》；舞蹈有独舞《海华沙的婚礼宴会》和群舞《西班牙舞曲》；乐器的种类也已经告别了单一的钢琴演奏，而发展至多种样式，小提琴、大提琴等弦乐器，曼陀罗、长笛、竖笛等弹拨、吹奏乐器，鼓、铃鼓等打击乐器也开始出现在舞台上。音乐会的成功举办宣告了这样一个事实：学生音乐社团的发展已经告别了“一枝独秀”的草创阶段而走进了“万木争荣”的黄金时期，这种音乐活动的成熟不单单是学生课余生活的丰富，更是近代音乐在理念、方式与规模上获得了极大发展的一大证明。

三 话剧

作为西方文艺的产物，教会学校首先开始了话剧的公开演出，但此时的话剧仍多以西方传统剧本为基础。圣约翰大学中大多数学生出身于商人、官员与专业人士的富裕家庭，因此多怀有古典人文主义理想，莎士比亚研究会就是在这样氛围下建立起来的。莎会成员每周六晚上聚会，以研读、讨论莎翁著作为主要内容。1896年7月的毕业典礼上，毕业班学生上演了话剧《威尼斯商人》，由此，演出莎翁完整戏剧或其中的某一段落成为圣约翰的传统。在日益充裕的资金和颇具影响的学校校友团体的支持下，话剧的宣传也不断出现在上海报纸

---

① R. V. Dent，Rwcital at the McTyeire School，Mctyeire，June 1918. 转引自陈晶《基督教会女子音乐教育研究》，博士学位论文，中央音乐学院，2011年。

上，学生、校友以及他们的家人和朋友都积极地参与演出的观看，“那些乘坐着私人汽车前来的、穿着时髦的人们都愿意花上几块钱来作为学校话剧的入场费”。[①] 在圣约翰大学的影响下，上海成为中国近代话剧的发祥地，随后，南洋公学、南洋民立中学、上海明德学校等也纷纷效法，成为第一批西方话剧的舶来者。

留学生是最早接触话剧的另一群体。1907 年，留日学生在东京成立春柳社并上演话剧《黑奴吁天录》。这场标准的学校演剧不以营利为目的，当时的演出者这样回忆道，“《黑奴吁天录》演出的日期是 1907 年 6 月 1、2 两天，演出的地点在日本东京本乡座。当时的票价一律为日币五角，最先卖出的三百张，每人赠价值一角的赠品。……一切费用在内，据说五百块包了下来，此外，虽有其他的费用，结果总算没有亏本”。[②] 尽管演出的地点在日本，但其所产生的影响却因留日学生的大力传播而很快波及国内的学校与社会中，春柳社由此被话剧研究者视为中国近代话剧史的开端。

以春柳社为代表的海外剧团成为国内学校接触话剧的先锋，这些先锋归国后与在国内学校演剧中脱颖而出的本土话剧探索者相互结合，不断在学生中发掘人才、开展活动、施展影响，从而走上了一条“自下而上”推动学校话剧发展的道路。与之相似，南开学校也将西方的话剧引进到南开校园中，但在这个过程中起到主要作用的并非学生，而是校长与教师，在这些学校管理者的推动下，南开学校的话剧走上了一条“自上而下”的发展道路。1909 年，赴美考察归来的张伯苓亲自编写了《用非所学》三幕话剧，并于 10 月 17 日南开大学创立五周年的纪念活动中进行公开演出。以《用非所学》为开端，南开学校开启了长达四十余年的编剧、演剧、评剧活动，几乎亲历和参与了整个中国近代话剧的开端、发展、繁荣与衰落，这是中国校园话剧史上的唯一。

1914 年底，在张伯苓的积极推动下，学校成立“南开新剧团”，下设

---

① 圣约翰大学五十年史略出版委员会：《圣约翰大学五十年史略（St. John's University）：1879—1929》，圣约翰大学同学会，1972 年，第 15 页。

② 欧阳予倩：《回忆春柳》，载《欧阳予倩戏剧论文集》，上海文艺出版社 1984 年版，第 142—144 页。

编辑处、演出处、装备处、审定处四个部门，团内职务由师生结合分别担任，教师任正职，学生任副职，一律经选举产生。新剧团成立后，演出活动更加规范，不但改变了之前纪念日演出临时招募演员的状况，还在创立纪念日以外于每年新年、开学日和毕业日分别多加三场演出。对于这种校园剧团，南开学子普遍青睐有加，有学生撰文以切身体会谈了学生们观剧、演剧后的感受，称道："学生于求学之外，又得此精深之阅历，皆足使朋友称之，亲戚悦之，名誉因之远振，精深愈觉发扬。则凡入是团者，莫不努力苦思，以求显露于小舞台之上，交赞于数百人之口，是则学生与功课之外，又知所以善处境遇，自励流芳矣。……噫嘻！此因吾学生数百人期年所乐遇之大好机会，校长张伯苓先生所乐道之精神教育也！"①

1916 年，毕业于哥伦比亚大学的张彭春回国后被推选为新剧团的副团长，他明确将改良社会作为南开新剧团的使命，"是则本校演剧，又有改良人心，劝化风俗之效焉。虽然，此犹不过直接之益耳。来宾之众，不无有心人，其见演剧之足以感人心，而遂激发其志气，以发达新剧，吾人可想见将来剧社林立，观客如堵，社会之道德为之一新，国家之兴隆因之益进，此吾校演剧间接对于社会之益也"。② 在这种思想的指导下，张彭春创作《新村正》一剧，于 1918 年 10 月 10 日在南开首次上演。《新村正》的故事围绕周村关帝庙贫农的不幸遭遇展开：关帝庙贫民因无力交租而备受打骂凌辱，是时，周村村正（即村长）周味浓的表侄李壮图刚从上海大学毕业归乡，目睹此状便上告县城请求收回关帝庙土地，不料上告未成反被拘。见此法不成，周味浓的儿子周万年便向岳父吴绅寻求帮助，吴绅反以恐吓手段胁迫周家以地契为抵押借款赎回关帝庙土地，并允委吴绅以村正之职，强令当地士绅各出资 2000 元向外国公司赎地。最后，吴绅只以半数给公司赎产，另半入私，并接任了村正职务。赴县城上任的吴绅和欢送他的村民在火车站遇到被迫返乡的李壮图，吴绅耻笑他说："小孩子们就会念书，毕业以后也不过做教书匠，这一代的事没有他们的，还得让咱们。"李壮图对此却无能为力，只能"在侧闻之，怒极，顿

---

① 曹中毅：《说吾校演剧之益》，载崔国良等编《南开话剧运动史料：1909—1922》，南开大学出版社 1984 年版，第 11 页。

② 同上。

足，以手杖指之”，[①] 故事至此完结。

这个并不完整的结局不似传统的“大团圆”结果，剧中人物同样没有惩恶扬善的功能：周味浓不是正面人物，跟怀抱理想的年轻人李壮图不同，作为村正的他尽管知道吴绅的恶行，却不得不向掌权者妥协；村民也是，竟去阿谀那些曾经迫害他们的掌权者；而真正怀抱理想的年轻人却不敌阴暗的现实，最后不得不离开村庄。但恰恰是这样“不团圆”的结局集中地呈现了张彭春描绘社会现实的犀利视角，我国近代著名剧作家、戏曲理论家宋春舫认为此剧的长处在于打破了“大团圆主义”，“那个万恶不赦的吴绅凭他的阴谋居然受了新村正，不但如此，人家还要送万民伞给他；那个初出茅庐，乳臭未干的李壮图，虽有一腔热血，只能在旁边握拳顿足，看他去耀武扬威呢。这样一做，可把吾国数千年来‘善有善报，恶有恶报’的两句迷信话打破了”。[②] 胡适同样认为，传统叙事作品中的大团圆结局本身就是一种“中国人思想薄弱的铁证”，这种“说谎的文学”与严峻的社会现实并不相符，“做书的人明知世上的真事都是不如意的居大部分，明知世上的事不是颠倒是非，便是生离死别，却偏要使‘天下有情人都成了眷属’，偏要说善恶分明，报应昭彰。他闭着眼睛不肯看天下的悲剧惨剧，不肯老老实实写天下的颠倒残酷，只图说一个纸上的大快人心”。这样的“快乐文字读完了，至多不过能使人觉得一种满意的观念”，而《新村正》的不圆满结尾却能叫人有“深沉的感动”，“彻底的觉悟”，“根本上的反省”，从而促使“思想上的撼动”发生。[③]

虽然南开新剧团的成员都并非专业人士，但他们演出的影响却远远超越了职业剧团的表现，其成就不但体现在表演的舞台上，更在于学生在戏剧创作过程中的领悟和观众对戏剧艺术审美层次的提高。中国著名话剧演员石挥曾说，少年时代观看南开话剧使他一生受益，因为“南开演出的不是戏剧，而是人物，是灵魂”。[④] 在1925年南开新剧《少奶奶的扇子》

① 崔国良：《南开话剧运动史料：1909—1922》，南开大学出版社1984年版，第19页。

② 宋春舫：《评新剧本〈新村正〉》，《新潮》1919年第1卷第2号。

③ 胡适：《文学进化观念与戏剧改良》，《新青年》1918年第10卷第5号。

④ 王晓凡：《中国学校演剧的回顾、现状及前瞻》，《中央戏剧学院学报》2003年第4期。

中首次登台演出的曹禺虽然只扮演一个小角色，但却全身心沉浸在剧本里。“他把《少奶奶的扇子》随身带着，把它翻得稀烂，背得滚瓜烂熟。家宝就有这股痴劲，只要他迷上这件事，就什么也不顾了，就像钉子一样深深地钻了进去。”① 由此可见南开新剧团为未来话剧之发展所起到的奠基作用。

进入20世纪20年代中后期，随着南开话剧效应的推广，教育界迎来了校园话剧的高潮，学校戏剧运动兴起，“北方如燕大，艺专，南开，南方如复旦、大夏、中工、交大、光华、金陵、中大等各大学的剧团，在历次的表演中，都收到相当的成绩”，② 北京女子高等师范学校、金陵女子师范大学的女学生也投入到话剧的演出之中。但是，演出数量的增加也使得一些粗制滥造的戏剧开始出现，“演戏的组织越来越随便，编戏的人拼着一个晚上不睡觉或是一个下午不打麻将不上茶馆，就可以赶出一张幕表来。演员只要记住了剧中人的名字和他们之间的关系，知道故事的大致轮廓，就可以上台去扯上一通……坐上了化妆桌还不知道上台应该干些什么，编戏的人一面看他化妆，一面把戏的情节说给他听，这哪里还是什么艺术”！③ 为杜绝这种情况，陈大悲、汪优游等人开始倡导以非职业性、非商业性质和追求艺术的淳朴真实为特征的“爱美的戏剧”，这一主张虽然承载了对于新式话剧的美好憧憬，但终究因为时局动荡与戏剧市场化的需求等原因始终没有走出校园的范围。到20世纪30年代初期，随着战事的扩展，校园话剧的影响越来越小，在历经20年代的快速繁荣之后便迅速搁浅下来。

四 其他消遣活动

1896年的夏天，上海徐园区“又一村”影院第一次让市民见识到“西洋影戏”这个新奇的事物，西方电影开始正式传入中国，追求时髦、好奇心重的上海学生成为首批观看电影的消费者。在上海复旦大学的商科学生中，中产阶级家庭出身的学生向来“喜好趋新”，再加上当时上海十

---

① 田本相：《曹禺传》，北京十月文艺出版社1988年版，第75页。

② 阎哲吾：《学校戏剧概论》，镇江中央书店1936年版，第1—2页。

③ 欧阳予倩：《演文明戏》，载《欧阳予倩戏剧论文集》，上海文艺出版社1984年版，第175—231页。

里洋场的熏陶和风气影响，课余生活难免多小资情调，电影成为他们的一大课余爱好。他们喜欢在周末的晚上成群结队地去看电影，观影归来也不免对影片进行讨论与批评，抑或谈论明星们的奇闻逸事或成功秘诀；他们喜欢的是当时正当红的民国女明星维尔玛·班基（Vilma Banlcy）；他们还在宿舍墙壁上贴了大大小小的明星照片，或在桌子上摆放着最新出版的电影杂志。[①] 南洋大学的学生一般不会到影院去观影，因为学校会在周末的晚上在大礼堂里上映电影，“学校里每两礼拜一次在礼拜六的晚上上映影戏，可惜片子少有最新鲜的。即使这样，夜饭吃完，去看电影的人也会很早的等在那里，他们手上总是会拿上一本小说来打发等待的时间，因为看的人会很多，等到开映的时候早就没有位置了”。[②] 到20世纪中后期，电影开始进入北京。1929年4月18日，北京青年会大厅放映了美国影片《歌声泪影》，这是好莱坞电影进入古老帝都的肇始。以此为开端，好莱坞的诸多大电影公司纷纷在北京建立了办事机构和销售代理公司用于电影发行工作，而影院常常以降低票价为手段来积极争取学生这一观看电影的主体性群体。以20世纪20年代末时北京真光电影院的票价为例：包厢四座四元，两座二元，楼上每位八角，楼下每位五角，而学生在星期日的特别加场中观看电影一律只收费一角，[③] 这种优待无疑能够显示出学生群体在观影活动中所展现的积极性。

这些活灵活现的“西洋影戏”以一种更加直观的方式向学生们展示了另一个不同的世界，在这里，他们不但认识到西方科技带来的先进发明，感受到了农业文明与工业文明的巨大差距，更发现了一个与天朝上国完全不同的社会形态与文化载体，“大都市的形形色色，西方的生活方式以及各种城市人格类型，通过电影的具体形象性和艺术创造性熏染、暗示着学生们的观念与行为，启发、诱导着他们去按照电影传播形象的范模去思考、去行动，从中习得新的生活经验与价值观念”。[④] 在这个建构的过

---

① 光地：《哭炳黎》，《复旦旬刊》1927年第2期。

② 峻峰：《晚饭后》，载上海南洋大学学生会南洋周刊社《南洋大学学生生活》，1923年，第27页。

③ 《真光电影院广告》，《晨报》1928年3月8日。

④ 扶小兰：《电影与近代中国城市市民生活的变化》，《西南交通大学学报》（社会科学版）2001年第2期。

程中，一些不符合学生身份的不良习惯也开始滋生，吸烟、赌博、嫖娼等一些社会问题开始在学生群体中出现，拜金、腐化、堕落的不良风气开始弥漫在校园中，带来感官刺激的西方电影也向学生们呈现了商业文化的腐朽及资产阶级的不堪。由此，教育部部长陈立夫称："好莱坞电影是让人颓废的陷阱！""进口电影是导致青年道德堕落和社会风气败坏的一切邪恶的根源，它把我们的民族精神引入可悲的境地。美国和法国电影是把西方社会低俗趣味和恶劣风尚输入中国的工具，我们的人民每天被如此邪恶的影响污染着心智和灵魂而竟然不自觉！"[①] 潘公展更将矛头直指观看电影的青年学子们，他气愤地指出："大学生们把他们的父母辛辛苦苦挣来的钱——间接也是中国工人和农民的血汗创造的财富——花费在了美国工业文明的宣传片上！"[②] 可见，与任何一种新生事物一样，电影对于学生的影响也是一把双刃剑。

与电影这种新潮的娱乐方式不同，一些文人式的消遣方式，如练书法、听京戏、泡餐厅等也是一些学生打发课余时间的选择。

杭州蕙兰中学的学生成立了"习字会"，其成立初旨是对书法艺术在社会中"久已不特认为艺术"的反驳，是对这一"性情之表露"的艺术的发扬，当然也有联络感情之意。习字会分为正、草、隶、篆四组，会员每日作大字十六，小字三十，每星期汇交委员，以资孟晋，这种集体性的练习方式不但能够发挥监督作用，还会带动学生集体参与的热情。很快，蕙兰习字会成员的人数从数十人增至百余人，逐渐到全校一半的人数，成为学校会员最多的社团。[③]

而在一向西化的圣约翰大学里，戏剧也是学生们所喜爱的。下课后的宿舍里，每每充满了胡琴的声音，咿咿呀呀的直到六七点钟吃饭的光景才渐渐地息下了。玩弄乐器是很可以陶冶性情的，而至于那些拼命的叫喊，虽无意思，但也是消遣的一种。还有那些无聊的时候，也夹杂着胡琴的声音，唱上两句"我好比哀哀长空雁；我好比龙游在浅沙滩；我好比鱼儿吞了钩线；我好比波浪中失舵的舟船"，或是"望烽烟，杀气重，扬州沸

---

① 沈钟灵:《新生活与娱乐》，正中书局1933年版，第15页。

② 潘公展:《学生的新生活》，正中书局1935年版，第15—16页。

③ 汪正心:《书法研究社概况》，《蕙兰》1932年，期数不详。

喧。生灵尽席卷，这屠戮、皆因我愚忠不转”，倒也算是短暂的消遣。其余学生们也经常把玩弄的乐器翻新，甚至还有学生利用梵哑铃、月琴、笙笛之类的乐器来代替胡琴，演绎出别有一番滋味的“腔调”，听的人倒也感到新鲜，常徘徊其旁，不忍离去。①

相比于这些爱好，品尝美食更是一种惬意的消遣。清华大学的校园“整个学校是在一片树木遮隐之下的，空气异常鲜洁。靠近有苍苍的西山香山陪衬着，倍觉环境之富有自然的逸趣”。② 散步之余还有餐饮陪伴，有茶、咖啡、冰激凌、巧克力、糕点、甜食等，无论是会朋友或是会情人，都不愁无处小坐。北京大学校内的西斋和三院吃饭每月只需要7元，但大多数学生并不愿意接受这样的长期安排，他们经常去宿舍四周的小饭馆，那里有各式各样的饭菜：北方的、南方的，川菜、湘菜、粤菜，还有所谓的西餐。花上两毛钱就可以在安静的饭馆里要上两份时令鲜菜和一份汤；花上八毛钱就可以要够六个人吃的全套宴席，包括饭后甜点。③ 甚至一些教授太太也会开个小餐厅，做上几样拿手的饭菜，供学生们满足饮食之需。

在本章的最后，笔者需要特别提出教会学校在学生课余活动中所起到的引领作用，几乎处处都可以见到教会学校始终作为“历史的不自觉的工具”存在着。在近代教育史研究之中，很多学者明确表示，教会学校在近代中国的发展直接推动了中国教育近代化的进程，并赋予其深刻的影响。这种影响，从宏观的角度上讲，表现在学校建制、学科体系、管理模式、人才培养等方面；从微观的角度上讲，其在思想观念、师生关系、社团活动方面所采取的开明态度纠正了中国传统教育中只注重呆读死记、灌输经策的教育方式，以“灵活的方式”和“团体的力量”直接作用于学生性格与人格的培养，在丰富校园文化的基础上加强了学校的凝聚力。在这里，我们所看到的近代教育史不仅仅承载着沉重的历史责任与社会期望，更体现着年轻学生的青春脉搏与无尽活

---

① 何南绍：《圣约翰学生的消遣》，《约翰年刊》1925年，第14—15页。

② 龚家麟：《清华大学的学生生活》，《独立评论》1935年第196号。

③ 《北平各大学的状况》，载李文海《民国时期社会调查丛编·文教事业卷》二编，福建教育出版社2014年版，第128—129页。

力，标榜民主、倡导自由的教会大学在适应中国本土社会的同时，更引领了中国本土大学的风气塑造，这是学生群体对近代高等教育早期现代化历程发挥的重要作用。

余　论

如导论部分所言，本书的分析框架是以戈夫曼的拟剧理论为中心而建构起来的，当戈夫曼将社会生活视为不同演出剧目的同时，笔者也将学生的课余生活视为一场精彩的大剧，在这里，布景、人物、形象、表演、活动等都是不可缺少且值得注目的因素，行文至此，有关学生课余生活管理的这场戏剧大幕已经缓缓落下，但其中耐人寻味的思考仍在路上。

一　西方启蒙与国家主义的二重变奏：作为学生课余生活布景的时代主题

美国汉学研究者杜赞奇在分析20世纪中国农村的变迁历程时曾指出两种不可忽视的影响因子，一是西方启蒙，二是国家权力。[①] 实际上，在近代中国全部的现代化进程中，无论哪一方面的改革，都是在以上两种因素的影响下铺展开来的，教育改革同样如此。虽然西方启蒙与国家权力的影响同时存在，但两者之间的诉求并非完全一致。一方面，就西方启蒙而言，启蒙的重点在于“人”的自觉，最根本任务是使人认识到自己，个人的解放有力地冲击、打破、撕裂着封建主义的罗网，努力追求着个人身体的自由与思想的解放，使人们在获得理性的同时，不断地否定旧我、反思自我、追求新我；但在另一方面，就国家权力而言，伴随着近代民族国家的建构，各届政府、各级政府都竭尽全力地试图实现对社会及民众的全面控制，在这种“全能主义”的政治语境中，“塑造国民”的意识形态开始渗透进人们日常生活的各个方面。由此，国家权力与西方启蒙成为整个

① ［美］杜赞奇：《文化、权力与国家：1900—1942年的华北农村》，王福明译，江苏人民出版社2008年版，第1页。

近代中国现代化转型中的时代主题。

从本质上讲，启蒙是个人的觉醒，是独立人格的获得，个人在此过程中开始强调对于自我的追寻，五四运动中出现的“新人”便是这种追寻的聚焦式体现。作为一场带有西方启蒙性质的现代运动，“人”的观念成为五四运动中一展高扬的旗帜。站在身份界定的角度上，所谓“新人”，首先表示了一种对于“旧人”的舍弃：“我”不再是旧式伦理中的个人，“我”不再为宗族家法而生、不再为封建道德而生，“我就是我，我不再仅仅是我爹的儿子，我要用自己的人生信条作为裁判自己人生的一切标准”![1] 当然，除了这些对于独立自我的追求以外，五四学生旗手们对于“新人”的追求也是复杂的，新人不仅仅是独立的人，更是理性的人、浪漫的人。所谓理性的人，其所指向的是一种驾驭现代知识的能力，他们具备健全的头脑，能够在时代的舞台上展现出智慧与才华；所谓浪漫的人，其所指向的是一种狂飙突进的精神，他们无限向上，能够在社会的改革中展现出热情与勇气。因此，理性与浪漫成为学生塑造自我的两个方面，而两者的最终目标都是对独立人格的追求。

当个人在启蒙的过程中为独立人格摇旗呐喊时，各届、各级政府也在不遗余力地将个人吸收、纳入、网罗进国家的权力之网中。即使费正清的“冲击—反应”模式一直遭受“中国中心说”的批判，但谁都不可否认，西方的强劲冲击始终是引发近代中国社会发生大动摇、大变革、大震颤、大变动的逻辑起点。伴随着滚滚而来的西潮，中国传统的农耕宗法社会受到强力的撼动，使之在一种带有屈辱色彩的武力压迫中走向一个全然未知的“现代社会”，现存的社会秩序在“后发外生型”的现代化历程中开始遭遇根本性的挑战。一般而言，建立民族国家的任务和实现现代性的任务是一致的，但在中国的现代化进程中，两者的整体趋势虽然一致，但具体步调却各不相同，甚至产生矛盾。在“三千年未有之大变局”的历史境遇中，国人的挫败和倔强使得他们在心理上不断排斥西方，而在行动上却又不得不向西方学习，“这就形成了现代性与现代民族国家的冲突、现代

① 傅斯年：《人生问题之发端》，《新潮》1919 年第 1 卷第 1 期。

性与民族主义的冲突：要民族独立，就要反西方；要现代性，就要效法西方”。[①] 历史的现实告诉我们，在救亡图存和思想启蒙的两大历史主题中，前者的紧迫性使其获得了发展的优先权，建构民族国家的使命超越了个人对自由权利的追求，救亡压倒了启蒙，“在如此严峻、艰苦、长期的政治、军事斗争中，在所谓你死我活的阶级、民族大搏斗中，它要求的当然不是自由、民主、科学等启蒙宣传，也不会鼓励或提倡个人自由、人格尊严之类的思想，相反，它突出的是一切服从于反帝的革命斗争，是钢铁的纪律、统一的意志和集体的力量。任何个人的权利、个性、独立、尊严、自由等在‘国事’的面前都显得渺小且不切实际。个体的我在这里是微弱的，它消失了”。[②]

二　“国民”塑造的场域：作为学生课余生活舞台的教育与学校

在救亡压倒启蒙的话语中，接受教育从一件个人自主的私事变成一件构建国家的公事，这一方面使得学校体系凭借国家权力的力量快速建立起来，从而为人才的大量培养创造了可能。但在另一方面，国家权力也渗透进学校的方方面面，除了课程、教学等教育体系中的主流因素外，学生课余生活也被纳入国家话语之中。层级性的目标管理、强制性的时间控制、压制性的形象塑造、制度性的仪式建构都使得教师与学生之间、学校与国家之间缺乏一种平等、充分的对话空间，“体制”开始对学生的课余生活进行宰割，“结构”开始对学生的个人行动进行束缚，每个人都对现实承担着不可推卸的责任，本属于学生自发的、个人的课余生活开始被强行归纳到强身、塑神、保种的国家构建中，而在这个塑造国民的过程中，学校是主要通过以下三种途径来达成的。

第一，学生课余生活管理的公共化。

在学校中，课堂之外的学生管理不但使得学生成为国家的有机组成部分，还使得原本处于“私领域”的课余活动转移到“公领域”的视线之中，使之成为公共凝视的对象，由此实现学生课余生活管理的公共化。

“投向公众”是实现学生课余生活管理公共化的第一步。教会学校首

① 杨春时：《现代性与现代民族国家在中国的断裂与复合》，《学术月刊》2001 年第 1 期。

② 李泽厚：《中国现代思想史论》，天津社会科学院出版社 2004 年版，第 28 页。

先将学生的课余活动主动展示到公众的视野中。1897 年，山东登州文会馆首先公开向民众展示篮球比赛，虽是“全场手忙脚乱，鞋飞辫舞”[①] 的狼狈景象，但却在客观上使得一般民众对这陌生又有趣的游戏产生了极大的好奇；在圣约翰大学和南洋公学长达二十多年的足球竞技赛场上，上海的民众，无论是有产阶级还是街头妇孺，都将这场比赛视为上海滩的大事而前来观赏；在女子学堂所举办的运动会中，矫健、积极、充满活力的女子选手更加吸引了众人的目光，“男女来宾，约千有余人”,[②] 学校甚至要派遣专人进行观赛现场的管理与控制；中西女塾的学生同样将她们高超的琴技展现给各国友人，外文报纸上经常出现关于她们演奏情况的专题报道……这些由教会学堂率先引进的西式娱乐方式由其所具有的开创性与趣味性率先使学生的课余生活获得了在公众面前得以展示的资本。

很快，这种饶有兴趣的“公众观看”便演变成了带有监督性质的“公众凝视”，学生课余生活在承担起社会责任的同时也开始了接受公共管理的历程，学校关于学生课余时间的规定与安排体现了官方强行赋予个体公共责任的努力。首先，学校本身是一个带有公共性质的场所，制度性的活动安排使得固定、精确、条块分割的现代教学时间代替了散漫、无意识、模糊的前现代教学实践；其次，作为公共性质的学校同样将学生们的私人活动时空囊括进内，学生的休息时间被严格地区分开来，即使是在放松身心的假期里，政府也以各种政令的形式，通过学校的具体要求对学生的假期活动赋予固定的主题，而这些主题大多与国家任务、社会责任等密切相关，社会调查、社会服务、社会指导等在充斥着学生假期时间的同时，也将学生的假期时间分割开来，在将闲余时间整合后完成个人时间向公共时间的负责，并使个人行为接受公开的监督、评判和指导。在学生课余生活的公共管理中，“公”的特征不断侵入“私”的领地，“私”的领地也不得不持续让渡于“公”的调整，学生生活中原本存在的“公”与“私”的界限不再分明，校园内外的体制性与非体制性管理也被模糊起来，这是学生课余生活走向公共管理的明确表现。

---

① 《华北的传教士——路思义》，载魏外扬《宣教事业与近代中国》，宇宙光出版社 1978 年版，第 118 页。

② 《务本运动会记事》，《女子世界》1905 年第 6 期。

第二，学生课余生活管理的政治化。

如前文所言，在近代中国，由于内外部环境的巨大压力，政治因素总是被提到首要的位置，似乎一切活动都走向了“泛政治化”的道路。学生课余生活的管理是一个由多方力量相互影响的过程，政府、学校、社会、个人都会在此过程中不断磨合、修正、合作。不同利益主体聚集的地方就会产生紧张的争夺，但凡存在利益争端的地方，这种政治因素的作用便更为明显，为了获得学生们的身份认同，各方势力均试图通过各种方式将学生拉入自己的阵营中，通过这种“拉入”来赋予学生固定的政治角色与政治身份，在使得学生的课余活动不可避免地承担起政治活动的同时，也使学生在学校与政府的夹缝中获得了政治参与和政治表达的可能。

学生形象管理以一种更为隐蔽但却更为有力的形式展现出学生课余生活的政治归属。服饰改革的最早倡导者是那些带有激进色彩的改革派知识分子，他们认为，作为政治改革的教育改革理应受到政治的影响和指引，西化，是这些力倡改革的精英知识分子们为社会进步所开具的一剂药方，他们希望以西式的服装来武装学生的身体，并认为这种改变能够让学生自觉地向西方科学与西方政治靠近，由外在的西化开始构建全新的国家。与这些激进的改革派不同，温和的保守派曾是旧式政治体制的受益者，因此对热烈的变革话语充满恐慌和抵制。这些遗老遗少们认为，外敌横行、政治混乱的状况已经威胁到国家政权的稳固，任何改变都会加剧这个脆弱王朝的衰亡，适当的也是唯一的方法并非推翻后的再生，而是保全后的延续，因此，教育仍然需要充当教化民众忠君尚武的工具，洋化的服装只能催生出“造反”的心态，学生依然要身着长袍和马褂走在顺民的大路上。除了这些政治改革者，参与经济建设的商人们在与外国资本的角逐中同样意识到自己所受到的生存威胁，因此他们也极为倡导“国货”以维护自身的利益，以政治上的合法身份来保证经营中的经济资本。所以，在不同政治话语的影响与不同舆论主体的煽动下，学生群体的着装选择也随之呈现出多样性的趋向，穿着长衫马褂的学生在遵循传统的同时也可能会怀抱科学救国的理想，身着西装的学生在接纳“自由”与“平等”的同时也可能会抱有“怀念故国”的情思，服饰所能渗透的不仅仅是学生或“愤叱狂吃，血涌技痒”的亢奋，或“稳练通达，孜孜为学”的坚忍，更是他们选择、参与、表达政治立场与政治意愿的途径。

在学生仪式管理方面，历届政府都希望通过仪式的神圣感来获得对于自身统治的认同感。处于统治危机之中的晚清王朝急切地渴望重拾国家控制权威，而统治者是王朝的象征，因此国家的概念也必须在皇帝身上有所体现。政府试图做出这样一种姿态：君主愿意“支持”那些改革分子修正社会的意见，以一个貌似“全新”的开明形象来抹杀崇尚改革者对于专制政体的敌意。但是，技术教育仅仅是民众谋生的工具，强调“忠孝”的道德教育才是学校教育的基础，无论是万寿圣节中统治阶级与立宪派分子对于皇帝“大全”形象的塑造，还是学生与祭祀仪式中所施行的“跪拜礼仪”都表征出了这样一种现实：学校礼仪所激发出的全部情感主题便是效忠统治者，这虽然带有“国家”的头衔，但实际并不包含任何新的国家观念，其所培养的国民，也只是出于重新建立和巩固君主权威的目的，教育改革也只是实现其政治稳定的工具而已。到民国时期，伴随着“党化教育”的深入而逐步展开的总理纪念周同样以完成总理个人的“神化”为手段而达到控制学校意识形态、强化国民政府政治权力的目的。这种最初以自发纪念为主要目的的零散活动通过固定的仪式目的、仪式时间、仪式空间、仪式流程而不断加强、累积、重复，最后终于演化成为一种制度性活动与仪式性操演，从而达到圣化、崇拜孙中山符号，认同、维护国民党统治的最终目的，这与清末时期学校的仪式管理不过是异曲同工、殊途同归罢了。

第三，学生课余生活管理义务化。

如果我们细细地观察，就会发现近代学校对学生管理的规定充满了各种矛盾，而在诸多的矛盾中又以政治与文化间的矛盾为主。虽然他们在管理方式上延续了儒家统治的思路，即通过对于学生“身”的约束来达到“心”的管理，但西方的观念也已经悄然渗透到这种管理的路径之中。在这样的背景下，儒家文化不单单只是一种道德上的修养，更是一种服务国家的义务和热爱国家的责任。但是，两者的指向并不相同，道德修养所要培养的人是一种指向内心修为的“个人”，而承担义务与责任所要培养的人则是一种指向集体的“公共人”。那么，学生课余生活管理的指向是忠诚的顺民，还是具有政治独立性与自主性的公民？对于这个问题的回答，我们需要重新回到对于“国民”概念的讨论上。

现代西方政治学常常以“citizen”来对译“国民”一词，强调下层社会中的普通市民参与地方政治、经济或法律的权利。但是，近代中国的国民概念并不具备这种“自下而上”的生成语境，作为“向西方学习”的舶来品，它的产生来自中国本土的知识分子与政治精英，受社会进化论与现代民族主义的影响，其所关注的重点并不在于保障个人在国家中的权利，而多强调国人对于国家所肩负的义务。因此，国民虽然在国家的建构中有着重要的位置，但却也在国家建构的掩盖中始终不能占据核心的位置。作为国民所构成的完整有机体，国家在享有高度的统合性与正当性的同时，又不断超越于任何个别的、具体的国民之上，国民的个人意愿与权力全部被湮没在国家的整体意志和利益之中。因此，在这种“有国而无民”的宏观话语中，学生不但被要求强制履行建设国家的任何任务，甚至还要压制掉属于自身的全部权利。

近代教育不仅仅使人获得知识、完善修养，更要求新式民众承担起满足经济自主、精神独立的历史责任。据此，知识教育、礼仪规程、体育训练等一系列活动铺展开来，西方钟点化的计时方式、紧身短小的着装要求、激烈竞争的锦标思想都被整合到了学校的规章制度中。在这样或宏观，或微观的规训与塑造中，学生群体被培养成懂纪律、守规则、讲秩序、明效率、会拼搏的现代国民。而这样的训练也使得学生不得不约束甚至放弃自己的自然欲求，从而快速地融入和适应国家建设的需要之中。但是，尽管学校努力强调学生在国家建设中的所扮演的重要角色，却也杜绝任何学生参与任何与国家相关的政治活动。《反对二十一条》的学生受到开除，五四运动中的学生遭到镇压，“一二·九”运动中的学生经历了惨痛的伤亡，爱国的热忱始终抵不住政府对于稳定的刚性需求。除了这些激烈的反抗活动遭到打击外，与政治相关的报刊、讨论会、演讲会、社团活动等也都处于校方的监视与管理之下，近代学校所爆发的学潮大多与学生参与政治活动有关。在这里，学生被强制承担起政治主体义务，却并未享有与之相应的政治主体权利，这也正是国家塑造“国民”的目的所在。

三　“国民”与“自我”的扮演：作为课余生活表演主体的学生

与任何一个过渡社会相一致，中国近代历史中的社会转型也是一个新旧社会结构与社会秩序交替、更换的过程。在此过程中，基本的社会矛盾与根本的价值冲突都围绕着新与旧的时代主题形成、展开、发展，并由此演绎出一部精彩绝伦，却也复杂曲折的社会转型史。在这样的转型中，学生在课余生活中所呈现的表演是多姿多彩的，他们对于自身角色的认同也大不一样，这正是历史复杂性的真切表现。

当民族独立和国家统一成为近代中国压倒一切的历史主题时，一切的事业，包括教育，都要为救亡图存的历史任务服务。在这种情况下，“国民”是作为课余生活表演主体的学生所首先担当的角色，他们自觉承担起救亡者的义务，肩负起对国家负责的重任。在近代中国对外战争频频失败，政治改革难见成效，社会情绪普遍低迷的局势下，学生，开始以一种从未出现过的群体姿态登上了历史的舞台。时局的窘困使得人们对这个新成长起来的少年阶层关注备至，他们被视为绝望中的希望，黑暗中的光芒。面对这样沉重的期冀，学生群体并未让社会失望，他们自一出现便深刻体现了历史的共性：他们极具忧患意识，他们极富变革精神，他们投身于爱国救亡的洪流中，他们融入到改革社会的运动里。在学校的学习中，他们积极探索现代科学的无限可能，努力提升自身的身体素质；在家庭的生活里，他们反对旧式等级中的三纲五常，革除日常中的陈规旧习；在政治活动中，他们努力改变阻碍国家发展的传统制度，纷纷走上街头宣传自由、平等之思想；在舆论宣传上，他们创办刊物、演说游说，发放传单……可以说，民国初年形成的青年知识分子群体，正是当时中国变革的最根本力量，“以青年学生为主体的新式知识分子的接入，给中国社会的发展注入了活力”。[①] 这种对于国家责任、社会义务的承担既是学生们对于中国传统文化中“士”精神的继承，也是学生们对于近代国家遭遇的自觉表现。

历史虽然为近代学生提供了相同的时代条件与社会气氛，但究竟如何选择仍然取决于主体自身的意愿。虽然“塑造国民”的管理方式具有其存在的合理性，但它仍然存有极大的局限性。从本质上讲，在“国家权力”渗透中的管理方式是一种压抑、阻碍学生个性发展的教育，严密的控制、秩序化的存在、程式化的运作使得学校不再是“富于欢乐和吸引力的宇舍”，[②] 而是一种制造工具理性的大型工厂。这种压抑性的管理方

① 桑兵：《晚清学堂学生与社会变迁》，学林出版社 1995 年版，第 5 页。

② ［捷］夸美纽斯：《大教学论》，傅任敢译，人民教育出版社 1984 年版，第 7 页。

式不但使得受教育者难以找到学习行为的动力，更抹杀掉受教育者的创新意识，使得整个的教育运行走上了一条由“复杂丰富”的实践活动到“抽象隔离”的规程性运作道路，秩序化的存在使得教育失去了活力。这样目标明确的管理方式虽然可以塑造出国家所需要的人，但却失掉了教育本应该承担着的人类强烈的价值寄托。因此，在这些零碎的课余生活中，学生或显或隐的反抗活动也是其中的应有之义：季羡林、蒋梦麟、沈从文等都曾在自己的传记中记录下自己的逃课行为，他们通过这种对制度化时空的脱离，来获得由自己支配的自由时间；王选小时候的学习成绩比较好，即使不学习，也能在年级的考试中名列前茅，所以老师对其施行的政策就是不予理睬，而王选也在这种松散的管理中自得其乐；林语堂遵守学校的规定参加总理纪念周的仪式流程，但却在整个过程中一直思考其他的问题，这与仪式的主题并不相关，在扮演一个“安分守己”的学生角色的同时也已经实现了角色的游离，以一种不符合学校期望的方式来抵制学校管理中的“塑造国民”……在以上的各种例子中，国家的控制虽然存在，但学生“温柔的反叛”却也是一种切实的存在。

当然，笔者在此也无意于仅仅使用“国民”与“自我”的概念来形成认识上的二元对立，就历史事实来看，此二者也并非“相互排斥、非此即彼”地存在着，两者的角色扮演在很大程度上是同时存在的，“国民”中存有“自我”，“自我”中也存有“国民”，两者间的角色扮演既是存在错位的，也是相互模仿的，甚至是彼此交融的。因此，与其说两者是截然分离的，毋宁说更多的是你中有无、我中有你，对于许多学生来说，在面对不同事件的行为选择中，“国民”角色与“自我”角色的并存才是一种存在的常态。

四 未完结的思考：教育，使人成为人

诚如黄金麟所言，学校教育中的“国家化”趋势并没有随着时间的推移而消失殆尽，相反地，它一直潜在地、确有其事地，甚至越来越深刻地影响着国人的肉体塑造与精神塑造。在近代学生的课余生活中管理中，各层级的学校管理者通过不同的规训方式，包括直接的、间接的、显性的、隐性的，来实现其由“个人”到“国民”转变，但最终却也没有形成真正的“公民身份”，而这恰恰是教育现代化所要真正追求的理想与价

值。从“教育培养人”这个角度上来看，我们很难说近代时期的教育现代化，甚至国家现代化是成功的。但是，在塑造国民的过程中，个体也获得了一定的自由与解放，然而，这种自由与权利在刚刚获得新生的同时，也面临着“异化”与“殖民”的境地，当学生们从封建家庭的桎梏中解放出来时，却又一下子落入国家规训的权力网络中，被现代国家设计、利用和监视。在一定程度上讲，现代性进程中的国民塑造过程，也就是人的主体性逐渐消失的过程，这样培养出的人只能是一种“套中人”。当然，笔者在此无意苛求历史，从社会现实的角度来看，这种塑造具有组织的合理性和结构功能的正当需求，但教育并不仅仅是现实层面的停留，它要担负其一定的理想色彩与价值承诺，“教育使人成为人”似乎已经成为一种被掩盖的真理。

教育，乃是一个抚育、唤醒、引导、生成的过程，但在教育实践中往往却忽视着教育的过程，或者如塑造国民的目的一样，将每一位不同的学生塑造成为社会所需的标准模式，在这里，教育过程让位于教育结果。这样的教育在格外青睐社会标准的同时开始与学生的一般生活隔离、脱节，学校不再是一种带有自身特征与活动底线的“自我”，而仅仅是作为宏观社会系统中的一个机构性的工具在努力维护着社会模式的平稳运行，因此，它既不是社会生活的本身，也不是个人生活的本身。教育在充任社会工具的同时，个人也成为教育的工具，制度化的教育必然产生制度化的个人，在这样的教育过程中，教育不再发挥“使人成为人”的功能，而在不断走向生产人、复制人、形塑人的进程。

但是，谁也无法否认，教育的原点在于育人，“以人为本的教育是回归于生活的教育，是以生活哲学的社会观为思想根据的”,① “人的在场”是这种社会哲学的根本。实际上，一切社会存在的合理性都在于人的存在：全部的生活与社会发展都是以人的活动为中心，为人的发展做准备，为人的潜能做铺垫，为人的未来谋发展。只有将这样的观念切实落实到社会改革的全部环节中（这当然包括教育改革)，人才能成为真正意义上的在场者、参与者、呼应者。与此相应，教育的立场也就应该是人的立场，这主要包含以下三层含义：其一，教育以生活中的人为基本出发点，人的

① 鲁洁:《教育的原点：育人》,《华东师范大学学报》2008 年第 4 期。

自身生成与完善是人类整个生活和历史发展的终极目的，所以，教育存在的根本合理性与最终任务都是要使人自然地、自发地、自觉地生成为人；其二，教育过程中的一切元素与衡量标准都要站在人与人的发展这一基本尺度上，这既是源自社会发展的外部要求，也是实现教育价值的内在核心；其三，教育的基本运行逻辑也要站在人的立场上，用人的眼光与发展的眼光去看待人类自身的存在与生成，“人之生成的根据、源泉、动力以及运作机制都内在于他自己的生活之中，不需要到生活之外某种实体或法则中去寻找”。[①] 据此，教育运行所依据的根本逻辑就是利用人性与知识的指引，使人在不断展开着的生活和实践着的生活中去持续地追问：我是怎样生活的？我为什么这样生活？我可能会有何种的生活？我应当怎样生活？……从而，人类就在对自身与外部环境之间的不断审视、反思、内省的过程中提升自身，从而成为人、成为更好的整全人。

康德说，“绝不把人这个主体单纯用作手段，若非同时把它用作目的”[②]。人是目的而非手段，这是我们在思考教育问题时需要谨记的。

① 鲁洁：《教育：人之自我建构的实践活动》，《教育研究》1998 年第 9 期。

② ［德］康德：《实践理性批判》，韩水法译，商务印书馆 2003 年版，第 95 页。

参考文献

一　资料汇编

[1] 舒新城编：《中国近代教育史资料》上册，人民教育出版社 1981 年版。

[2] 舒新城编：《中国近代教育史资料》中册，人民教育出版社 1981 年版。

[3] 舒新城编：《中国近代教育史资料》下册，人民教育出版社 1981 年版。

[4] 陈学恂编：《中国近代教育史教学参考资料》上册，人民教育出版社 1986 年版。

[5] 陈学恂编：《中国近代教育史教学参考资料》中册，人民教育出版社 1987 年版。

[6] 陈学恂编：《中国近代教育史教学参考资料》下册，人民教育出版社 1988 年版。

[7] 潘懋元、刘海峰编：《中国近代教育史资料汇编·高等教育》，上海教育出版社 2007 年版。

[8] 李桂林、戚名琇、钱曼倩编：《中国近代教育史资料汇编·普通教育》，上海教育出版社 2007 年版。

[9] 璩鑫圭、童富勇、张守智编：《中国近代教育史资料汇编·实业教育师范教育》，上海教育出版社 1994 年版。

[10] 陈学恂、田正平编：《中国近代教育史资料汇编·留学教育》，上海教育出版社 2007 年版。

[11] 璩鑫圭、唐良炎编：《中国近代教育史资料汇编·学制演变》，上海教育出版社 1991 年、2007 年版。

[12] 璩鑫圭、童富勇编:《中国近代教育史资料汇编·教育思想》,上海教育出版社 2007 年版。

[13] 朱有瓛编:《中国近代学制史料》第二辑下册,华东师范大学出版社 1981 年版。

[14] 朱有瓛编:《中国近代学制史料》第三辑上册,华东师范大学出版社 1990 年版。

[15] 十洲古籍书画社:《中国近代教育史资料汇编》(晚清卷),全国图书馆文献缩微复制中心 2006 年版。

[16] 李国钧编:《中国教育大系——历代教育制度考》下册,湖北教育出版社 1994 年版。

[17] 蒋致远编:《中华民国教育年鉴》Ⅰ,宗青图书公司 1991 年版。

[18] 宋恩荣、章咸:《中华民国教育法规选编》,江苏教育出版社 1990 年版。

[19] 李文海:《民国时期社会调查丛编·乡村社会卷》,福建教育出版社 2005 年版。

[20] 联合国教科文组织:《简明国家教育百科全书教学》(上),教育科学出版社 1990 年版。

[21] 中国历史档案馆:《中华民国史档案资料汇编》(第五辑第一编教育·二),凤凰出版社 2010 年版。

[22] 中国人民政治协商会议全国委员会文史资料研究委员会编:《辛亥革命回忆录》(第四集),中华书局 1963 年版。

[23] 中国史学会:《中国近代史资料丛刊·辛亥革命》第三册,上海人民出版社 1957 年版。

[24] 沈云龙主编:《近代中国史料丛刊·戊戌变法》第二册,文海出版社 1966 年版。

[25] 孙中山先生葬事筹备处:《哀思录》,上海国民党宣传部,1926 年。

[26] 中国国民党浙江省党务指导委员会训练部:《总理纪念周详解》,1929 年。

[27] 中国童子军总会:《会长、副会长及各界理事长监事长对童子军教育之言论》,1945 年。

[28] 李天纲编校:《万国公报文选》,生活·读书·新知三联书店 1998

年版。
[29] 丁世良、赵放:《中国地方志民俗资料汇编》(华北卷),北京图书馆出版社 1989 年版。
[30] 丁世良、赵放:《中国地方志民俗资料汇编》(中南卷上),北京图书馆出版社 1991 年版。
[31] 李家瑞编:《北平风俗类征》(影印本),上海文艺出版社 1937 年版。
[32] 沈伯尘:《老上海女子风情画》,齐鲁书社 2012 年版。
[33] 刘精民:《老光绪画刊》,中国文联出版社 2005 年版。
[34] 陈平原、夏晓红:《图像晚清(点石斋画报珍藏版)》,百花文艺出版社 2006 年版。
[35] 仲富兰:《图说中国百年社会生活变迁(文体·教育·卫生)》,学林出版社 2001 年版。
[36] 兰陵忧患生:《京华百二竹枝词》,选自杨米人等著,路工编选《清代北京竹枝词(十三种)》,北京古籍出版社 1982 年版,第 125 页。
[37] 阿英:《晚清文学丛钞》(小说一卷上册),中华书局 1960 年版。
[38] 徐珂:《清稗类钞·第四册·讥讽类》,中华书局 2010 年版。
[39] 董文成、李勤学编:《中国近代珍稀本小说(拾)》,春风文艺出版社 1997 年版。
[40] 章培恒、王继权编:《中国近代小说大系》卷 25,百花洲文艺出版社 1991 年版。
[41] 欧阳予倩:《欧阳予倩戏剧论文集》,上海文艺出版社 1984 年版。
[42] 中国体育总局:《中国体育史参考资料》第 3 辑,人民体育出版社 1958 年版。
[43] 上海市政协文史资料委员会:《上海文史资料存稿汇编·科教文卫卷》,上海古籍出版社 2001 年版。
[44] 云南省怒江政协文史资料研究委员会:《怒江文史资料选辑》第 9 辑,云南人民出版社 1988 年版。
[45] 政协辽宁省委文史资料研究委员会编:《辽宁文史资料》第三十三辑,辽宁人民出版社 1991 年版。

[46] 李鸿文、张本政:《东北大事记(1840—1949)》,吉林文史出版社1987年版。
[47] 蔡元培:《蔡元培教育论集》,湖南教育出版社1987年版。
[48] 蔡建国:《蔡元培先生纪念集》,中华书局1984年版。
[49] 张沪:《张宗麟乡村教育论集》,湖南教育出版社1987年版。
[50] 吕达、刘立德:《舒新城教育论著选》,人民教育出版社2001年版。
[51] 黄延复:《马约翰体育言论集》,清华大学出版社1986年版。
[52]《梁启超全集》,北京出版社1999年版。
[53] 欧阳哲生编:《胡适文集》,北京大学出版社1998年版。
[54] 宋恩荣编:《晏阳初文集》,教育科学出版社1989年版。
[55] 任钟印编:《杨贤江全集》,河南教育出版社1995年版。
[56] 李杭春编:《郁达夫全集》,浙江大学出版社2007年版。
[57] 季羡林编:《胡适全集》,安徽教育出版社2003年版。
[58]《冰心全集》,海峡文艺出版社1994年版。
[59] 蔡尚思、方行:《谭嗣同全集》,中华书局1981年版。
[60] 马崇淦编:《全国现代高中作文精华》第2册,勤奋书局1936年版。
[61] 刘百川:《一个小学校长的日记》,华文出版社2012年版。
[62] 董志坚:《民国小学生日记》,九州出版社2012年版。
[63] 马崇淦编,潘筱兰辑:《民国中学生作文》,首都经济贸易大学出版社2011年版。
[64] 时毛主编:《民国模范作文》,新星出版社2011年版。
[65]《民国乡村小学生的日记》,华文出版社2012年版。
[66] 杨建恒:《感悟南开——对重庆南开中学前期教育之思考》,重庆出版社2006年版。
[67] 包头市第一中学:《包头市第一中学校史》(1925—2005),2005年。
[68] 北京市第一六六中学:《沃土百年育栋梁:北京市第一六六中学140周年校庆回忆录》,2004年。
[69] 浙江回浦中学校志编纂委员会:《回浦中学校志》,研究出版社2002年版。
[70] 郑新芳:《河北保定一中百年校史资料汇编》,天马图书有限公司2006年版。

[71] 钟叔河、朱纯:《过去的大学》,同心出版社 2011 年版。
[72] 孙哲:《春风化雨:百名校友忆清华》,清华大学出版社 2011 年版。
[73] 朔之北、许毕基:《名家上学记:那时大家如何上学》,济南出版社 2010 年版。
[74] 黄仕忠:《老中大的故事》,江苏文艺出版社 1998 年版。
[75] 陈麦青、杨家润:《老复旦的故事》,江苏文艺出版社 2012 年版。
[76] 黄昌勇、干国华:《老同济的故事》,江苏文艺出版社 2007 年版。
[77] 熊月之、周武主编:《圣约翰大学校史》,上海人民出版社 2009 年版。
[78] 交通大学校史编写组:《交通大学校史资料选编》第 1 卷,西安交通大学出版社 1986 年版。
[79] 陈平原、夏晓红:《北大旧事》,北京大学出版社 2009 年版。
[80] 王文俊:《南开大学校史资料选》,南开大学出版社 1989 年版。
[81] 北洋大学—天津大学校史编辑室:《北洋大学—天津大学校史资料选编》,天津大学出版社 1991 年版。
[82]《金陵女儿》编写组:《金陵女儿》,江苏教育出版社 1995 年版。
[83] 暨南大学华侨研究所:《暨南校史资料选辑》(1906—1949),暨南大学出版社 1983 年版。
[84] 南洋模范中学校友会编写:《我和南模》,上海南洋模范中学校史处,2003 年。
[85] 圣约翰大学五十年史略出版委员会:《圣约翰大学五十年史略(St. John's University):1879—1929》,圣约翰大学同学会,1972 年。
[86] 崔国良:《南开话剧运动史料:1909—1922》,南开大学出版社 1984 年版。
[87] 清华大学校史编写处:《清华大学校史稿》,中华书局 1981 年版。

二 近代报刊与杂志

[1] 商务印书馆:《教育杂志》,商务印书馆 1909—1948 年版。
[2] 中华书局:《中华教育界》,中华书局 1921—1937 年版。
[3]《新青年》编辑部:《新青年》,群益书社 1915—1926 年版。
[4] 中华书局:《学生杂志》,中华书局 1920—1937 年版。

[5] 中华书局：《中学生》，中华书局 1919—1937 年版。
[6] 清议报馆：《清议报》，（出版社不详）1898—1901 年版。
[7] 商务印书馆：《东方杂志》，商务印书馆 1904—1937 年版。
[8] 大公报社：《大公报》，大公报社 1902—1926 年版。
[9] 申报报社：《申报》，申报报社 1872—1937 年版。
[10] 时务报社：《时务报》，时务报社 1896—1898 年版。
[11] 雷鸣远：《益世报》，天主教天津教区，1915—1937 年版。
[12] 民立报社：《民立报》，民立报社 1910—1913 年版。
[13] 中国国民党中央执行委员会宣传部：《中央周刊》，中国国民党中央执行委员会宣传部，1928—1937 年版。
[14] 严复：《国闻报》，国闻报社 1897—1901 年版。
[15] 中华民国政府：《政府公报》，南京国民政府宣传部，1927—1937 年版。
[16] 胡适：《独立评论》，独立评论社 1932—1937 年版。
[17] 丁初我：《女子世界》，女子世界杂志社 1904—1907 年版。
[18] 中华书局：《妇女杂志》，中华书局 1915—1926 年版。
[19] 上海女学堂：《女学报》，上海女学堂，1898—1911 年版。
[20] 昊友如：《点石斋画报》，申报报社 1884—1894 年版。
[21] 集美学校同学会：《集美周刊》，集美学校，1921—1937 年版。
[22] 北京大学同学会：《北京大学日刊》，北京大学，1919—1937 年版。
[23] 清华大学同学会：《清华周刊》，清华学校，1921—1937 年版。
[24] 北洋大学学生自治会：《北洋周刊》，北洋大学，1927—1937 年版。
[25] 复旦公学学生会：《复旦旬刊》，复旦公学，1927—1937 年版。
[26] 光华大学学生会：《光华年刊》，光华大学，1925—1932 年版。
[27] 厦门大学学生会：《厦大周刊》，厦门大学，1928—1937 年版。

三 传记

[1]《西潮与新潮：蒋梦麟回忆录》，东方出版社 2006 年版。
[2]《梁实秋自传》，江苏文艺出版社 1997 年版。
[3]《郁达夫自传》，江苏文艺出版社 1996 年版。
[4]《苏雪林自传》，江苏文艺出版社 1997 年版。

[5]《丁玲自传》，江苏文艺出版社 1996 年版。
[6]《巴金自传》，江苏文艺出版社 1995 年版。
[7] 徐瑞岳:《刘半农年谱》，中国矿业大学出版社 1989 年版。
[8] 茅盾:《我走过的道路》，人民文学出版社 1981 年版。
[9]《何廉回忆录》，朱佑慈译，中国文史出版社 1988 年版。
[10] 郑大华:《梁漱溟传》，人民出版社 2001 年版。
[11] 徐德明:《老舍自述》，湖北人民出版社 2006 年版。
[12] 金冲及:《刘少奇传》，中央文献出版社 1998 年版。
[13]《李志民回忆录》，解放军出版社 1993 年版。
[14]《史良自述》，中国文史出版社 1987 年版。
[15]《从文自传》，十月文艺出版社 2008 年版。
[16] 季羡林:《记忆述怀》，陕西师范大学出版社 2008 年版。
[17] 田本相:《曹禺传》，北京十月文艺出版社 1988 年版。
[18] 董郁奎:《一代师表：经亨颐传》，浙江人民出版社 2007 年版。
[19] 王运来:《诚真勤仁，光裕金陵——金陵大学校长陈裕光》，山东教育出版社 2004 年版。
[20] 冒荣:《至平至善，鸿声东南：东南大学校长郭秉文》，山东教育出版社 2004 年版。
[21] 梁吉生:《允公允能，日新月异：南开大学校长张伯苓》，山东教育出版社 2004 年版。
[22] 吴洪成:《生斯长斯吾爱吾庐：清华大学校长梅贻琦》，山东教育出版社 2004 年版。
[23] 程斯辉:《厚生务实巾帼楷模：金陵女子大学校长吴贻芳》，山东教育出版社 2004 年版。
[24] 钱焕琦、孙国锋:《厚生育英才：吴贻芳传》，南京师范大学出版社 2012 年版。

四 中文译著

[1] [美] 费正清、刘广京编:《剑桥中国晚清史（1800—1911）》下卷，杨品泉译，中国社会科学出版社 2007 年版。
[2] [美] 叶文心:《民国时期大学校园文化：1919—1937》，冯夏根、胡

少诚、田嵩燕等译，中国人民大学出版社 2012 年版。
[3] [美] 欧文·戈夫曼：《日常生活中的自我呈现》，冯钢译，北京大学出版社 2010 年版。
[4] [美] 明恩溥：《中国人的素质》，秦悦译，学林出版社 2001 年版。
[5] [美] 杜赞奇：《从民族国家拯救历史——民主主义话语与中国现代史研究》，王宪明译，社会科学文献出版社 2003 年版。
[6] [美] 邓尔麟：《钱穆与七房桥世界》，蓝桦译，社会科学文献出版社 1998 年版。
[7] [美] 保罗·康纳顿：《社会如何记忆》，纳日碧力戈译，上海人民出版社 2000 年版。
[8] [美] 约翰·杜威：《我们怎样思维——经验与教育》，姜文闵译，人民教育出版社 2010 年版。
[9] [德] 埃德蒙德·胡塞尔：《欧洲科学危机和超验现象学》，张庆熊译，上海译文出版社 2005 年版。
[10] [德] 马丁·海德格尔：《存在与时间》，陈嘉映、王庆节译，生活·读书·新知三联书店 2006 年版。
[11] [德] 乌克里希·贝克：《自反性现代化——现代社会秩序中的政治、传统与美学》，赵文书译，商务印书馆 2001 年版。
[12] [英] 安东尼·吉登斯：《社会的构成——结构化理论大纲》，李康、李猛译，生活·读书·新知三联书店 1998 年版。
[13] [英] 布莱恩·特纳：《社会理论指南》，李康译，上海人民出版社 2003 年版。
[14] [英] 齐格蒙特·鲍曼、蒂姆·梅：《社会学之思》，李康译，社会科学文献出版社 2010 年版。
[15] [英] 埃里克·霍布斯鲍姆编：《传统的发明》，顾杭、庞冠群译，译林出版社 2004 年版。
[16] [英] 安东尼·吉登斯：《现代性的后果》，田禾译，译林出版社 2011 年版。
[17] [英] 怀特海：《教育的目的》，庄莲平等译，文汇出版社 2012 年版。
[18] [法] 路易·加迪等：《文化时间》，郑乐平、胡建平译，浙江人民

出版社 1988 年版。

[19] [法] 费尔南·布罗代尔:《15 至 18 世纪的物质文明、经济和资本主义》第 1 卷，顾良、施康强译，生活·读书·新知三联书店 1992 年版。

[20] [法] 罗兰·巴特尔:《符号学美学》，董文学、王葵译，辽宁人民出版社 1988 年版。

[21] [法] 西蒙娜·德·波伏娃:《女人是什么》，王友琴、邱希淳译，中国文联出版社 1988 年版。

[22] [法] 埃德加·莫兰:《复杂性思想导论》，陈一壮译，华东师范大学出版社 2008 年版。

[23] [法] 埃德加·莫兰:《复杂性理论与教育问题》，陈一壮译，北京大学出版社 2004 年版。

[24] [瑞士] 雅各布·坦纳:《历史人类学导论》，白锡堃译，北京大学出版社 2008 年版。

五 中文著作

[1] 吴宁:《日常生活批判：列斐伏尔的思想研究》，人民出版社 2007 年版。

[2] 赵司空:《中介与日常生活批判：卢卡奇文化哲学研究》，上海社会科学院出版社 2010 年版。

[3] 李欧梵:《上海摩登：一种新都市文化在中国》（修订版），上海三联书店 2008 年版。

[4] 卢汉超:《霓虹灯外：二十世纪初日常生活中的上海》，上海古籍出版社 2005 年版。

[5] 王笛:《街头文化：成都公共空间下层民众与地方政治》，中国人民大学出版社 2006 年版。

[6] 尚克强、刘海岩主编:《天津租界社会研究》，天津人民出版社 1996 年版。

[7] 周俊旗主编:《民国天津社会生活史》，天津社会科学院出版社 2004 年版。

[8] 马学强、张秀莉:《出入于中西之间：近代上海买办社会生活》，上

海辞书出版社 2009 年版。
[9] 陈同：《近代社会变迁中的上海律师》，上海辞书出版社 2008 年版。
[10] 江文君：《近代上海职员生活史》，上海辞书出版社 2011 年版。
[11] 王敏：《上海报人社会生活》，上海辞书出版社 2008 年版。
[12] 林志宏：《民国乃敌国也：政治文化转型下的清遗民》，联经出版事业公司 2009 年版。
[13] 叶中强：《上海社会与文人生活》，上海辞书出版社 2010 年版。
[14] 黄克武：《惟适之安：严复与近代中国的文化转型》，社会科学文献出版社 2012 年版。
[15] 高德胜：《知性德育及其超越——现代德育困境研究》，教育科学出版社 2003 年版。
[16] 李书磊：《村落中的"国家"——文化变迁中的乡村学校》，浙江人民出版社 1999 年版。
[17] 刘云杉：《学校生活社会学》，南京师范大学出版社 2001 年版。
[18] 韦有华：《教师的心理素质》，东北师范大学出版社 2002 年版。
[19] 陶本一：《学科教育学》，人民教育出版社 2002 年版。
[20] 刘慧英：《遭遇解放：1890—1930 年代的中国女性》，中央编译出版社 2005 年版。
[21] 张素玲：《文化、性别与教育：1900—1930 年代的中国女大学生》，教育科学出版社 2007 年版。
[22] 王克霞：《革命与变迁——沂蒙红色区域妇女生活状况研究》，山东大学出版社 2011 年版。
[23] 施扣柱：《青春飞扬：近代上海学生生活》，上海辞书出版社 2009 年版。
[24] 孙崇文：《学生生活图景：世俗内外的教育冲突》，教育科学出版社 2008 年版。
[25] 刘泽华：《中国的王权主义》，上海人民出版社 2000 年版。
[26] 黄药眠：《动荡：我所经历的半个世纪》，上海文艺出版社 1987 年版。
[27] 高宣扬：《鲁曼社会系统理论与现代性》，中国人民大学出版社 2005 年版。

[28] 高水红:《共用知识空间》,南京师范大学出版社 2006 年版。

[29] 黄金麟:《历史·身体·国家——近代中国的身体形成(1895—1937)》,新星出版社 2006 年版。

[30] 费孝通:《江村经济——中国农民的生活》,商务印书馆 2001 年版。

[31] 朱英:《辛亥革命与近代中国社会变迁》,华中师范大学出版社 2011 年版。

[32] 王一川:《中国现代卡里斯马典型——二十世纪小说人物的修辞论阐释》,云南人民出版社 1994 年版。

[33] 丁守和:《中国近代思潮论》,广东人民出版社 2003 年版。

[34] 严昌洪:《20 世纪中国社会变迁史》,人民出版社 2007 年版。

[35] 孙燕京:《晚清社会风尚研究》,人民大学出版社 2002 年版。

[36] 刘志琴:《近代中国社会文化变迁录》第 1—3 卷,浙江人民出版社 1998 年版。

[37] 郭于华主编:《仪式与社会变迁》,社会科学文献出版社 2000 年版。

[38] 蒋纯焦:《一个阶层的消失——晚清以降塾师研究》,上海世纪出版集团 2007 年版。

[39] 魏外扬:《宣教事业与近代中国》,宇宙光出版社 1978 年版。

[40] 桑兵:《晚清学堂学生与社会变迁》,学林出版社 1995 年版。

[41] 董宝良、周洪宇:《中国近现代教育思潮与流派》,人民教育出版社 1997 年版。

[42] 丁守和:《中国近代启蒙思潮》上卷,社会科学文献出版社 1999 年版。

[43] 冯建军:《当代主体教育论》,江苏教育出版社 2004 年版。

[44] 冯建军:《生命与教育》,教育科学出版社 2004 年版。

[45] 联合国教科文组织:《学会生存——教育世界的今天和明天》,教育科学出版社 1996 年版。

[46] 石中英:《教育学的文化性格》,山西教育出版社 2001 年版。

六 英文著作

[1] Bourdieu Pierre, translated by Richard Nice, *Outline of a Theory of Practice*, New York: Cambridge University Press, 1977.

[2] Fuller, S., *Putting People Back into the Business of Science: Scientific and Technical Communication*, London: Sage, 1997.

[3] Gibbons, M., *The New Production of Knowledge*, London: Sage, 1994.

[4] John King Fairbank, *China Thought and Institutions*, Chicago: The University of Chicago Press, 1957.

[5] John King Fairbank, *China, A New History*, New York: The Belknap Press of HUP, 1992.

七 期刊论文、学位论文

[1] 李培林:《微型权力专家:福柯——巴黎读书札记》,《读书》1989年第2期。

[2] 鲁洁:《教育:人之自我建构的实践活动》,《教育研究》1998年第9期。

[3] 邬志辉:《论教育实践的品性》,《高等教育研究》2007年第6期。

[4] 行龙:《怀才不遇:内地乡绅刘大鹏的生活轨迹》,《清史研究》2005年第2期。

[5] 沈松侨:《中国的一日,一日的中国——1930年代的日常生活叙事与国族想象》,《新史学》2009年第1期。

[6] 陈蕴茜:《日常生活中范民主义与民族主义的冲突——以中国近代公园为中心的考察》,《南京大学学报》(人文社科版)2005年第5期。

[7] 项贤明:《回归生活世界的道德教育》,《高等师范教育研究》2001年第1期。

[8] 鲁洁:《一个值得反思的教育信条:塑造知识人》,《教育研究》2004年第6期。

[9] 冯建军:《主体道德教育与生活》,《教育研究》2002年第5期。

[10] 冯建军:《主体教育理论:从主体性到主体间性》,《华中师范大学学报》2006年第1期。

[11] 叶澜:《教育创新呼唤"具体个人"意识》,《中国社会科学》2003年第1期。

[12] 刘云杉:《走入日常生活的教育社会学》,《南京师大学报》(社会

科学版)1999 年第 2 期。

[13] 陈蕴茜:《时间、仪式维度中的"总理纪念周"》,《开放时代》2005 年第 4 期。

[14] 连玲玲:《新典范或新危机?"日常生活"在中国近代史研究的应用及其问题》,《新史学》2006 年第 4 期。

[15] 刘训华:《近代学生课堂生活的多维呈现》,《教育研究》2013 年第 9 期。

[16] 田雪梅:《比较视野下的"国民"概念》,《中共四川省委省级机关党校学报》2012 年第 4 期。

[17] 李剑萍:《辛亥革命与现代教育宗旨的确立——兼论教育家与教育创新》,《教育研究》2012 年第 5 期。

[18] 沈松侨:《国权与民权:晚清的"国民"论述(1895—1911)》,《中央研究院历史语言研究所集刊》2002 年第 4 期。

[19] 杨天平:《民国中后期三民主义教育宗旨述评》,《理论界》2004 年第 1 期。

[20] 孙孔懿:《〈教育时间学〉出版十年反思与前瞻》,《江苏教育学院学报》(社会科学版)2003 年第 5 期。

[21] 翟骏:《"没有晚清,何来五四"之再思——以"转型时代"(1895—1925)学生生活史为例》,《学术月刊》2009 年第 7 期。

[22] 曲安京:《中国古代历法中的计时制度》,《汉学研究》1994 年第 12 期。

[23] 陈胜:《尴尬的转变:清末民初乡村教育改革的困境》,《华南师范大学学报》(社会科学版)2011 年第 2 期。

[24] 容中逵:《百年中国乡村学校教学变迁的历史轨迹——基于颐村教育学校变迁的历史人类学考察》,《华东师范大学学报》(教育科学版)2013 年第 3 期。

[25] 吕美颐:《中国近代女子服饰的变迁》,《史学月刊》1994 年第 6 期。

[26] 高一涵:《中国童子军——南京十年童子军手册中的公民训练和社会意识》,台湾《新史学》2000 年第 4 期。

[27] 桑兵:《清末兴学热潮与社会变迁》,《历史研究》1989 年第 6 期。

[28] 李恭忠:《“总理纪念周”与民国政治文化》,《福建论坛》(人文社会科学版)2006 年第 1 期。

[29] 王晓凡:《学校演剧的回顾、现状及前瞻》,《中央戏剧学院学报》2003 年第 4 期。

[30] 扶小兰:《电影与近代中国城市市民生活的变化》,《西南交通大学学报》(社会科学版)2001 年第 2 期。

[31] 杨春时:《现代性与现代民族国家在中国的断裂与复合》,《学术月刊》2001 年第 1 期。

[32] 董泽芳、胡春光:《从二元对立到多元综合——教育社会学方法论的历史演变》,《华中师范大学学报》2006 年第 6 期。

[33] 赵方杜:《身体政治:现代国家双重建构的镜像表达》,《学术论坛》2013 年第10 期。

[34] 马敏、洪振强:《民国时期国货展览会研究:1910—1930》,《华中师范大学学报》(人文社会科学版)2009 年第 4 期。

[35] 庄西真:《学校行为的社会逻辑——关系网络中的学校》,博士学位论文,南京师范大学,2005 年。

[36] 李政涛:《教育生活中的表演——人类行为表演性的教育学考察》,博士学位论文,华东师范大学,2003 年。

[37] 周探:《教育理论思维与教育理论发展研究》,博士学位论文,东北师范大学,2011 年。

[38] 胡俊修:《“东方芝加哥”背后的庸常:民国中后期武汉下层民众日常生活研究》,博士学位论文,华中师范大学,2007 年。

[39] 胡悦晗:《日常生活与阶层的形成:以民国时期上海知识分子为例》,博士学位论文,华东师范大学,2012 年。

[40] 胡春光:《学校生活中的规训与抗拒》,博士学位论文,华中师范大学,2007 年。

[41] 张敏:《学校制度生活研究》,博士学位论文,华中师范大学,2013 年。

[42] 孙崇文:《抗战以前中国基督教大学及其学生生活研究》,博士学位论文,华东师范大学,2005 年。

[43] 杨禾丰:《圣约翰大学的校园生活:1920—1937》,博士学位论文,

复旦大学，2008 年。

[44] 杜维泽:《延安时期学生群体日常生活研究》，硕士学位论文，延安大学，2010 年。

[45] 何芳:《清末学堂中的身体规训》，博士学位论文，华东师范大学，2009 年。

[46] 罗宁:《近代中国社会政治背景下体育的曲线发展研究（1880—1937)》，硕士学位论文，华东师范大学，2012 年。

[47] 王云:《社会性别视域中的近代中国女子体育（1842—1937)》，博士学位论文，南京大学，2011 年。

[48] 匡淑萍:《上海近代体育研究》，博士学位论文，上海体育学院，2011 年。

[49] 刘媛:《上海儿童日常生活中的历史（1927—1937)》，博士学位论文，华东师范大学，2010 年。

[50] 马和民:《社会化危机及其出路——关于中国人社会化模式的一项教育社会学研究》，博士学位论文，华东师范大学，2003 年。

[51] 田雪梅:《近代日本国民的铸造：从明治到大正》，博士学位论文，复旦大学，2011 年。

[52] 郭辉:《民国国家仪式研究》，博士学位论文，华中师范大学，2012 年。

[53] 房泽庆:《中西传统节日文化的比较》，硕士学位论文，山东大学，2008 年。

[54] 张洪波:《1927—1937 中国童子军教育研究》，硕士学位论文，山东大学，2008 年。

[55] 陈晶:《基督教会女子音乐教育研究》，博士学位论文，中央音乐学院，2011 年。

[56] 桑志坚:《超越与规训：学校教育时间的社会学研究》，博士学位论文，南京师范大学，2012 年。

[57] 何敏:《教育时空问题初探》，博士学位论文，华东师范大学，2003 年。

[58] 程丽亚:《从晚清到五四：女性身体的现代想象、建构与叙事》，博士学位论文，山东师范大学，2007 年。

[59] 李奇志：《论清末民初思想和文学中的“英雌”话语》，博士学位论文，华中师范大学，2006 年。

[60] 李宏亮：《论“公共人”的培育——学校教育的视角》，博士学位论文，南京师范大学，2013 年。

[61] 么加利：《走向复杂：教育视角的转换》，博士学位论文，华东师范大学，2002 年。

致　谢

本书在博士学位论文的基础上修改完成，重新调整自己的博士学位论文，时光恍惚一下回到2015年。那个春天，那个春天开始不久，我才刚刚度过自己28岁的生日，在过去的27年里，求学的生涯，整整占据了21年的光景，从一个整天在操场上疯玩疯跑的假小子，到一个戴着厚厚眼镜安静浸泡在图书馆里的年轻人，时间果然如白驹过隙，但回想起来，却也只是寥寥数语。

少年时，总是希望自己能够让这个世界大吃一惊，到头来，坐在20岁的末班车上，意料之外却也在情理之中，命运竟然阴差阳错地使我选择了学术这条稍显孤单与辛苦的道路。我想，我以前做过的和现在正在进行的事情，也只不过是在不同的年纪中，去尽量选择适合自己的位置，然后享受这种选择带来的欢乐、承担这种选择带来的痛苦罢了。我不知自己会成为怎样的人，也不知自己未来还会经历怎样的事，但我希望自己能够始终记住那个想要成为的人，努力、有爱、乐观、坚强的人。

博士学位论文的写作过程无疑是一种难忘的磨砺，但我却也始终不忍为其冠以“痛苦”二字，因为这其中饱含着自己想要尽全力完成一件事情的愿望与憧憬，因此，它也是美好的。在这个五味杂陈的过程中，有探索、有调整、有坚持、有较劲、有反思、有无措、有矛盾、有气馁、有烦躁、有不安，但幸好，却也始终有勇气相伴，有感恩相随。

自硕士求学起，我便投身于恩师闫广芬教授的门下。那时，恩师不以我浅陋，教我一字一句，授我一招一式，传我一课一书，谆谆教诲，铭记于心，如此两年时光，转瞬即逝。硕士学位论文虽然完成，但我仍然深感自身存有诸多不足，且立学的愿望早已处在发轫的状态，于是定下决心，继续追随恩师学习。博士伊始，我仍专注于技巧枝节，略有增益便以为进步。恩师言："做学问不应流于章句而应深追大意，学者须重思想而非末节。"此言促我恍然大悟，自此再读经典之作，所思、所感、所想已与先前有所不同。博士三年，恩师深厚的理论功底、精到的研究思路、严谨的治学态度均使我受益良多，及至今日，在与恩师的交流中所体会到的那种风云际会与灵光一现，仍使我记忆犹新、兴奋不已。至此博士毕业之际，恩师又教导我言："学问之追求，毕生之事业。"此言我会永远铭记于心，时时鞭策自省，奋进向前。

在正式开始论文撰写前，天津大学的肖凤翔教授、南开大学的陈·巴特尔教授、天津师范大学的李素敏教授以及天津社会科学院的潘允康教授参与了我的论文开题，并提出了许多宝贵的意见，不但避免了研究中的错路与弯路，更开拓了探究问题、梳理逻辑的思路，使我收获匪浅，在此特别感谢。

同为闫门弟子的师姐吴俊，师兄朱瑞刚、许衍琛，师妹杨爽等人多次打来电话关心我的论文进度，并且给我提供了很多真诚的帮助。在我为论文失眠的夜里，他们也总是在微信、微博中安慰、劝导我度过了那些迷茫、难熬的时刻。点点滴滴，滴滴点点，我会一直铭记在心。

求学的时光里，更应感谢自己的家人，父母替我承担了生活的艰辛，为我造就了良好的环境，使得我可以专注于自己的学业而没有丝毫的顾虑。在论文的写作过程中，即使在同一城市，我也很少可以抽出时间去陪伴他们，有时仅仅是一顿饭的时间，却也显得分外仓促。父母总是担心我压力过大，常常开导、劝慰。现在想起，仍感到温暖的流动。

最后的感谢，我要留给自己的姥姥、姥爷。两位老人年事已高，但始终惦记我的学业。虽然他们自身的文化程度并不算高，甚至不知博士究竟是何概念，却也总是以我为傲。前几天，他们还高兴地和我说，"小时候啊，就是个上房揭瓦的假小子，玩起来都不记得回家吃饭，一晃这么大了，谁想得到啊，还成了博士"。学位也许不算什么，但能够让他们开心，我已然觉得格外满足。如今，论文能够付梓出版，两位老人是十分高兴。

求学伊始，我曾经为自己写下这样一段话，如今在本书的结尾，仍要重新回味，并镌刻于心："学会承受读书的寂寞，不要着急去表达。不必赢得琐碎的追捧，也不必在意无趣的嘲讽，那些都不重要。去做真正重要的事情，去追寻真正美妙的梦想。勿忘初心，切记，切记。”

2017. 12. 30

于天津